Auswandern nach Schweden 1.0
eine unterhaltsame Reise durch die Welt des Auswanderns

Gunter Flügel

neobooks

Impressum

Texte: © Copyright by Handelshus Flygel &
                    Partner AB
Umschlag: © Copyright by Handelshus Flygel &
                    Partner AB
Verlag: Gunter Flügel
                    Kantavägen 47
                    382 71 Orrefors
                    Schweden
Druck: epubli - ein Service der neopubli GmbH
                    Berlin

Printed in Germany

Inhaltsverzeichnis

Liebe Leserin, lieber Leser,
im Jahr 2016 erschien die erste Auflage dieses Titels.
Seitdem ist in der Welt wie Schweden viel passiert, wie ich
meinen bisherigen Lesern sehr zu Dank verpflichtet bin.
So aktualisierte ich regelmässig dieses bescheidene Buch
und freue mich, Ihnen die Ausgabe des Jahres 2020
vorstellen zu dürfen. Der allgemeinen Situation
angemessen berücksichtigt es natürlich die Corona Krise
wie andere aktuelle Entwicklungen.

Schweden ist gerade heute ein Land, im dem es sich zu
leben lohnt. Es steht deshalb nicht ganz grundlos in der
Gunst deutscher Auswanderer sehr weit vorn. Warum
letzteres so ist, sei dabei sekundär. Primär sei, dass es heute
um so wichtiger ist, die eigene Auswanderung nach
Schweden richtig vorzubereiten, wenn diese ein Erfolg
werden soll.

Was vor noch zehn Jahren sehr einfach war, bspw. einen
Job und eine Wohnung hier zu finden, ist heute im
Sommer 2020 doch etwas ganz anders. Was diesbezüglich
wichtig ist, erfahren Sie in dieser Auflage. Eingeflossen
sind viele Erlebnisse der letzten Jahre wie die Analyse
dessen, was eben das Leben im Sommer 2020 in Schweden
so ausmacht.

In diesem Sinne wünsche ich Ihnen viel Spass beim Lesen

Gunter Flügel zu Mittsommer 2020

6

Rechte an diesem Dokument

Liebe Leserin, lieber Leser,
die Rechte an diesem Dokument einschließlich der darin
verwendeten Abbildungen liegen bei der Handelshus
Flygel & Partner AB mit Sitz in SE382 71 Orrefors,
Kantavägen 47 - Schweden deren geschäftsführender
Gesellschafter der Autor ist. Sollten Sie Interesse an einer
Nachnutzung in welcher Form auch immer haben, ist dies
mit Zustimmung des Autors jederzeit möglich.

Haftungsausschluss

Liebe Leserin, lieber Leser,
ich habe die nachfolgenden Informationen mit bestem
Wissen und Gewissen zusammen getragen, kann aber
leider keinerlei Garantie dafür übernehmen, dass alles dann
auch so eintrifft, wie es im weiteren beschrieben ist. Dies
betrifft besonders auf *verwaltungstechnische* wie *rechtliche*
Regelungen zu. Hier kann sich immer etwas
ändern, worauf ich natürlich keinerlei Einfluss habe. Ich
bitte Sie speziell diesbezügliche Ausführungen als
Leitfaden an zu sehen, der das eine oder andere erleichtern
kann, es aber nicht zwingend muss. Nehmen Sie bitte
immer im Zweifelsfalls Kontakt zu hiesigen Behörden auf.
Ihr erster Anlaufpunkt in Schweden ist immer das
Skatteverket. Haben Sie bitte nie Scheu, die Damen und
Herren des Skatteverket bei Bedarf ein Loch in deren
Bauch zu fragen. Sie werden Ihnen helfen und wissen vor
allem am besten, was gerade wann wo wie und warum gilt.

Verwendung von Namen

Liebe Leserin, lieber Leser,
sollten Sie Ähnlichkeiten bei im weiteren von mir
verwendeten Namen mit noch lebenden Personen
vermuten, dann seien Sie versichert, dass dies wirklich nur
reiner Zufall ist. Wie schon Herr Rainer Zufall wusste,
dass viele Dinge im Leben so zufällig sein können, dass sie
durchaus wahr sein können.

Regeln für deutsche Auswanderer

<u>Regel Nummer Eins:</u> Sie wandern aus und wirklich niemand anders! Legen Sie daher jeden Ratschlag von Menschen, die nie selbst auswanderten ad acta.

<u>Regel Nummer Zwei:</u> Auch Sie werden **nie** einen idealen Zeitpunkt finden auszuwandern. Es wird immer etwas geben, was dagegen spricht.

<u>Regel Nummer Drei:</u> Lernen Sie Schwedisch! Schwedisch ist noch immer die am meisten verbreitete Sprache in Schweden.

<u>Regel Nummer Vier:</u> **Überstürzen Sie bitte nichts!** Hier wartet wirklich niemand auf Sie!

<u>Regel Nummer Fünf:</u> Gehen Sie bitte wirklich nie ohne Plan hierher.

<u>Regel Sechs:</u> **Vergleichen Sie bitte nie!** Schweden ist nicht besser oder schlechter als Deutschland. Schweden ist anders.

<u>Regel Sieben:</u> Hinterlassen Sie bitte in Deutschland keine Baustellen! Sie werden Sie hier einholen.

<u>Regel Nummer acht:</u> Nehmen Sie mental Abschied und gehen Sie bitte nie im Groll!

> Auf welchen Gott auch immer zu vertrauen,
> heisst noch immer sich selbst zu vertrauen!

Ein Wort zu Corona & Co

Liebe Leserin, lieber Leser,

was wäre im Sommer 2020 ein Buch über Schweden, welches sich nicht mit dem Corona Phänomen auseinander setzt. Einem Phänomen was vielleicht wie kein anderes momentan zeigt, wie zerrissen aber auch zerstritten diese eine Welt und speziell Europa ist. Eine gute Freundin des Hauses brachte es kürzlich so auf den Punkt, dass sie wirklich niemanden aus ihrem deutschen Umfeld kenne, der an Corona erkrankte, wie ich auch niemanden kenne, der an gleicher Krankheit hier in Schweden erkrankte. Wie natürlich nicht nur ich nur noch traurig zur Kenntnis nahm, wieviel Unwahres manchmal diesbezüglich über Schweden in deutschen Medien zu lesen war. Nur weil die Schweden einen anderen Weg als Deutschland ging, heisst das ja noch lange nicht, dass dieser Weg falsch war. Wer gibt eigentlich Besserwissern Made in Germany das Recht, Bürger und Bürgerinnen eines anderen Landes herab zu würdigen, nur weil diese eine andere Meinung haben und obendrein einen anderen Weg gehen? So stolperte ich bei Vorbereitung dieser Auflage über diesen spannenden Satz: „Vi försvarar Sverige, landets intressen, vår frihet och rätt att leva som vi själva väljer." Zu gut Deutsch:

„Wir verteidigen Schweden, des Landes Interesse, unsere Freiheit und das Recht zu leben, wie wir selbst es wählen."

Und nun raten Sie mal von wem dieser Satz stammt? Ja richtig! Er steht als Leitsatz auf der Homepage von Försvarsmakten, Schwedens für die Landesverteidigung zuständiger Behörde, der die Armee wie andere dementsprechende Organisationen nach geordnet sind[1].

---

[1] Vgl. https://www.forsvarsmakten.se/sv/ download vom 18.05.2020

Speziell der letzte Teil dieses einen Satzes drückt klar und deutlich aus, welchen Weg Schweden geht und eben in Sachen Corona ging. Allen Panikern zum Trotz ging Schweden mit dem selbst gewählten Weg nicht während der Corona Krise unter. Wie auch leider **viel zu wenig** im deutschsprachigen Raum **bekannt** ist, welchen Weg Schweden wirklich ging. Wenn auch dies natürlich in Schwedische, welcher Sprache bitte schön sonst, Welt weit kommuniziert wurde. Im Zuge dessen spielten zwei Dinge eine ganz ganz grosse Rolle, weshalb ich im weiteren näher darauf eingehe.

Wir brauchen keine Verbote

Es ist guter schwedischer Brauch, dass man auch Dinge im Leben ohne laufende Verbote regeln kann. Nur permanent linksdrehende rot grün deutsche Ideologie bedient sich laufend welcher Verbote auch immer. Während es hier ausreichend ist, wenn der Regierungschef einfach sagt:

Stanna hemma! - Bleib zu Hause!

So kurz diese Botschaft auch ist, so deutlich wie einfach ist sie auch. Was auch erklärt, warum sofort der Spielbetrieb aller schwedischen Eishockeyligen eingestellt wurde, während Ligen anderer Länder des schnöden Mammon willen ein doppeltes Spiel spielten. Es ist nämlich niemand begreiflich zu machen, wieso 22 Profis einem Ball nach jagen dürfen, während Fussball spielen für Kinder auf der grünen Wiese untersagt ist.

Will heissen die Masse der hier lebenden Menschen folgten der Empfehlung der Regierung wie auch unser Staatsoberhaupt samt Familie das Seinige tat, um aktueller Situation Rechnung zu tragen. Die Worte unseres König Carl XVI Gustaf Anfang April diesen Jahres waren sehr klar wie deutlich zu gleich. So sonnen klar, dass man sofort verstand, was der Staatschef meinte. Und wie immer im Leben ist es dann halt so, dass wenn man etwas versteht, keine Verbote benötigt, um was auch immer zu tun. Wenn es bspw. brennt, ist es egal, ob Ihnen jemand verbietet, in den Brandherd zu gehen oder jemand Ihnen den Rat gibt, den Brandherd nicht zu betreten. Denn wenn sie ihn betreten ist es wirklich egal, ob sie darin trotz Verbot oder gut gemeintem Rat verbrannten.

Wie man so in etwa das beschreiben kann, was dann hier in Schweden begann. Die Menschen begannen von ganz allein den nötigen Abstand zu halten. Die zuständigen Behörden setzten schlagartig ihre Krisenpläne in Kraft, die auch deshalb sehr schnell griffen, weil Schweden eine hoch moderne e-health Telematik schon seit Jahren in Betrieb hat. So können natürlich in Krisenfällen beliebige Informationen schnell von A nach B transportiert werden. Was auch erklärt, warum vieles gar nicht so bekannt ist. Ein Wesensmerkmal einer modernen e-health Architektur ist ja, dass nicht Kreti und Pleti mit lesen kann, was da gerade an wen kommuniziert wird. Weshalb man mir bitte nach sehe, dass ich mich nicht weiter zu Details äußern werde. Wie ich nur respektvoll meinen Hut vor den hier vor Ort Verantwortlichen unserer Nybro Kommun ziehen kann. Das war eine reife Leistung, wie Ihr mit der Risikogruppe umgingt.

Wie diese immer noch nicht verstanden hat, warum sie in ihren Pflegeeinrichtungen respektive zu Hause bleiben sollte und hier lebende Deutsche, die zu gleicher Gruppe gehören munter durch die Weltgeschichte kutschierten. Einer dieser riskanten Zeitgenossen, ein den deutschen Grünen sehr nahe stehender Mensch aus dem Hessischen trieb es in seiner Einfalt dann doch auf die Spitze. Einerseits signalisierte er anderen in seiner Umgebung lebenden Menschen, er könne diese nicht treffen, anderseits fuhr er gleich mehrfach während Zeiten von Corona & Co. zwischen Hessen und Värmland hin und her.

Aber wie so vieles bei den Grünen
muss man das nicht verstehen!

Will noch immer heißen:

13

Wir können selbst denken

Ja Sie werden es nicht für möglich halten! Es ist Tatsache so, dass die hier in Schweden lebenden Menschen selbst denken können. Wie es sicher irgendeinen tieferen Grund haben wird, warum Schweden bspw. in der Rangliste der Pressefreiheit seit Jahren immer unter den ersten zehn ist, wie mehrfach sogar einen zweiten Platz belegte und Deutschland es noch nie so recht unter die ersten zehn schaffen wollte[2].

> Selbst denken heisst in Schweden immer in erster Linie jeder ist für sich selbst verantwortlich!

Das kennen viele in einem Nanny Staat aufgewachsene Menschen gar nicht mehr. Dies zeigt sich bei so einem simplen Beispiel wie dem gemeinsamen Rad fahren. Was ja nicht nur gesund sondern auch sinnvoll aus anderen Gründen ist. Es fördert bspw. gemeinsames Handeln wie anerkennen von Regeln. Allein deshalb weil es spätestens dann, wenn zwei Mann / Frau zusammen Rad fahren wollen zu Stürzen aller Art kommt. Vielleicht wäre es deshalb an deutschen Bildungseinrichtungen einfach sinn-voll, in der Grundschule das fahren im Peloton anstelle des tanzen des Namens in den Sand zu lehren. Das letzteres immer nur Egoisten vom feinsten heraus bildet, setze ich als bekannt voraus.

Nun nehmen wir an, so eine Gruppe von sagen wir fünf bis zehn Nasen radelt so vor sich hin. Plötzlich stürzt Sven Svensson, der Bruder des deutschen Max Mustermann. Dann passiert hier sofort dies:

---

[2] Vgl. https://www.reporter-ohne-grenzen.de/rangliste/rangliste-2020/ueberblick/ download vom 18.05.2020

Die Gruppe hält an und wartet bis Sven wieder auf seinem Rad sitzend Signal gibt, es kann weiter gehen.

Niemand wird ihm hier wieder hoch helfen, wie er das auch gar nicht erwartet. Erst in dem Moment wo er Hilfebedarf signalisiert, wird ihm dann auch sehr schnell geholfen werden. Es gilt die Devise ein jeder hilft sich selbst zuerst. Was übrigens so neu nicht ist und noch vor über 30 Jahren in Deutschland sogar gelehrt wurde. Militärische Bildungseinrichtungen in Ost wie West lehrten, dass im Kampf Verletzte zuerst mit dem Verbandspäckchen versorgt werden, was sie selbst am Mann tragen. Allein deshalb weil es ja dem Versorgenden im nächsten Augenblick genauso gehen kann, dass er verletzt wird. Heute ist es im übertragenen Sinne in einem Nanny Staat so, dass beim kleinsten Pickest einer Mücke wild nach dem Staat geschrien wird. Wie mir noch immer kein Staat bekannt ist, dessen ureigenes Ziel die Bekämpfung von Mückenstichen ist.

Auch wird dann nicht großartig über diesen Sturz gesprochen oder gar die Schuld beim Hersteller des Rades gesucht, den man ja am besten gleich verklagen sollte. Was baut der auch ein Dingsda mit nur zwei Rädern usw. usf. Viel mehr wird irgendwann falls notwendig genau analysiert, warum es zu dem Sturz kam, um eben aus diesem offensichtlichen Fehler zu lernen. Gleichem Motto folgend wie parallel dazu selbst denkend, wurde hier in Sachen Corona reagiert.

Schwedens Schnapsbrennerei Nummer Eins namens *Absolut* begann ohne Gesetzesvorlage einfach so Teile der Produktion auf Desinfektionsmittel umzustellen. Scania und Saab begannen plötzlich ganz einfach so, Visiere aus Plaste zu produzieren. Die schwedische Armee stellte einfach mal eben so schnell mehrere Feldlazarette in die Gegend. Und stellen Sie sich vor, die Herren Generäle dachten sogar soweit mit, dass so ein Feldlazarett in Stockholm doch besser aufgehoben war als im sehr dünn besiedelten Norden des Landes. Denn:

Selbst denken heisst auch immer mit denken!

Wie dann eben unsere Kronprinzessin Victoria in Stellvertretung Ihres Vaters anerkennend besagte Lazarette abnahm. Ihr Vater gehört ja selbst zur Risikogruppe. Er kam nicht auf die Idee durch die Gegend zu kutschen. Auch seine Gattin nicht! Dafür ein der SPD sehr nahe stehende ehemaliger Beamter aus Berlin. Dieser Typ kann man nur sagen, der zwar schon über 15 Jahre hier lebend immer noch kein Schwedisch kann, kapierte gar nicht, was um ihn herum geschah. Da kann man nur hoffen, dass er wenigstens seinen Jobs als Kripobeamter verstand und dort nicht genauso nicht gerade die hellste Leuchte auf der Torte abgab.

Dieses hier wahrlich zur Gewohnheit gewordene permanente selber denken führte dazu, dass Schweden eben den Weg gehen konnte, den es ging. Wie es hier noch immer üblich ist, miteinander anstatt über einander zu reden. Was auch viel wieder mit selbst denken zu tun hat. Wer gewohnt ist selbst zu denken, der weiß, dass der Nebenmann, die Nebenfrau sich meist auch irgend etwas dabei denkt, wenn sie was auch immer tut.

Wer nur gewohnt ist, die Meinung wild fremder Menschen nach zu plappern, kann das natürlich nicht. Hier gibt es noch immer wirklich keine Zeitung, die sich Ihre Meinung bildet. Wie es auch hier noch immer keine veröffentlichte Meinung gibt.

Das verstehen viele Deutsche nicht

Das genau verstehen viele Deutsche nicht. Es ist eine regelrechte Tragik, dass ausgerechnet Menschen dem einstigen Land der Dichter und Denker entspringend, heute in weiten Teilen nicht mehr in der Lage sind, die simpelsten Zusammenhänge zu verstehen. Weshalb sich gerade in Zeiten von Corona & Co. die Geister schieden. Wer zum Teil nun schon von Kindesbeinen an gewohnt ist, gelebt zu werden, der kann sich nicht vorstellen, dass es Menschen auf dieser einen Welt gibt, die selbst denken können. Was sich sehr schön anhand folgenden Beispiel zeigt:

> Wenn einige zum Teil seit Jahren hier lebende Deutsche immer noch kein Schwedisch können, dann ist bitte wer aus deren Sicht schuld? Ja richtig, die Sprachschule! Ganz einfach deshalb weil der Lehrer nicht in der Lage war seinen Job richtig zu machen. Vokabeln lernen wo kommen wir denn da hin? Oder gar Grammatik? Geht ja gar nicht! So wie das deutsch sprachige Internet voll von Berichten ist, dass deutsche Eltern die Lehrer ihrer Kinder wegen schlechter Noten verklagen so verstehen eben viele Deutsche nicht den schwedischen Weg.

Was nicht nur Corona & Co. betrifft. Ich erlebte in meiner eigenen Facebook Gruppe immer wieder recht interessante diesbezügliche Diskussionen. Man staunt doch immer, was es für „*Experten*" in deutschen Landen so gibt. Da wundert man sich immer wieder, warum diese soziale Medien als Sprachrohr nutzen und nicht für die Regierungen dieser Welt arbeiten, wenn sie doch so genau Bescheid wissen.

Diese schliesst diverse deutsche Journalisten selbst redend mit ein. Eine bekannte doch etwas grössere deutsche Tageszeitung trieb es dann derart auf die Spitze, dass wie immer im Leben Schluss endlich aus Tragik Komik wurde. Einer ihrer Spitzenjournalisten berichtete aus Dänemarks Hauptstadt Kopenhagen über vermeintliche Missstände in schwedischen Gesundheitseinrichtungen mit Fokus Malmö.

Das ist in etwa so, wie wenn Sie aus München über die aktuelle Krabbensaison an der Nordsee berichten. Vor allem wusste kein Mensch woher dieser Mensch seine Weisheiten denn so hatte. Wenn er wenigstens den A… in der Hose gehabt hätte und über die Öresundbrücke in das schwedische Malmö mit der S-Bahn gefahren wäre, um live und in Farbe aus einem Malmöer Krankenhaus zu berichten, hätte man das noch verstehen können. Wobei auch Malmö nie für dieses ganze riesengrosse Land stehen kann.

Aber nicht einmal das brachte er fertig!

Wie Schluss selbst erklärend wird, warum viele Deutsche nicht verstehen wollen, dass wir hier noch immer selbst denken und im Ergebnis dessen Schweden eben einen ganz ganz anderen Weg als andere Länder ging. Wir brauchen hier wirklich keinerlei wie auch immer geartete permanente mediale Berieselung ala DDR. Wie die Welt spätestens mit Fall der Mauer am 09.11.1989 nun schon lange weiß, dass das was die Aktuelle Kamera so von sich gab nun wirklich nie der Weisheit letzter Schluss war. Wie schon die Berichterstattung so mancher deutsche Medien mehr und mehr an dieses Zeit erinnert. Tyvärr wie man hier zu sagen pflegt: LEIDER!!! Und damit in medias res.

Sie wandern aus, niemand anders!

Liebe Leserin, lieber Leser,
gestatten Sie bitte bevor Sie weiter lesen einige
Bemerkungen zu diesem Punkt der aus meiner Sicht der
aller wichtigste eine jede Auswanderung betreffend egal in
welches Land dieser Erde ist:

Sie wandern aus und wirklich **niemand** anders!

Dies ist ganz ganz wichtig und dieser Hinweis kommt
nicht von ungefähr. Sie können Ihr ganzes Vermögen
darauf verwetten, dass sich Ihr soziales Umfeld in dem
Moment radikal ändern wird, wo Sie nur den leisesten
Hauch Ihres Vorhabens äußern auswandern zu wollen und
dies um so radikaler wird, je näher der Tag Ihrer
endgültigen Abreise kommt.

Dies ist normal!

In nahezu allen Fällen erklärt sich dies aus einem *Mix aus
Neid* Anderer Ihnen gegenüber verbunden mit deren
Selbsterkenntnis, *nie selbst diesen Mut aufgebracht* zu haben.
Im Ergebnis dessen werden Sie dann meist ehemalige
Freunde mit klugen Ratschlägen überschütten, dass die
Schwarte kracht.

Hören Sie bitte nicht auf sie!

Denn die Sie nun mit Vorschlägen über häufenden
„*Freunde*" hindert ja nun wirklich niemand daran, selbst
auszuwandern. Wie diese ja dann immer auch die
Möglichkeit haben, die Praktikabilität eigener Vorschläge
selbst prüfen zu können.

So wie es **absolut unsinnig** ist, einem Unternehmensberater nur eine einzige Sekunde Gehör zu schenken, der nie selbst ein Unternehmen mit eigenem Geld führte, so ist es unsinnig Ratschlägen von jemanden folgen zu wollen, der selbst nie auswanderte. Ich kann Ihnen bspw. nach bestem Wissen und Gewissen sagen, was eine Auswanderung Schweden betreffend wichtig ist. Ich kann Ihnen aber schon keinen so richtigen Rat geben, wenn es Sie in unser gemeinsames Nachbarland Polen ziehen sollte. Einfach weil ich dazu Polen viel zu wenig kenne. Sparen Sie sich bitte die Zeit auf diesen oft nur noch gelinde gesagt Unsinn zu reagieren. Sie bekommen so Zeit frei, sich um das Wesentliche zu kümmern. Das sind Sie und Ihr Ziel! Das lautet Auswandern! Dabei kann Ihnen niemand helfen.

Diesen Weg kann wirklich auch niemand vorzeichnen!

Diesen Weg können Sie genauso nur allein gehen, wie ihn jeder Fallschirmspringer geht. Jeder gute Sprunglehrer wird natürlich seinen Schüler so gut wie möglich auf seien ersten Sprung vorbereiten. Aber genau diesen ersten Sprung springt der Schüler Mutter Seelen allein. Heute kann ich kurz vor erreichen des eigenen Rentenalters nur noch über die vielen Sprechblasen wie Dampfplauderer, die ich im Zuge dessen erlebte, herzlich lachen. Was waren da doch für sinnige gut gemeinte Ratschläge dabei. Die harmlosesten waren der Art:

> „Wenn Du was brauchst, sag Bescheid,
> wir schicken es dann."

Hallo kann man da nur sagen! Schweden ist doch kein dritte Weltland. Man kann eine Auswanderung gut mit dem Auto fahren vergleichen.

Der Fahrlehrer kann Ihnen immer nur zeigen, wie man richtig fährt. Richtig fahren müssen Sie dann schon aber selbst. Ein Blick in die tägliche Unfallstatistik zeigt, wer Auto fahren kann und wer nicht. Will heissen:

Diesen Weg müssen Sie wirklich ganz allein gehen!

Sie können ihn mit durchaus mit der Besteigung der Eiger Nordwand vergleichen. Sie können sich natürlich immer vor Besteigung mit unendlich vielen Trainings auf diese vorbereiten. Sie haben überall die Möglichkeit, die dazu notwendige Ausrüstung zu kaufen. Jeder erfahrene Bergführer wird Ihnen immer diesbezüglich Rede und Antwort stehen. Aber **exakt** in dem Moment, wo Sie ganz unten am Eiger stehend Ihren ersten Schritt nach oben wagen, sind Sie auf sich ganz allein gestellt. Es hängt von da an einzig und allein von Ihnen ab, ob Sie am Gipfel ankommen oder ein Fall für die Bergrettung werden.

Auf diesem Weg nach oben kann Ihnen niemand helfen!

Jede Auswanderung ist anders!

Was bezüglich meiner Auswanderung gut war, muss nicht zwingend für Sie auch gut sein. Dies beginnt schon mit der Auswahl des zukünftigen Lebensmittelpunktes, der Immobilie und endet immer bei der Frage, wovon Sie hier leben möchten usw. usf. Für mich hat jede Auswanderung sehr sehr viel mit der **persönlichen Einstellung** zu ihr zu tun. Eine Auswanderung ist etwas ganz anderes, als morgens beim Bäcker die Entscheidung darüber zu treffen, welches Brötchen es denn heute bitte schön sein soll.

Wer mit klaren Vorstellungen hier geht, der wird hier immer Erfolg haben. Klare Vorstellungen heisst immer auch, egal ob Arbeitnehmer oder Selbstständiger, selbst und ständig zu handeln.

Schweden ist **kein Nanny Staat!**

Hier wird immer davon ausgegangen, dass Sie selbst in der Lage sind, Ihre Geschicke in die Hand zu nehmen. Der Gedanke, dass sich jeder selbst versorgen können muss, zieht sich hier durch alle Lebensbereiche. Weshalb er auch in der hohen Politik Partei übergreifend Konsens ist. Das schwedische Selbstverständnis geht immer davon aus, dass Sie ja auswandern wollten und nicht die Einheimischen.

Sonst wären diese ja nicht mehr hier!

Dem folgend wird man Ihnen hier nie den roten Teppich ausrollen, sondern erwarten, dass Sie selbst alles diesbezüglich nötige regeln. Was eben auch in die Kategorie sich selbst versorgen können fällt. Schluss endlich erkennt man ja schon daran, wie selbstständig Sie handeln können.

Dass dies **nicht nur** von Ihnen als potentieller Einwanderer erwartet wird, darüber staunen mehr und mehr Einwanderer nicht europäischer Länder Herkunft. Darüber berichtete das schwedische Fernsehen am 15.07.2019 sehr deutlich[3]. Im Beitrag zu sehen, eine junge eingewanderte nicht Europäerin die sich in einer mir nicht bekannten Sprache bitter beschwert, dass sie hier in Schweden keinen Job als Krankenschwester bekommt.

---

[3] Vgl. https://www.svt.se/nyheter/inrikes/hur-valkommen-ar-man-med-den-bakgrunden-man-har download vom 16.07.2019

Am Rande sei angemerkt, dass die junge Dame schon einige Jährchen in Schweden lebt.

Logisch, dass sie keinen Job findet!

Und schon gar nicht als Krankenschwester, siehe dazu bitte weiter hinten unter dem Stichwort Legitimation. Wie auch den Abendnachrichten vom 03.06.2020 zu entnehmen war, dass die vergleichsweise hohe Sterblichkeit im Zuge von Corona & Co. etwas mit genau diesem Thema zu tun hat. Es gibt unter den Verstorbenen in Stockholm sehr sehr viele Einwanderer, die einfach nicht verstanden, was *Stanna hemma* heisst. Wir hatten auch 2015 im Ort den tragischen Fall, dass eine Einwanderin an einer Pilzvergiftung starb. Sie verstand nicht hiesige Hinweise welche Pilze essbar und welche nicht.

Erfahrungsgemäß sind es hier immer die leisen ihr Hand-werk verstehenden Zeitgenossen die hier Erfolg haben, während die lauten fachliches Wissen durch selbstbewusstes Auftreten ersetzenden Zeitgenossen hier regelmässig ein Fall für die Bergrettung sind, was sich so darstellt:

tomma tunnor skramlar mest

Tomma tunnor skramlar mest heisst nichts anderes, als dass *leere Tonnen noch immer lautesten tönen*. Belege dafür zu finden, ist dank Web kein Problem. Es gibt in Deutschland gleich mehrere Betreiber diverser URL, Blog wie online Foren, die sich mit Fragen des Auswandern beschäftigen. Sie eint alle eines:

Die Betreiber sind selbst nicht ausgewandert!

Beispielhaft sei genannt das *schwedenforum.de*, betrieben von Herrn Karsten Piel aus Lübeck wie *Das-grosse-Schwedenforum.de* betrieben von Herrn Andreas Nowak aus Bergisch Gladbach. Mir erschliesst sich bis heute nicht, warum deren Betreiber nicht schon lange hier wohnen? Wäre ja irgendwie logisch oder?

So kann man sich dann recht schnell ein Urteil darüber erlauben, **wie werthaltig** Aussagen sind, die in Foren dieser Art von wem auch immer postuliert werden. Das oft viel gelobte schwedische Modell ist genau deshalb so erfolgreich, weil hier gesellschaftlicher Konsens darüber besteht, dass man noch immer seine Brötchen am besten mit sinnvoller Arbeit und nicht wie auch immer verdient. Wobei es auch hier ein gewisses Klientel gibt, was ausser Phraseologie und Geschwätzwissenschaften nie etwas anderes studierte. Diese zu finden, ist wie in Deutschland recht einfach. Geht man hiesigen Phrasendreschmaschinen aus dem Weg, lebt man hier sehr ruhig und entspannt.

Wer nun bereit ist, dem zu folgen, der wird hier sehr erfolgreich sein. Erfolgreich sein hat für mich nur mittelbar etwas mit Geld zu tun. Da nun aber Sie und wirklich niemand anderes auswandert, sind es auch Sie ganz allein, der sich darum zu kümmern hat, **wie er seinen Lebensunterhalt hier bestreitet** und vor allem wie er sich hier in Schweden integriert. Denken Sie deshalb auch bitte immer daran:

Hier sind Sie der Ausländer bzw. Einwanderer!

Dies heisst immer auch, Sie akzeptieren bitte hier übliche Gepflogenheiten und kommen bitte nie auf die Idee, hier deutsche Seiten aufziehen zu wollen.

Denken Sie bitte bei allem was Sie hier wem auch immer warum auch immer sagen werden, dass Sie aus einem Land kommend nach Schweden gehen, welches mehr und mehr internationales Mittelmass darstellt, während Schweden in fairem Wettbewerb mit den anderen nordischen Ländern weltweit Spitzenplätze belegt. Man muss sich nur der kleinen Mühe unterziehen, übliche internationale Bewertungen diesbezüglich zu analysieren. Nicht nur die Herren Fussball WM des Jahres 2018 wie die Damen Fussball WM des Jahres 2019 zeigten dies. In beiden Fällen war die schwedische Nationalmannschaft weit besser als die Mannschaft ohne Nation. Wie agieren der deutschen Trainerbank bei letzter Fussball WM nur um so deutlicher zeigte, dass auch heute noch immer Hochmut vor dem Fall kommt.

Im Zuge dessen halte ich es für regelrecht für **grob fahrlässig**, wenn Menschen in den sozialen Medien dieser Welt den Eindruck erwecken, potentielle Auswanderer beraten zu können, um damit natürlich Geld zu verdienen. Ein in Deutschland erfolgreich abgeschlossenes Skandinavistik Studium ist noch lange keine Referenz, wie es mehrere Urlaubsaufenthalte in Schweden nie sein können. Und schon gar nicht jemand, der sich selbst Lebensberater oder was auch immer nennt. Zum Auswandern gehört schon wirklich etwas mehr, als in Lübeck oder Rostock wohnhaft, den Fähren nach Sverige wehmütig nachschauend, in online Medien aller Art tätig zu sein. Denn:

Schweden findet nie virtuell sondern immer real statt!

Deshalb ist es sehr wichtig, dass Sie sich selbst und wirklich nur bitte Sie sich selbst mit dieser Frage so intensiv wie möglich auseinander setzen.

Jemand der daher kommt der Form: „*Ich bzw. wir helfen aus-wandern*" hilft Ihnen maximal eines über. Beim Auswandern kann Ihnen genauso wenig jemand helfen, wie beim Auto fahren. So wie Sie und niemand anders im Auto am Lenkrad sitzen, so steuern wirklich Sie und niemand anderes Ihre Auswanderung. Und denken Sie bitte wirklich immer daran:

Hier ist wirklich alles möglich!

Nur braucht man dazu wie überall auf dieser Welt Geld, was man idealerweise durch eigene Arbeit erwirtschaften sollte. Wenn Sie sich darüber klar sind, dann wissen Sie sehr schnell wie erfolgreich Ihre Auswanderung sein wird und denken Sie bitte immer daran:

Schweden ist anders als Deutschland!

Schweden ist nebenbei bemerkt ein Land, auf dessen Territorium am 19.08.1809 das letzte Mal Kriegshandlungen stattfanden. Dieser sehr sehr hohe Wert nun über 200 Jahre Friedens in Schweden prägt das Denken und Handeln der Menschen im hohen Norden und auf genau diesen Wert besinnen sich die Schweden immer genau dann, wenn es heißt zusammen zu stehen. Schwedens Hymne beginnt nicht grundlos: „*Du gamla, Du fria, Du fjällhöga nord* - Die Betonung liegt auf dem Wort fria - frei! Aus meiner bescheidenen Sicht ist noch eines ganz ganz wichtig: Wenn Sie den Entschluss fassten, nach Schweden auszuwandern, dann ist dies immer eine Einbahnstrasse.

Zweigleisig fahren geht nicht!

Wenn Sie wirklich ernsthaft hierher auswandern wollen, dann ordnet sich alles andere dem zu 100% unter. So wie Sie nie den Gipfel eines beliebigen Berges erreichen, wenn Sie noch mit einem Bein im Tal stehen, sondern maximal einen Spagat hinbekommen, so ist es mit einer Auswanderung ebenso.

Sie sind wirklich hier richtig angekommen, wenn Sie keinen Koffer mehr in Berlin oder wo auch immer in Deutschland haben. Schwedische Arbeit- wie Auftraggeber achten sehr darauf, auch wenn Sie Ihnen dies nie in das Gesicht sagen werden, ob Sie zweigleisig fahren oder nicht. Davon abhängig sind im Regelfall Job Zusagen bzw. alternativ als Selbstständiger Aufträge, Einkaufskonditionen usw. usf. Dies heisst Schluss endlich immer:

Sie wandern aus und niemand anderes!

Wovon wollen Sie hier leben?

Liebe Leserin, lieber Leser,
nehmen Sie bitte diese Frage bitte ernst. Nur wenn Sie
selbst eine schlüssige Antwort auf genau diese Frage
haben, hat es a) Sinn, dass Sie dieses bescheidene Büchlein
weiter lesen, um dann b) darauf basierend Ihre
Auswanderung zu planen. Können Sie diese Frage nicht
schlüssig beantworten, dann hören Sie bitte jetzt auf zu
lesen und schenken das Buch jemanden anderem.

Seit Jahren nun schon erlebe nicht nur ich immer wieder,
dass es viele Deutsche gibt, die hierher wie die Frisöre nur
mit einem Kamm in der Tasche gehen, sich aber nie über
die Schluss endlichen Konsequenz dessen klar waren, was
sie da gerade tun. Es sind im Regelfall Menschen, die mit
einer total verpeilten Weltsicht durch die Gegend rennen.
Menschen für die das Wort Solidarität bzw.
Solidargemeinschaft Fremdworte sind. Die um so mehr
denken, Sie müssten nur hierher kommen, sich
hinsetzen und ihnen würden die gebratenen Tauben nur so
in den Mund fliegen. Ich kann Ihnen aber wirklich
versichern, dass obwohl die Worte Schweden wie
Schlaraffenland beide mit einem S beginnen, auch hier die
Tauben im Federkleid ungebraten herum fliegen. Wie in
Schwedens vielen schönen Flüssen Wasser und kein Honig
fliesst. Heisst:

Sie müssen hier von irgend etwas leben!

Was auf Schwedisch *Försörjningskrav*[4] bzw. *försörja dig själv*
heisst. Auf Deutsch gesagt Sie haben hier die verdammte
Pflicht und Schuldigkeit sich bitte selbst zu versorgen.
Selbst versorgen geht auch in Schweden noch immer mit
Arbeit. Alternativ natürlich auch mit einer Rente. Im Zuge
dessen gibt es eine Bemessungsgrenze, die im Jahr 2020
bei einem Einkommen von mindestens 5002 Kronen für
eine Einzelperson liegt[5]. Was in etwa dem deutschen
HartzIV Satz entspricht.

Die Forderung sich selbst versorgen zu können, geht von
dem urdemokratischen Gedanken aus, wenn sich jeder
selbst versorgt, dann liegt niemand dem anderen auf
dessen Tasche. Wie immer auch hinreichend Mittel
vorhanden sind, um Dinge realisieren zu können, die der
Allgemeinheit dienen. Vor hunderten von Jahren wurde
dies bspw. so geregelt, dass die sich selbst versorgende
Bauernschaft auch immer die Pflicht hatte, gemeinsam die
Wege ihres Sprengel in Ordnung zu halten. Ja genau die
Wege, die in weiten Teilen noch heute genutzt werden, um
von A nach B in Schweden zu gelangen. Heute wird dies
moderner in Form von Steuern gelöst. Weshalb im
Ergebnis auch nur derjenige, der hier einzahlt, adäquaten
Anspruch auf Leistungen aus dem Steuersäckel hat. Was
sich daran zeigt, dass natürlich Touristen aller Art hiesige
Strassen nutzen können, ohne dafür ausser in Ausnahmen
extra Abgaben zahlen zu müssen. Aber eben die
Inanspruchnahme sozialer Leistungen aller Art wirklich
nur dem vorbehalten sind, der hier auch einzahlt.

---

[4] Vgl. https://www.migrationsverket.se/Privatpersoner/Flytta-till-nagon-
i-Sverige/Gift-registrerad-partner-eller-sambo/For-dig-som-ar-anhorig-i-
Sverige/Forsorjningskrav.html download vom 17.06.2020

[5] Ebenda

Was Schluss endlich auch erklärt, warum es in Schweden kein HartzIV gibt. Es ist hier nicht notwendig. Weil hier üblich ist, arbeiten zu gehen. Wie es entlang des Lebensweges unterschiedliche Arbeitsmodelle gibt, die dem jeweiligen Alter wie Qualifikation entsprechen. Weshalb immer wieder Deutsche hier scheitern, die dies nicht akzeptieren wollen.

Glauben Sie mir bitte!

Wenn Sie nicht wissen, wovon Sie hier leben wollen, dann sind Sie hier einfach falsch! Hier hilft Ihnen niemand! Im Gegenteil! Sie werden hier immer mit mehr Gegenwind rechnen müssen, als Sie vielleicht je erwarteten. Gegenwind bspw. der Form, dass man erst einmal einige Winter hier gelebt haben muss, um Land wie Leute richtig zu verstehen. Sie können hier nicht einfach hergehen und erwarten, dass das Amt alles für Sie regelt, wie Sie es vielleicht aus Deutschland frei nach dem Motto:

HartzIV und der Tag gehört Dir!

kennen. Hier weht schon ein etwas anderer Wind. Wie Schweden wirklich verdammt schön ist, wenn Sie diese alles entscheidende Frage sinnvoll für sich beantwortet haben. Wissen Sie wovon Sie hier leben werden und haben Sie wirklich den Willen, dies auch umsetzen zu wollen, dann lesen Sie bitte weiter.

Wann auswandern?

Bitte stellen Sie wirklich nie die Frage, wann der beste Zeitpunkt zum Auswandern ist. Wer so heran geht, wird nie auswandern. Belege dafür gibt es in der Geschichte zuhauf. Beispielhaft sei die jüngste deutsche Geschichte genannt. Unendlich viele in der sowjetischen Besatzungs-zone lebende Deutsche zögerten und zögerten und zögerten nach dem 08.05.1945 in den Westen zu gehen.

Am 13.August 1961 war es dann zu spät!

Die schwedischen Auswanderer dagegen, die Anfang des 19.Jahrhundert in Scharen Schweden gen USA verliessen zögerten nicht. Wie deren Nachkomme noch heute oft enge Bande nach Schweden haben. Der Schriftsteller Vilhelm Moberg (1898 - 1973) berichtet in seinen tollen lesenswerten Büchern über diese Zeit. Denn:

Es gibt keinen günstigen Zeitpunkt zum auswandern!

Wenn Sie einmal beginnen, mit dem Gedanken des Aus-wandern nach Schweden zu spielen, wovon zeugt, dass Sie dankenswerter Weise mein bescheidenes Büchlein zur Hand nahmen, dann kann es nur noch nachdenken über zwei Fragen geben:

1.   Wann konkret soll es soweit sein?

2.   Was muss ich dafür konkret tun?

In dem Moment wo Sie nur noch eine einzige andere Frage stellen, werden Sie nicht auswandern. Aber in dem Moment wo Sie fortan nur noch an der Beantwortung beider Fragen arbeiten, werden Sie auch in Schweden leben wie hier glücklich sein.

Es bringt ja nun wirklich nichts, nur weil man wem auch immer was auch immer beweisen will, nach Schweden auszuwandern, um dann kurz darauf wieder genau da aufzuschlagen, wo man her kam. Auch bezüglich einer Auswanderung gilt noch immer:

Ausschuss geht an das Werk zurück!

Was wirklich nicht heissen soll, etwas zu überstürzen. So möchte ich Ihnen kurz schildern, wie meine Frau und ich unsere Auswanderung vorbereiteten. Für uns beide stand vor nun schon vielen Jahren fest, im Alter in Schweden leben zu wollen. Wir dem folgend die ersten Jahre nutzten, uns hier eine solide Basis zu schaffen. Das kann man immer sehr gut von Deutschland aus tun. So kauften wir uns hier ein Haus und bereiteten es nach und nach so vor, dass es unseren Vorstellungen als zukünftiges Wohnhaus gerecht ist. Wie wir es immer wieder gern zwischenzeitlich als Ferienhaus nutzten.

Parallel dazu machten wir uns von Beginn an immer auch Gedanken darüber, wie wir unseren Lebensunterhalt hier bestreiten wollen. Da wir beide nicht von Millionären abstammen, blieb halt „nur", es mit Arbeit zu versuchen. Wie wir beide schon immer der Meinung sind, dass Arbeit nicht schändet. So entstand eine solide Grundlage, wie wir hier unsere Brötchen verdienen können und nun leben wir beide schon einige Jährchen im immer wieder wunderschönen Schweden. Wir setzten also genau das um, was Schweden von den Einheimischen wie Einwanderern egal welcher Herkunft erwartet.

Wir versorgen uns selbst!

Egal was hier und wann, wo und wie passiert, spielte deshalb für uns beide wirklich noch nie der Gedanke eine Rolle zurück zu gehen. Das hat sehr sehr viel mit der menschlichen Psyche zu tun. In dem Moment wo Sie nur einmal darüber nachdenken, wieder zurück zu gehen, kommen Sie hier wirklich nie richtig an. Es kann immer sehr gut sein, dass Sie trotzdem hier leben werden. Sie werden sich dann aber nie hier wohl fühlen. Wie in den meisten Fällen dieser Art wieder zurück gehen.

Eine Auswanderung wird wirklich nur dann zu einem Erfolg, wenn man mental auch bereit wie willens ist, mit seiner alten Heimat abzuschliessen. Abzuschliessen heisst **keinesfalls** sie zu hassen. Abzuschliessen heisst, das Kapitel Deutschland als abgeschlossen zu betrachten. Das ist der kleine, aber sehr feine Unterschied, den viele nicht verstehen oder auch verstehen wollen. Für uns ist Deutschland nach wie vor ein sehr spannendes Land. Es wird immer so sein, dass Deutschland in unserem Denken und Handeln eine Rolle spielt. Wie natürlich unsere hiesigen Freunde wissen, wo wir her kommen. Was ich damit meine, lässt sich vielleicht mit diesem Beispiel erklären: Immer wieder reden wir bspw. mit unseren hier lebenden syrischen Freunden darüber, wie es wäre, wenn wir einmal gemeinsam Urlaub in Damaskus oder München machen werden. Wir waren noch nie in Damaskus, wie unsere syrischen Freunde noch nie in Bayern. Aber so wie diese nie darüber nach denken, wieder zurück zu gehen, geht es uns genauso. Warum sollte man das auch tun, wenn man hier nicht nur physisch sondern auch mental ankam? Warum sollte man etwas verlassen, was einem gefällt?

So wurden aus uns beiden schon lange sogenannte **Tysksvenskar.** So nennt man hier schon immer hier lebende Deutsche, die hier ankamen. Tysksvenskar können dem folgend auch ausgewanderte Österreicher oder Schweizer sein. So wie die Schweden keinen Unterschied zwischen Deutschen, Österreichern und Schweizern machen, so machten Sie noch übrigens noch nie einen Unterschied zwischen Ossis und Wessis. Nur die wirklich Ewiggestrigen aus den gebrauchten Bundesländern legen noch heute Wert darauf als Wessi angesehen zu werden.

Was immer ab und an dann doch recht amüsante Begegnungen so mit sich bringen kann. Das Wort Wessi kann man nebenbei bemerkt genauso wenig übersetzen wie das Wort Ossi. Wie traditionell die Schweden schon immer doch recht vielfältige Beziehungen in deutsche Lande ostwärts der Elbe denn zum Rhein und Main hatten. Was wieder etwas mit Logik zu tun, einer Disziplin, die heute in Deutschland leider Gottes nicht mehr so sehr verbreitet ist. Wenn Sie nämlich im Main in einen Kahn steigen, dann kommen Sie nie in Schweden an. Wenn Sie aber auf der Neisse fahrend gleiches tun, kommen Sie immer hier an, wenn Sie Boot fahren können.

Wie auswandern?

Sie brauchen einen Plan

Und zwar keinen Plan der Art wie sie einst ein gewisser Egon Olsen aus Dänemark samt gleichnamiger Bande zu schmieden pflegte und auch nicht wie sie wenig später die Jönssonligan in Schweden zu schmieden pflegte. Bestand doch das Wesensmerkmale von Plänen dieser Art immer darin, dass sie nie aufgingen.

Wie noch heute deren Filme hoch amüsant sind.

Sie zeigen übrigens am Rande bemerkt auch, dass sich so sehr viel in den Verhaltensweisen der Menschen in den letzten 30 bis 40 Jahren nicht änderte. Damals wie heute ist es oft intellektuelles Unvermögen, auch alternativ Dummheit genannt, gepaart mit einer vollkommen verqueren Weltsicht die dazu führen, dass mit einer Auswanderung zusammen hängende Ereignisse so tragisch sind, dass sie schon wieder komisch wurden.

Einen Plan haben heisst für mich keinesfalls, nur mit einem Kamm in der Tasche wie ein Frisör hierher gehen zu wollen. Wobei jeder gute Frisör wenigstens immer auch noch wenigstens einen Spiegel mit sich führt. Einen Plan heisst für mich, sich genau darüber klar zu werden, was eine Auswanderung bedeutet, wie im Ergebnis dessen zweckmässige Dinge zu realisieren, die diese zum Erfolg werden lassen.

Denn keine Auswanderung ist ein Pappenstiel!

Wie es noch immer ein himmelweiter Unterschied ist, ob Sie sagen wir von Flensburg im Norden Deutschlands an den Alpennordrand nach Bayern ziehen oder ob Sie von Deutschland nach Schweden ziehen. Wie jeder Mensch weiß, der viel beruflich in Deutschland war bzw. ist, dass es überall in dem vergleichsweise kleinen Deutschland Unterschiede gibt, die sich einem immer erst erschliessen, wenn man sich mit der Situation vor Ort hinreichend vertraut machte.

Wie die letzten 30 Jahre bspw. in der Mark Brandenburg oft belegen, was heraus kommen kann, wenn man mit einer verqueren Weltsicht Entscheidungen trifft. Viele Dinge, die seit 03.10.1990 in der Mark Brandenburg schief liefen haben einfach etwas mit Unkenntnis gepaart mit Ignoranz zu tun. Die sogenannten „*Aufbauhelfer Ost*" die nach dem 03.10.1990 in die Mark kamen, kamen grösstenteils aus NRW. Dem folgend mehr oder weniger im Bewusstsein aufgewachsen, dass der Ruhrpott Bergbau bedingt mehr oder weniger unterkellert ist.

Mit diesem Hintergrundwissen fällten sie in der Mark Entscheidungen, die nie im Leben ein echter Märker je getroffen hätte. Jeder echte Märker weiß, dass die Bodenbeschaffenheit in der Mark in neun von zehn Fällen mehr oder weniger Sumpf ist. Man im Ergebnis dessen oft schon ab einem Meter Tiefe auf Grundwasser stösst und dann halt Bauten aller Art entsprechend bauen muss. Dies tat man noch bis weit in die zweite Hälfte des 20.Jahrhundert vielfach mit Pfahlbauten oder alternativ mit gar nicht bauen. Die vielen vielen Brachen entlang von Oder und Havel, waren nicht ganz grundlos bis weit nach der sogenannten deutschen Vereinigung Brachen.

Mitarbeiter des Zentrums für Militärgeschichte beklagten sich vor einigen Jahren bei mir, dass der Keller ihres wunderschönen Dienstsitz in Potsdam plötzlich voll Wasser lief und nun nicht mehr als Archiv nutzbar sei. Die aus den gebrauchten Bundesländer stammenden dort Dienst Tuenden konnte gar nicht verstehen, als ich grinsend auf den einen Steinwurf weiter befindlichen neuen Supermarkt mit Tiefgarage direkt an der Havel zeigte. Wer genau da baute, brauchte sich wirklich nicht zu wundern, wenn in der Nähe die Keller voll liefen. Es hatte schon seinen Grund, dass über Jahrhunderte hinweg genau da, wo sich heute dieser Klotz von Supermarkt befindet, nie gebaut wurde. Was vielleicht auch die wahre Erklärung dafür sein könnte, warum der BER nicht fertig werden wollte. Da wo sich dieser befindet, sollte er a) nie hin und werden und wurde b) auch noch nie gebaut. Nie gebaut deshalb, weil dort genau genommen nichts anderes als Modderpampe ist.

Aber egal und zurück zum Thema!

Einen Plan haben bedeutet eine Auswanderung nach Schweden für mich konkret diese Dinge: Ich muss mir erstens darüber klar sein, **wo** in Schweden möchte ich wohnen und ggf. arbeiten. Schweden ist etwa anderthalb einmal so gross wie Deutschland und hat was viel viel wichtiger ist verschiedene Klimazonen.

Diese hat Schweden auch trotz Klimaerwärmung!

Es ist einfach einmal voll daneben bspw. nach Jämtland gehen zu wollen, um dort seine Brötchen mittels Anbau von Kräutern verdienen zu wollen. Dort wächst außer Eisblumen an den Fenstern nun mal nicht so sehr viel. Gleichwohl es dort sehr sehr schön ist.

Was Klima bedingt direkt im Süden in Gehweite des Fährhafen Trelleborg von Erfolg gekrönt sein wird, muss es nie zwangsläufig zweitausend Kilometer weiter in Lappland. Diese **gigantische Dimension** ist vielen oft nicht bewusst. Sie entspricht der Entfernung Berlin - Moskau, wie in etwa Berlin - Lissabon oder Berlin - Sizilien. Das Komische ist, wenn man jemanden sagt, man ziehe nach Moskau, Lissabon oder Sizilien, dann ist allen Menschen in deutschen Landen klar wie die berühmte Thüringer Klossbrühe, dass dort die Uhren allein klimatisch bedingt immer etwas anders ticken. Wie auch jedes deutsche Kleinkind weiß, dass man in Moskau eine vollkommen andere Sprache samt anderer Schriftzeichen nutzt. Wie es ihm natürlich auch bekannt ist, dass auch in Lissabon und auf Sizilien eine andere Sprache gesprochen wird. Aber immer wieder ziehen Frisöre Made in Germany nur mit einem Kamm in der Tasche hierher und negieren dies!

Die zweite wichtige Frage lautet hier immer: **Wovon** will ich hier leben? Wenn Sie nicht gerade zu dem Klientel gehören, was sich im Ruhestand befindet, dann brauchen Sie auf genau diese Frage wirklich eine Glas klare Antwort. Wirklich hier wartet niemand auf Sie! Auch dass scheint vielen Frisören aufgewachsen in der deutschen Gesellschaft des Stamme Nimm nicht bewusst zu sein! Was dann natürlich immer wieder zu Irritationen aller Art führt. Die gesamte schwedische Gesellschaft ist wirklich sehr solidarisch! Sie geht aber immer davon aus, dass es schon immer hieß:

Geben ist seliger als Nehmen!

Woraus folgt Sie können hier immer nur erwarten nehmen zu dürfen, wenn Sie vorher gegeben haben. Die praktische Umsetzung dessen ist bspw. einfach hier arbeiten zu gehen und Beiträge zu zahlen. Dann darf man natürlich auch das in Sachen Sozialleistungen in Anspruch nehmen, an dessen Sicherstellung man zuvor seinen bescheidenen Anteil hatte.

Mal eben so hierher wie Skyffelgubbe zu gehen funktioniert wirklich nicht. Ein Skyffelgubbe ist jemand, der mit der Schaufel auf dem Bau Erdarbeiten aller Art mit besagter Schaufel erledigt. Skyffelgubbe kam aus dem Sauerland vor einigen Jahren total ohne Plan hierher und lebt seitdem von der Hand in den Mund. Angewiesen auf Gelegenheitsjobs aller Art ist er bei Wind und Wetter draussen. Was mit Anfang 30 vielleicht noch gehen mag. Aber mit Anfang - Mitte 50 ganz bestimmt kein Vergnügen mehr ist. Wenn Sie die Fragen wo und wovon Sie hier leben möchten für sich beantwortet haben, dann geht es an die konkrete Planung. Diese ist genau genommen dann ganz einfach. Sie müssen nur zwei Dinge tun:

1. Eine Checkliste anfertigen die alles enthält, was Sie bis zur Abreise zu erledigen haben.

2. Eine Checkliste anfertigen die all das enthält, was Sie hier angekommen zu erledigen haben.

Hier zeigt sich, dass so etwas am besten in einer stabilen Partnerschaft geht. Ein Partner geht vor und bereitet alles vor. Ein Partner bleibt zeitweilig zurück und beendet alles sauber. Die Betonung liegt auf sauber! So neu ist übrigens dieser Ansatz nun auch wieder nicht. In der mehrere tausende Jahre alten Militärgeschichte finden Sie in allen Epochen Beispiele wo Dinge dieser Art in Form eines *Vor- und Nachkommando* erledigt wurden. Wenn bspw. eine beliebige Einheit X der NVA der DDR, das ist übrigens die bis dato einzige deutsche Armee, die keinen Krieg führte, zur Übung auszog, dann oblag es dem Vorkommando das Terrain auf dem Übungsplatz vorzubereiten, während das Nachkommando rein Schiff in den dann verlassenen Unterkünften machte. Umgekehrt zum Ende der Übung bereitete das Vorkommando in der Kaserne alles für die Ankunft vor, wie es Aufgabe des Nachkommando war, den Platz so sauber zu verlassen, dass der Nachfolger nicht noch durch die Scherben der ausgetrunkenen Schnapsflaschen trampeln musste oder gar noch irgendwelche Blindgänger herum lagen.

Je genauer Sie beide Checklisten anfertigen, desto mehr Erfolg werden Sie haben.

Dies heisst immer auch, Sie benötigen dazu Zeit. Zeit die Susi Erfolglos nicht hatte. Susi ist schon eine komische Marke, wie der Urberliner so etwas zu titulieren pflegt. Susi Anfang 50 verliebte sich in den sogenannten sozialen Medien in einen Mann, den sie zuvor noch nie sah. Dieser Mann gab Ihr vor, hier in Schweden schon länger lebend ein erfolgreiches Unternehmen zu führen. Wie sie ihm kund tat, dass sie eine sehr erfolgreiche Powerfrau gleichen Kalibers sei. Schon einige Wochen später verließ er seine Gattin wie sie ihren Ehemann.

Gemeinsam verbrachten beide, sich wie die Teen Quietscher benehmend, ein erstes Kennenlernwochenende wo auch immer auf dieser Welt, nur nicht in Schweden. Sie die noch nie zuvor in Schweden war, kein einziges Wort Schwedisch sprach, fasste sorg- wie total planlos den Entschluss, zu ihrer neuen Flamme zu ziehen, wie er seine noch Ehegattin mehr oder weniger doch sehr unschön entsorgte. Nein er brachte sie natürlich nicht um. Er schmiss sie „*nur*" raus! Ich erspare Ihnen wie die Geschichte weiter ging. Sie ist ein exzellentes Kapitel aus dem Buch „*So fahren auch Sie Ihre Auswanderung sicher vor die Wand!*" Da der Titel dieses Buches aber anders lautet, möchte ich fortsetzen.

Ihre Chance Auswandern 50 Plus!

In den letzten Jahren zieht es vor allem mehr und mehr Ältere nach Schweden, was seinen sehr sehr guten Grund und ich am Beispiel von Frank erklären möchte. Frank ist ein von Grund auf ehrlicher Mensch, der irgendwo zwischen Flensburg und Zugspitze wie Oder und Rhein tagein tagaus sein Pensum verrichtete, welches schon Freddy Quinn in seinem legendärem Lied „*Wir*" besang. Etwas in die Jahre gekommen wurde Frank in Deutschland „*entsorgt*" oder wie man neudeutsch zu sagen pflegt „*frei gestellt*" und landete im Ergebnis dessen auf HartzIV. Um 2012 herum schlug dann Frank hier kein Wort Schwedisch sprechend irgendwo zwischen finnischer Grenze und Trelleborg auf und kaufte sich von dem was er noch hatte, ein kleines Häuschen. Dann tat Frank etwas bemerkenswertes:

Er lernte Schwedisch und ging einfach arbeiten!

Heute nun kurz vor dem eigenen Ruhestand ist Frank dem Wink des Schicksal mehr als dankbar, dass ihm diesen Weg nach Schweden wies. Da er nun doch schon einige Jahre hier in die Rentenkasse einzahlte und dies noch etwas tun wird, kann sich Frank auf eine doch recht attraktive zweite Rente freuen. Während er schon lange weiß, wie seine deutsche Rente aussehen wird. Auch sein Häuschen hat sich sehr verändert.

Es ist eines der Schmuckstücke im Ort.

Deshalb ist gerade in etwa fortgeschrittenem Alter Schweden vielleicht auch für Sie eine spannende Alternative.

Es gibt hier keine Altersdiskriminierung.

43

Wie es hier sehr viele Möglichkeiten egal welchen Alters gibt, beruflich hier Fuss fassen zu können. Wie schwedische Arbeitgeber im Gegensatz zu anderen Ländern haar genau wissen, dass der Erfahrungsschatz eines Älteren mit nichts ersetzbar ist. Denn in Schweden gilt noch immer:

Alter und Schwangerschaft sind keine Krankheiten!

Was erklärt, dass es landauf landab für Ältere wie Schwangere diverse Arbeitszeitmodelle gibt, wie hier natürlich auch jeder weiß, dass ein 65 jähriger Dachdecker durchaus auf dem Dach nicht mehr so gelenkig ist, wie ein 20 Jähriger. Ergo der etwas ältere Dachdecker dann schon auch immer einen Job finden, der seinem Alter entspricht. Es müssen hier gerade im Alter auch nicht mehr 40 Stunden pro Woche sein. Zumal hier sowieso schon seit längerem über die generelle Einführung des sechs Stunden Arbeitstages bzw. der vier Tage Arbeitswoche für alles diskutiert wird.

Dies erklärt auch, warum viele Stellen nicht mehr mit 100% besetzt werden. Die 100% bzw. die 40 Stunden Arbeitswoche ist vielfach nur noch eine **Berechnungs-grundlage** und man staunt schon, wenn man deutsche Gehälter zum Vergleich nimmt, dass man oft mit einem Halbtagsjob als älterer Mensch gar nicht so schlecht verdient. Ist doch am Ende nur entscheidend, welcher netto Betrag auf dem Lohnzettel steht und vor allem was Sie damit hier anfangen können. Die Kaufkraft der schwedischen Krone ist bei allem wenn und aber nun einmal höher als die des Euro.

Hinterlassen Sie keine Baustellen!

Susi Erfolglos, hier nur noch kurz SE genannt, weil SE ja bekanntlich auch gleichzeitig *System Error* bedeutet, ist der ideale Übergang in dieses ebenso wichtige Kapitel. Ich deutete ja schon an, dass es keine so sehr gute Idee ist, Deutschland im Groll zu verlassen. Wie ich Sie bitte, mich am Beispiel besagten Systemfehlers erklären zu lassen, was ich meine. SE verliess Knall und Fall ihren Ehegatten, mit dem sie schon über 20 Jahre zusammen lebte und ein gemeinsames Kind hatte. Als eines der letzten Schritte in Deutschland reichte sie die Scheidung ein und zog hierher.

Kann man natürlich immer machen, ist aber falsch!

Im Zuge dessen fällte rund ein Jahr später das in Deutschland zuständige Amtsgericht das Urteil, dass ihr das Sorgerecht entzogen wurde. Was auch irgendwie logisch war. Selbst die intelligenteste Rabenmutter kann keinem Gericht sinnvoll erklären, wie man der Unterhaltspflicht für ein gemeinsames eheliches Kind nach kommt, wenn man sich in das Ausland absetzt und nicht einmal zu Besuch nach Deutschland fährt.

So etwas sind offene Baustellen!

Klären Sie wirklich bitte vor Ihrer endgültigen Abreise alles sauber, was in Deutschland noch zu klären ist. In dem Moment wo Sie hier eintreffen prasseln immer so viele neue Eindrücke auf Sie herab, dass Sie voll und ganz damit beschäftigt sind, diese zu verarbeiten. Da kann jede noch so kleine offene Baustelle in deutschen Landen im einfachsten Fall nervend wie im schlimmsten Fall Ihr Scheitern bedeuten. Denn die Baustelle bleibt ja erst recht offen, wenn Sie nach Schweden weglaufen sollten. Dann und nur dann können Sie auch mental Abschied nehmen.

Nehmen Sie mental Abschied

Der Mensch ist ein Gewohnheitstier drum schenk ich meine Pantoffeln Dir ist einer der vielen Sprüche meiner Kindheit. Dieser Spruch ergibt zwar nicht so sehr viel Sinn. Zeigt dafür um so mehr, was den Menschen in weiten Teilen ausmacht. Jeder Mensch ist es gewohnt in einer Umgebung X zu leben und sich an diese anzupassen. Dies hat wieder etwas mit genau der Logik zu tun, von der wir wissen, dass es oft um sie momentan nicht so gut bestellt ist. Wer bspw. akzeptiert, dass schwedische Winter bitter kalt sein können und sich entsprechend kleidet, erfriert nicht. Er passte sich nicht seiner Umwelt an.

Allein des Überlebenswillen wegen!

Wie es dann irgendwann zur Gewohnheit wird, im Winter warme Kleidung zu tragen, im Sommer eher nicht und es auch nie andersherum zu tun. So hat jeder Mensch im Laufe seines Lebens eben so seine Gewohnheiten von denen er, wenn er seine alte Heimat für immer verlässt immer auch einige für immer ablegen muss. Meine Frau und ich waren bspw. immer gern mit dem Boot auf dem Wasser unterwegs. Das geht aber auf Grund unseres Wohnortes nun eher schlecht. Man kann hier nicht einfach so in Småland mal eben so ein Motorboot vom Trailer lassen, weil viele Gewässer dies auf Grund ihrer Gegebenheiten gar nicht zulassen. Dafür kann man andere Dinge hier sehr gut tun, wie bspw. Mountain Bike fahren.

Nun ist nur noch die Frage, wie man mit diesem Effekt umgeht. Eine zweckmässige mentale Abschiednahme ist aus meiner bescheidenen Sicht etwas ganz ganz wichtiges wenn man auch mental hier ankommen möchte.

Wir machten es bspw. so, dass wir Orte, die uns einmal wichtig waren noch einmal besuchten, um uns von diesen zu verabschieden. Wie auch eine letzte Bootstour gemeinsam mit dem neuen Eigner auf der Tagesordnung stand. Die Bilder dieser Bootstour hängen heute in meinem Büro. Wenn auch dies vielleicht etwas pathetisch klingen sollte, erleichterte mir persönlich dieses Prozedere sehr das mentale Ankommen in Schweden.

Wie ich oft bei Gesprächen mit hier lebenden Deutschen feststelle, dass wenn wo warum auch immer die Säge hier klemmen sollte, oft das mentale Abschied nehmen, das los lassen können nie statt fand. Nehmen wir besagten Systemfehler namens Susi Erfolglos. Susi rannte buchstäblich vor ihrer eigenen Familie weg, vergass dabei ganz das Abschied nehmen und kam nie hier an.

Mental hier ankommen

Mental hier ankommen hiess für meine Frau und mich schon in der Zeit jahrelangen Pendelns zwischen beiden Ländern, hier in Schweden vom sprechen beginnend so wie uns möglich auch Schwedisch zu leben und hiesiges Brauchtum zu pflegen. So kommt man noch immer am schnellsten hier mental an. In dem man genau das tut, was eben auch hier von Einwanderern erwartet wird.

Sich integrieren!

Was wirklich nie heissen kann, die eigene Vergangenheit zu verleugnen. Es heisst nur, diese als das zu begreifen, was sie ist: Etwas Vergangenes was nicht wieder kommen wird! Mehr wirklich nicht! Das macht hier wirklich vieles leichter. Wie hiesiges Fernsehen und Radio immer das ihrige dazu beitragen werden. Wir haben auch heute immer noch keine Satellitenschüssel auf dem Dach mit der wir deutsches Fernsehen sehen können. Wir wussten noch nie wozu dies hier gut sein sollte. Wissen wie das Wetter, Informationen über wichtige Nachrichten für die Allgemeinheit, was wo wann und wie angesagt ist, erfährt man nun einmal noch immer am besten, wenn man schwedische Medien konsumiert.

Schwedische Feiertage wie einbringen in das Vereinsleben vor Ort erleichtern ebenfalls ungemein mentales ankommen in Schweden. Sie werden um so eher hier heimisch, wie Sie auch Dinge dieser Art hier annehmen. Niemand wird Ihnen hier übel nehmen, wenn es anfangs mit der Sprache noch nicht so klappen sollte, wie gedacht. Jeder Einheimische freut sich um so mehr, wenn Sie sich hier integrieren um dann eben doch recht schnell sagen zu können:

Schweden ist meine Heimat!

Was wirklich nichts mit Groll auf die alte Heimat zu tun hat. Wie ja immer wieder deutsche Politiker betonte, dass man durchaus mehrere Heimaten haben kann. Ist doch Heimat noch immer etwas, wo man sich einfach wohl also zu Hause fühlt. Wie wir immer wieder einmal gern nach Deutschland fahren:

In den Urlaub!

Und wissen Sie wo wir da hin fahren? Ja genau! Dahin wo uns angenehme Erinnerungen wie freundliche Leute gibt. Da wo man sich halt schon immer wohl fühlte.

Schwedisch kommunizieren

Mental ankommen heisst immer auch Schwedisch zu kommunizieren. Damit meine ich nicht nur die Sprache sondern vor allem die Art und Weise wie man hier kommuniziert. Den Einheimischen ist es wirklich eigen, dass sie mit ihrem Gegenüber **respektvoll** umgehen. Wie es in Schweden noch immer so ist, dass wenn jemand warum auch immer anderer Meinung hat, immer nur der- bzw. diejenige eine andere Meinung als man selbst hat. Man im Ergebnis dessen natürlich trotzdem miteinander redet. Wie auch immer Dinge gemeinsam erledigt, wenn sich beide Seiten in diesen vertreten sehen.

Ein simples Beispiel ist im Winter gemeinsames Schnee räumen. Da kommt hier niemand auf die Idee, nur weil einem die Nase des anderen nicht passt, ihn beim Schnee räumen auszugrenzen. Und wenn zehnmal der eigene Nachbar warum auch immer Ansichten vertritt, die nicht die eigenen sind, ist der Nachbar deshalb hier **wirklich nie** wahlweise per se ein **Nazi** oder gar **Verschwörungstheoretiker**. Solang wie sich jeder hier an Recht und Gesetz hält, ist er ungeachtet seiner Ansichten in Schweden noch immer ein freier Mensch.

Das ist das angenehm andere an Schweden!

Es gibt hier wirklich keine Maulkörbe. Sie können hier Tatsache sagen, was Sie möchten. Solange wie Sie dies in gebotenem Respekt tun, wird hier auch wirklich nie etwas dagegen sagen. Wenn Sie aber jemanden, lachen Sie jetzt bitte nicht, auch das gab es hier schon, mehrfach in Folge schreiben, *dass sich die Schlinge immer mehr um dessen Hals zu ziehe*, dann dürfen Sie hier bitte nicht wundern, wenn Sie wegen Mordversuch vor dem Kadi landen. Derjenige der das schrieb war ein hier lebender Deutscher!

Was die Damen und Herren der Polizei auch nicht wirklich wunderte. Wie nebenbei bemerkt die schwedische Polizei gute Übersetzer hat. Polizisten, die auch mit Feinheiten der deutschen Sprache umgehen können. Wie wirklich nicht zu verstehen ist, wenn es ab und an Deutsche hierher zieht, denen nichts anderes einfällt, als hier deutsche Seiten aufziehen oder gar deutsches Recht durchsetzen zu wollen. Der letzte Versuch in anderen Ländern deutsche Seiten aufziehen zu wollen, ging bekanntlich doch arg in die Hose. Wie sich mir noch immer nicht erschliesst, warum es ausgerechnet im Regelfall Anhänger rot grüner Ideologie sind, die hier in Schweden angekommen deutsche Seiten aufziehen wollen. Wenn es bspw. in Schweden vollkommen ausreichend ist, ein einfachsten Fall einen Verein per Handschlag gründen zu können, dann ist das einfach so. Wenn gleiches in anderen Ländern anders sein sollte, dann ist es eben in anderen Ländern anders. Wie dies noch lange nicht heissen kann, dass es dann in Schweden genauso sein muss, wie es andere Länder handhaben. Wenn wir hier sagen wir im Winter Eiskrallen an den Schuhen tragen, kommt ja auch niemand auf die Idee reflexhaft auf dem Hamburger Fischmarkt gleiches zu tun.

Schwedisch kommunizieren heisst immer auch mach es einfach und interpretiere nicht.

Und zwar im doppelten Sinn! Mach es einfach heisst hier, wirklich etwas einfach zu machen anstelle lange darüber herum zu palavern, was man machen könnte. Mach es einfach heisst auch immer Dinge aller Art so zu machen, dass sie einfach und praktikabel sind. Sprich das Gegenteil zu so manch deutscher Attitüde. Dies durch zieht wirklich alle Lebensbereiche.

Da wo die meisten Deutschen heute mindestens fünf oder gar zehn Sätze benötigen, um einen Sachverhalt auszudrücken, reicht dem Schweden oft nur ein Wort oder eine kurze Wortgruppe.

Bestes Beispiel die Corona Krise:

Schwedens Ministerpräsident brachte es immer wieder auf die einfach Formel *Stanna hemma! - Bleib zu Hause!* Während deutsche Politiker wie Behörden regelrechte Wortungetüme produzierten. Beispielhaft sei die *„Verordnung des Sächsischen Staatsministeriums für Soziales und Gesellschaftlichen Zusammenhalt zum Schutz vor dem Coronavirus SARS-CoV-2 und COVID-19"* vom 12.05.2020 genannt. Sie ist zwar mehrere Seiten lang, führt aber nach dem lesen zu mehr Fragen als sinnvollen Antworten. Wie der Name besagter Verordnung an sich schon ein Wortungetüm reinsten Wasser ist.

Oder nehmen Sie das Wort Folkhälsomyndigheten[6]. Wörtlich übersetzt heisst dies Volksgesundheitsverwaltung. Wie Sie Ihr Vermögen darauf verwetten können, dass sofort die Diskussion in eine ganz andere Richtung läuft, wenn Sie im Zuge von Corona & Co. dieses Wort in den Mund nehmen. Wie eben kein Schwede auf die Idee kommt, was auch immer in diese Bezeichnung hinein interpretieren zu wollen. Diese Behörde heisst nun mal so und Punkt.

---

[6] Vgl. https://www.folkhalsomyndigheten.se/ download vom 18.06.2020

Wenn hier bspw. **einmal nej** für nein gesagt wurde, dann meint der Gegenüber das auch so. Wie der Einheimische und viele viele Einwanderer aus anderen Ländern hier wirklich **nie** so auf Streit erpicht sind, wie viele Deutsche. Die Regel ist momentan, dass der Deutsche immer die Lösung eines noch so banalen Problem im Streit sucht. So etwas macht man hier nicht.

Was wiederum viele Deutsche dann nicht verstehen.

Auch ist es hier nicht üblich übereinander zu reden, wie es hier noch immer sehr sehr guter Brauch ist, **miteinander** zu reden. Je schneller Sie die Art und Weise hiesiger Kommunikation annehmen, desto eher werden Sie hier Erfolg haben. Dann nur dann sieht der Einheimische, dass Sie sich integrieren wollen und wird es entsprechend würdigen. Sie können noch so gut Schwedisch sprechen, zur Not sogar mit värmländischen Dialekt. Wenn Sie dann aber nicht auf der Hut sind, anstelle dessen obendrein den grünen Besserwessi aus Hessen geben, dann werden Sie hier nicht einmal einen Blumentopf gewinnen. Dann bleiben Sie hier immer der Deutsche und werden auch so behandelt werden.

Dann werden Sie nie ein Tysksvenskar!

Wie Sie immer davon ausgehen können, dass der Prozess des Schwedisch werden und wie endgültigen hier ankommen immer seine Zeit brauchen wird. Der schwedische Vater Staat legte nicht ganz grundlos fest, dass man frühestens nach fünf Jahren die schwedische Staatsbürgerschaft beantragen kann. Weshalb ich im weiteren auf einige aus meiner Sicht wichtige Unterschiede eingehen werde. Deren Verständnis Ihr Ankommen hier in Schweden erleichtern kann.

Der Schwede streitet nicht!

Übliche Praxis in Deutschland wurde in den den letzten rund 20 Jahren mehr und mehr die Konfliktlösung im Streit zu suchen. Heerscharen von Anwaltskanzleien sind seit Jahren damit beschäftigt Streits aller Art zu schlichten. Der vielleicht bekannteste Streit dürfte der Streit um einen **Knallerbsenstrauch** sein. Er schaffte es zu bundesweiter Bekanntheit. Wie genau diesen Streit hier in Schweden niemand versteht.

So etwas macht man hier nicht!

Wie man hier auch nicht Behauptungen in die Welt setzt, ohne sie zweifelsfrei beweisen zu können. Dafür dann obendrein versucht, so einen eigenen Vorteil zu erlangen.

So etwas macht man hier auch nicht!

Das schwedische Grundverständnis geht noch immer davon aus, **Streit** so wie irgend möglich zu **vermeiden**. Wie hiesiges Grundverständnis noch immer davon ausgeht, dass keine Lüge dieser Welt zur Wahrheit wird, nur weil man die Lüge unendlich oft wiederholt. Genau deshalb können Sie hier auch nicht so einfach Ihren Nachbarn verklagen, wenn Ihnen dessen Nase nicht passen sollte. Geht man doch in Fällen dieser Art hier immer davon aus, dass Sie ja auch weg ziehen können. Bzw. Sie ja nun wirklich niemand zwang, hierher zu ziehen.

Was wiederum sehr sehr viel mit Logik zu tun hat. Schwedische Entscheidungsprozesse aller Art haben auch noch heute immer sehr sehr viel mit Logik zu tun. Was nicht logisch ist, wird hier in neun von zehn Fällen auch nicht gemacht. Wie Ziel dieses Ansatzes immer ist, wirklich so wie möglich einen Konsens zu erreichen. Wenn hier gesagt wird, wir nehmen alle mit, dann ist das hier auch so gemeint.

Was ich damit meine, sei an einem Beispiel erklärt:

In der Stadt Potsdam gab es noch vor rund 20 Jahren viele viele ehemalige DDR Kaufhallen, natürlich schon lang durch neue Betreiber betrieben wie sehr sehr erfolgreich. Wie diese Kaufhallen auch immer eine wichtige soziale Funktion hatten. Wurden sie doch oft von Menschen frequentiert, die kurze Wege schätzen. Beispielhaft seien Kinder und Ältere genannt. Diese Kaufhallen verschwanden nach und nach. Eine der letzten befand sich am Rande der Stadt. Sie gelangte auf bis heute intransparente Art und Weise aus ehemaligen öffentlichen Besitz in die Hand eines sogenannten privaten Investor. Dieser tat kund, die Halle platt machen zu wollen, um dort Wohnungen zu bauen. Auf unendlich vielen Bürgerversammlungen baten Anwohner darum, dies wie auch immer anders zu gestalten. Aber es war wie schon in der Bibel beschrieben: „*Denn sie waren durch die Brote nicht verständig geworden, sondern ihr Herz war verhärtet.*" Lange Rede kurzer Sinn: Die Kaufhalle gibt es heute schon lange nicht mehr. Die Wohnungen wurden gebaut. Es galt von Beginn an nur, wer am längeren Hebel sitzt, der wird diesen bei Lichte besehenen unnützen Streit gewinnen.

Wenn Sie mehr dazu wissen möchten, fragen Sie am besten Potsdams Oberbürgermeister Herrn Mike Schubert. Er ist Mitglied der SPD. Dass er SPD Mitglied ist, dachten Sie sich sicher schon.

So etwas wie mit der Kaufhalle ist in Schweden undenkbar!

Natürlich gibt es auch hier städtebauliche Entwicklung. Natürlich gibt es hier erst recht ländliche Entwicklung. Aber hier kommt wirklich niemand auf die Idee so massiv die Interessen von rund 15.000 ausser acht zu lassen, wie es in Potsdam in besagtem Fall geschah. Denn das war das Einzugsgebiet besagter Kaufhalle. Hier läuft so etwas in etwa so ab: Der Investor stellt seine Pläne vor. Wie diesem vom vornherein klar ist, dass er sich ein ähnlich geartetes Unterfangen wie in Potsdam geschehen auch sparen kann. Er stellt seine Pläne vor, wie die Allgemeinheit so betroffen, hinreichend Gelegenheit bekommt, ihre Vorschläge einzubringen. Was natürlich alles immer auch mal etwas länger dauern kann. Dafür immer von Erfolg gekrönt ist, was ein weiteres Beispiel erklären soll:

Irgendwann ab der Mitte des 19.Jahrhundert wurde in Schweden wie Deutschland begonnen Bahnhöfe zu bauen. So entstanden u.a. ab dann die Bahnhöfe in Potsdam, Kalmar, Nybro und Emmaboda. Diese vier Bahnhöfe haben eines gemein. Man gelangt ohne Treppen steigen zu müssen sofort vom Gleis in die Stadt. Eine damals wie heute für gehbehinderte Menschen und Rollstuhlfahrer ideale Sache. Alle vier Bahnhöfe gab es noch in den 1990er Jahren. Im Zuge der sogenannten Deutschen Einheit wurde der Potsdamer Bahnhof aus Mitteln des Aufbau Ost top saniert, um dann geschliffen zu werden. Während auf so eine Idee hier niemand kam.

Sie können auch heute noch, wenn Sie mit dem Zug zu uns kommen sollten, in Emmaboda, Nybro oder Kalmar aussteigen und sind ohne eine Stufe steigen zu müssen sofort in der Stadt. In Potsdam wurde dieser hässliche Bahnhofsneubau damals im Streit regelrecht durchgepeitscht. Die gesamte Entscheidungsfindung war davon geprägt, dass der gewinnt, wer am meisten seinen Mund aufreisst. Hier wäre man nicht einmal auf die Idee gekommen, ein solch alle Bürger der Stadt wie des Umlandes betreffendes Thema so autoritär zu lösen. Zumal ja auch nie eine Notwendigkeit dazu bestand.

Die Funktion änderte sich ja nicht.

Auch in diesem ab Ende der 1990er entstandenen Abgott hässlichen neuen Potsdamer Bahnhof halten ja nur Züge, wie sie davor rund 150 Jahre lang an dem alten Bahnhof taten. Wenn dann schon 2017 davon gesprochen wurde, dass Potsdam eine absteigende Kleinstadt[7] sei, dann finden Sie in Entscheidungen dieser Art die Antwort darauf, warum das so ist. Wie Sie auch die Antwort darauf finden, warum Kalmar, von Rolle und Funktion Potsdam vergleichbar, immer wieder ganz vorn mit genannt wird[8].

---

[7] Vgl. https://www.pnn.de/potsdam/staedte-studie-potsdam-droht-abstieg-wie-eine-absteigende-kleinstadt/21363434.html download vom 18.06.2020

[8] Vgl. https://www.reseguiden.se/reseguider/sveriges-basta-sommarstader-9232 download vom 18.06.2020

Diese von Kindesbeinen über Generationen nun schon erlernte Methodik, immer den Ausgleich anzustreben erklärt vielfach, warum so vieles hier in Schweden ganz ganz anders wie angenehm zugleich ist. In dem Moment wo Sie selbst genauso agieren, werden Sie sehen, dass sich hier recht schnell Probleme aller Art recht einfach lösen lassen. Wie auch folgendes verdammt wichtig zu wissen ist.

Der Schwede interpretiert nicht!

Wenn Sie heute in Deutschland egal wo und was mit wem auch immer besprechen, dann können Sie im Regelfall davon ausgehen, dass Ihr Gegenüber aus dem was Sie sagen, das heraus hört, was er heraus hören will. Es wird permanent interpretiert. Das erste Mal fiel mir dieser Unterschied so richtig im September 2003 auf.

Anlass ein tragisches Ereignis:

Am 11.09.2003 wurde die Politikerin Frau Anna Lindh Opfer eines Mordes. Im Zuge einberufener Pressekonferenz fragte ein deutscher Journalist den vortragenden Polizisten, ob er weiteres zu den Hintergründen sagen könne. Der Polizist sagte einfach nur mit trauriger Stimme nein und senkte in Angesicht der Situation seinen Kopf. Woraufhin besagter deutscher Journalist in der nun einmal vielen Deutschen oft eigenen respektlosen Weise begann nach zu fragen, wie zu interpretieren. Ergo versuchte, dem armen Polizisten was auch immer in dessen Mund zu legen oder ihn zu welcher Äußerung auch immer zu verleiten. Dinge dieser Art gewohnt, tat dieser arme Mensch in der blau gelben Uniform mehrfach in Folge nur kund, dass er halt nicht sagen könne, es dem folgend bei bereits gesagten nein bleibe. Woraufhin dann irgendwann die Kommunikation mit diesem Journalisten endete.

Das hier immer passiert, wenn hier interpretiert wird.

Da es hier nicht üblich ist, jeden auf Deutsch gesagt Käse zu hinter fragen oder gar was auch immer hinein zu interpretieren, bricht immer dann die Kommunikation ab. Wie der Schwede, die Schwedin wirklich nie aggressiv reagieren werden.

Die reden dann einfach nicht mehr mit Ihnen.

Was auch oft dann ganz schön dumm sein kann. Weil Ihnen dann niemand hier helfen wird, wenn Sie wirklich Hilfe benötigen. Es gibt hier nicht nur ein deutsches Paar, welches in den letzten Jahren hier Menschen mit Interpretationen aller Art Made in Germany schier zur Verzweiflung brachte. Wie dieses Klientel jedes Jahr auf das Neue dann eben oft ab Oktober / November mutterseelenallein den Schnee weg räumt.

So ist es wirklich bitte sehr wichtig hier immer davon auszugehen, dass egal was Ihnen wo und wann auch immer hier gesagt werden wird, wirklich nur das gemeint ist, was gesagt wurde. Fragen Sie bitte hier wirklich nie warum und interpretieren Sie schon gar nicht was auch immer in die Handlung Ihres Gegenüber ein. Wenn sagen wir der Handwerker heute nicht kommen kann, obwohl er zusagte, dann können Sie sehr sehr sicher davon ausgehen, dass er dies nur deshalb macht, weil sicher etwas wichtigeres dazwischen kam. Wie er Ihnen im Regelfall auch immer ehrlich sagen wird, was da gerade dazwischen kam. Noch eines ist in Sachen Kommunikation wichtig:

Der Schwede kann nicht nein sagen!

Schwedische Kinder lernen von Kindesbeinen an, wie schon mehrfach gesagt, dem Konflikt aus dem Weg zu gehen, wie den Ausgleich zu suchen. Wie sie im Ergebnis dessen lernen, nicht nein sagen zu zu können. Was zugegeben erst einmal etwas gewöhnungsbedürftig ist. Ein Beispiel soll erklären, was ich meine.

> Nehmen wir an Sie sind hier auf Jobsuche. Welcher Job spielt keine Rolle. Dann werden Sie immer wieder dies erleben: Sie verabschieden sich in freundschaftlicher Atmosphäre, was bei Deutschen immer, die eigene Person eingeschlossen, etwas ganz ganz anderes impliziert als bei Schweden. Der Schwede weiß, dass er den Job noch lange nicht hat. Wie der Schwede weiß, dass es hier einfach zum guten Ton gehört, dass man freundschaftlich miteinander umgeht. Der Deutsche denkt nun, oh die waren ja so freundlich, also habe ich den Job vermutlich fest in der Tasche.

Wie der Deutsche dann nach Vorstellungsgespräch wartet und wartet und wartet und nichts passiert. Ganz einfach weil nichts passieren wird. Denn das Wort nej für nein wird hier in 99,999% der Fälle durch das Wort **kanske** für vielleicht ersetzt. Nej wird wirklich nur in Extremsituationen benutzt. Nehmen wir an wegen eines Waldbrand wurde eine Schneise im Wald gesperrt, damit die Feuerwehr freie Bahn hat. Irgend so ein Vollpfosten Made in Germany will aber trotzdem mit seinem super ach so toll SUV auf genau dieser Schneise gerade jetzt fahren. Dann ist die Wahrscheinlichkeit wirklich 100%, dass die Einsatzkräfte ihn mit einem sehr energischen Nej zur Räson bringen werden.

Wenn Sie nun aber sich mit Ihrem Nachbarn zum Eishockey verabreden wollen und dieser antwortet mit einem freundlichen **kanske**, dann heisst das **nein**, er wird nicht mitkommen. Wie es hier nie üblich ist, eine Absage zu erklären oder gar was auch immer in diese hinein interpretieren zu wollen. Das heisst nur, dass Ihr Nachbar nicht mit zum Hockey kommt. Wie die Ursache dafür ja auch keine Rolle spielt. Ob Sie nun zusätzlich wissen warum er nicht mit kommen wird, ändert ja an seiner Entscheidung nichts. Auch ist hier wirklich niemand verpflichtet, seine Entscheidung zu begründen oder sich gar permanent in Erklärungsnot zu befinden. Wer dann also noch nervend warum nach fragt, der kann sehr sehr sicher sein, dass der Nachbar nie wieder mit Ihnen zum Hockey gehen wird. Wenn Sie nun aber auf sein freundlich dahin gesagtes kanske eben so freundlich reagieren, dann wird sich schon noch einmal die Gelegenheit bieten, wo Ihr Nachbar mit kommen wird. Wie Ablehnungen wirklich meist ganz banale Ursachen haben. Vielleicht hat Ihr Nachbar just an dem Tag, wo Sie mit ihm zum Hockey gehen wollten, schon etwas anderes vor. Vielleicht muss er zum Zahnarzt?

Gleiches ist in Sachen Vorstellungsgespräch zu sagen. Wenn Sie freundlich mit einem kanske verabschiedet werden, dann können Sie sehr sicher davon ausgehen, dass Sie den Job nicht haben. Wobei auch sehr sehr viel der Tonfall wie **Gestik** und **Mimik** eine Rolle spielen, wenn kanske im Spiel ist. Wie es noch gar nicht so sehr lange her ist, dass gleiches auch im Berliner Raum üblich war. Noch in den 1980er Jahren war es üblich, dass ein Vorgesetzter auf die Frage eines Unterstellten einfach nur mit dem Wort *vielleicht* antwortete.

Jeder Arbeitnehmer in damals geteilter Stadt wusste beiderseits der Mauer, mit *vielleicht* richtig umzugehen. Sagte dieser bspw. zu seinem Chef wie der legendäre Bruno Wolf „*Hey Boss ich brauch mehr Geld*"[9] , dann wusste Bruno, so er in Berlin und Umgebung wohnend immer, was die Stunde schlug, wenn der Chef mit einem einzigen *vielleicht* antwortete. Allein die Gestik und Mimik im Zuge genau dieser Antwort sprach Bände. Wie es auch in Berlin schon immer wichtig war, auf das zu achten, was der Chef dann noch sagte und welches Gesicht er dazu machte. Es war immer ein himmelweiter Unterschied, ob der Chef sagte: „*Vielleicht bekommst ausgerechnet Du mehr Geld*" oder „*Vielleicht ich schau mal, was sich machen lässt.*

Dies hat sich bis heute in Schweden erhalten!

Weshalb sich hier halt schon immer alte Märker einfacher tun, als woanders her. Dies hat keineswegs etwas mit Ossi und Wessi zu tun, sondern ob man noch in der Lage ist, **mit** diesem **vielleicht richtig umzugehen.** Ältere Deutsche, die vor 1990 in Berlin West lebten, können heute genauso locker hier mit kanske umgehen, wie ältere Deutsche, die aus Ostberlin kommen.

Berliner blieb ja immer Berliner!

Wenn ein potentieller Arbeitgeber im Ergebnis des Vorstellungsgespräches zu der Ansicht kommt, Sie vielleicht einstellen zu wollen, dann wird er Sie wirklich nie nur mit einem freundlichen kanske verabschieden.

---

[9] Vgl. https://www.youtube.com/watch?v=5WqyNqO_Z1w download vom 05.06.2020

Dann können Sie immer davon ausgehen, dass noch etwas dazu gesagt wird. Ihnen bspw. ein weiteres Gespräch mit Kollegen Ihres zukünftigen Arbeitsbereich angeboten wird, signalisiert wird, dass man schon mal mit der Gewerkschaft reden werde oder oder oder. All das sind sichere Signale für ein **positiv verstärkendes** kanske. Alles andere ist eine Absage oder anders ausgedrückt, es war ein nein.

Eine wahre Begebenheit von Ende 2019 rundet dies ab:

Eine erst einige Monate hier lebende Dame aus Süddeutschland hatte ein Vorstellungsgespräch bei einem hiesigen Arbeitgeber. Freude strahlend kam aus diesem heraus und hatte schon den nächsten Termin in der Tasche, bei dem es darum ging mit den Kolleginnen und Kollegen des zukünftigen Arbeitsbereich zu reden. Übliches Verfahren also, wie alle Zeichen eigentlich auf grün gestellt waren. Wenn nur das Wörtchen wenn nicht wäre. Diese zu 100% dieser Welt total fremde Dame signalisierte nun Gehaltsvorstellungen, die wirklich jenseits von gut und böse waren. Sie wurde mit einem freundlichen kanske verabschiedet, fuhr nach Hause, um mit Ihren allerbesten Freundinnen auf den neuen Job anzustossen. Und wenn sie nicht gestorben ist, wartet sie noch heute auf ihren Arbeitsvertrag. Den Job bekam jemand anderes. Sie wusste nicht kanske richtig zu deuten.

<u>Passend dazu sei eine zweite wahre Begebenheit berichtet:</u>

Etwa ein Jahr vor besagter süddeutscher Dame tat jemand in meiner Facebook Gruppe kund, er sei gerade auf dem Weg von Gotland zurück. Dort wurde ihm kund getan, er könne als Fahrer eines Rettungstransportwagen arbeiten, die hier *Ambulans* heissen. Die vermeintlich freudige Botschaft posaunte er kaum in Oskarshamn mit der Fähre angekommen in Welt der sozialen Medien. Problem dabei? Er arbeitet heute noch immer nicht als RTW Fahrer auf Gotland.

Er verstand kanske nicht!

Natürlich wird man auch Ihnen auf die Frage, ob Sie als RTW Fahrer auf Gotland arbeiten können mit einem vielleicht antworten. Wie auch Sie vielleicht wirklich eines Tages auf Gotland in einem der schicken blau gelben Autos sitzen werden. Nur muss man dann eben etwas mehr können, als nur zu artikulieren, dass man RTW fahren möchte….

Will heissen auch in der extremsten Situation, wird der Schwede wirklich nie abrupt aufspringen und sie erregt fragen, ob sie noch alle Tassen im Schrank haben. Auch dann nicht, wenn Sie sagen wir Gehaltsvorstellungen artikulieren, die in etwa auf dem Niveau der Landrätin liegen, sie sich aber gerade um den Job einer Putzhilfe bewerben. Auch dann wird der Schwede nur höflich in sich hinein grinsend zu Ihnen kanske, aber wirklich nie nein sagen.

Wenn Sie einen Handwerker anrufen und dieser antwortet auf die Frage, ob er kommen kann mit kanske, dann wissen Sie hier immer, er wird nicht kommen. Andernfalls hätte er gleich mit Ihnen einen Termin ausgemacht. Wenn man diesen kleinen aber eben sehr feinen Unterschied kennt, dann kommt man hier schnell weiter. Wie auch folgendes zu wissen so schlecht nicht ist.

Vorsicht mit Ironie & Sarkasmus!

Vorsicht mit Ironie und Sarkasmus ist bekanntlich in jeder Fremdsprache geboten. Nichts ist schwieriger, als einen guten Witz in einer Fremdsprache so herüber zu bringen, dass er auch ein Witz bleibt und nicht den Gegenüber beleidigt. Mit nichts anderem können auch Sie hier am ehesten in den Fettnapf treten. Wie es schon etwas dauert, bis man die schwedische Art des schwarzen Humor richtig versteht. Wenn Sie sich nicht absolut sicher sind, was Sie diesbezüglich auf Schwedisch zu sagen gedenken, dann lassen Sie es bitte! Falsch verstandene Ironie oder auch Sarkasmus kann hier ganz schön nach hinten los gehen.

Wie es auch vielfach den Einheimischen nicht eigen ist, in dieser Art zu kommunizieren. Wenn bspw. ein echter Berliner, von denen es kaum noch welche gibt, in einer Gastwirtschaft eine gebratene Schrippe bestellt, dann weiß jeder echte Berliner Gastwirt, was der Gast möchte. Wenn Sie so etwas hier tun, wird Sie jeder entgeistert fragen, warum er denn das Brötchen braten solle. Eine gebratene Schrippe ist in Berlin eine Boulette, die anderswo Fleischpflanzerl oder auch einfach Klops heisst.

Am ehesten lernen Sie die schwedische Art des Humor kennen wie zu schätzen, wenn Sie jeden Sonntag Abend im SVT1 um 18:15 der Sendung Landet runt folgen. Henrik Kruusval bietet Ihnen jeden Sonntag auf das Neue **meisterhaft** eine Lektion schwedischer Ironie wie hiesigen Sarkasmus. Das Schöne daran beides erinnert an das, was es einst auch im Berliner Raum gab.

Beides ist so schön ehrlich!

Weshalb es eben auch so gut zu Schweden passt. Wie das was ich meine, vielleicht am besten mit diesen Beispielen erklärt sein soll. Während der Corona Krise wurden zwei Bonmot zu einem regelrechten Running Gag:

> In dem Moment wo unsere Regierung die Bevölkerung aufforderte einen Abstand von zwei Metern zueinander zu halten, fragten die Menschen aus dem dünn besiedelten Norden des Landes, warum sie denn neuerdings so dicht aufeinander hängen sollen.

> Nachdem ungefähr die ersten vier Wochen herum waren, kamen die ersten Fragen auf, ob wir eigentlich auch wieder duschen gehen können, da ja nun unsere Hände hinreichend oft gewaschen wurden.

Wer zum lachen in den Keller geht, versteht so etwas nicht. Wie es noch nie so sehr sinnvoll war, wenn Sauertöpfe wie Bedenkenträger nach Schweden auswandern. Von diesem Klientel Made in Germany laufen schon hinreichend genügend hier herum. Davon brauchen wir nicht noch mehr hier. Doch nun noch zu einem letzten diesbezüglichen auch sehr wichtigen Thema. Es nennt sich:

Die Möte Kultur

Sie ist vielleicht das Erfolgsgeheimnis der Schweden schlecht hin. Wie die Begrifflichkeit der Möte Kultur eine Erfindung von mir ist, die Sie natürlich lizenzfrei bei Bedarf selbst nutzen dürfen. Anstelle Tantiemen kassieren zu wollen, wenn Sie diesen Begriff nutzen, ist mir viel viel wichtiger, dass Sie diesen Begriff kennen.

Ein Möte ist zunächst erst einmal ein Treffen aus irgendeinem Anlass. Der Schwede unterscheidet nicht zwischen Konferenz, Workshop, Jour Fixe und was sonst das neudeutsche Vokabular so her zu geben vermag. Der Schwede kennt nur das Möte. Was schon einmal vieles einfacher macht. Wie allein der Einladende auf Grund seiner Funktion immer auch eine Aussage darüber trifft, worum es in dem Möte gehen wird. Wenn bspw. die Växjö Lakers zum Möte einladen, ist die Wahrscheinlichkeit 100%, dass es um Eishockey und eher weniger um Angeln gehen wird.

Grundgedanke eines jeden Möte ist immer, dass jeder gleichberechtigt unabhängig seiner Rolle in der Organisation seine Meinung sagen kann. Seine Meinung der Form sagen kann, dass er bzw. sie nie Nachteile befürchten muss.

So etwas ist hier nicht üblich!

Sie können auf jedem Möte immer alles sagen. Darin inbegriffen das Grundrecht eines jedem Menschen dummes Zeug zu labern. Solange wie Sie hier Unsinn aller Art in respektvoller Art vorbringen, wird Ihnen auch dann nicht nie jemand in die Parade fahren. Es wird auch deshalb nie Sanktionen geben.

Was auch erklärt, dass Unterstellte nicht zwingend immer der Meinung Ihrer Chefs sind, wie sie das auch offen kund tun. Denn so und wirklich nur so kann ein Chef selbst darüber urteilen, ob man selbst nicht vielleicht doch falsch lag. Wie es schon immer intelligenten Führungskräften eigen war, den Rat der Unterstellten einzuholen. Was dabei heraus kommt, wenn man dies als Führungskraft nicht tut, setze ich als hinreichend bekannt voraus.

Was erklärt, warum es hier kaum Speichellecker gibt.

Ich meine damit den Typus des Homo Germanicus, den schon Heinrich Mann in seinem Buch über den Untertanen meisterhaft beschrieb. Wie Sie bitte wirklich nie auf die Idee kommen sollten, ausgerechnet das Wort Speichellecker übersetzen zu wollen. Warum das so ist, erklärt Ihnen sicher gern die Beauftragte für Gleichstellung Ihres neuen Wohnort. Womit sich der Kreis zu voran gegangenem Kapitel schliesst. Da nun wirklich jeder und das gern auch des öfteren seine Meinung in einem Möte kund tun kann, können diese oft wirklich sehr sehr lang sein. Wobei lang in Schweden immer relativ ist. Lang heisst, es kann schon mal eine Stunde dauern, bis etwas ausdiskutiert ist. Was aber wirklich selten der Fall ist. Denn ungeachtet der Vielfältigkeit der Diskussion kommt man hier immer schneller auf den Punkt als anderswo in dieser Welt. Denn hier gilt:

Die Schweden reden, sie zerreden aber nie!

Nun müssen Sie wirklich nur wissen, dass just in dem Moment, wo **alla överens**, alle überein sind, wie man hier zu sagen pflegt, wird genau das getan, was gerade beschlossen wurde. Auch so etwas gab es einst anderswo.

Der zu Schliessung anstehende alt ehrwürdige Flugplatz
Berlin Tegel wurde Ende der 1940er Jahre in für
heutige Verhältnisse Rekordzeit gebaut. Ganze 90
Kalendertage genügten vollauf bis aus dem noch
kriegsbedingt mit Bombentrichtern übersätem Gelände ein
Flugplatz wurde. Am 05.08.1948 erfolgt der erste Spaten-
stich. Am 05.11.1948 hob er erste Flieger in TXL ab.

1948 waren in Berlin alla överens!

Alla överens heisst hier immer, dass just in dem Augenblick, wo die Entscheidung fiel, sich alle ausnahmslos
hinter denjenigen stellen, der jetzt das Heft des Handelns
in der Hand hat. Genau damit können oft so manch
Deutsche hier nichts anfangen. Wer halt gewohnt ist,
immer nur link zu sein, der kann sich nicht vorstellen, dass
etwas auch rechtens sein kann. Auch dazu ein Beispiel:

> Nehmen wir an, es gründet sich hier ein Verein.
> Sagen wir ein Verein zum Schutz von Mücken
> oder was auch immer. Dann beschließen hier die
> Gründer die Satzung. Wie im Vorfeld alle
> Beteiligten hinreichend Gelegenheit haben, sich zu
> positionieren. Wenn man dann als Gründer im
> Zuge der Gründung seine Stimme für besagte
> Satzung gab, dann ist es hier nicht üblich einige
> Monate danach dieselbe in Frage zu stellen. Allein
> deshalb weil jeder hier weiß, dass man sich damit
> ja selbst unglaubwürdig macht, wie der
> Lächerlichkeit preis gibt. So dumm ist hier
> wirklich niemand, dass er so etwas tun wird.

Prägendes Merkmal der Geschichte letzter
Regierungsbildung 2018/2019 ist das Wesen der Möte
Kultur.

Es gab mehrere Anläufe, bis die Regierung endlich stand. Wie sich in der Corona Krise aller hinter ihr versammelten. Heisst im Ergebnis bei hiesiger Möte Kultur kommt immer etwas Gutes heraus. Wie es durchaus Jahre dauern kann, bis eine Entscheidung getroffen wird. Eine Entscheidung hinter der alle dann auch wirklich stehen. Selbst dann noch stehen, wenn das sinnbildliche Schiff in schwere Wasser gelangen sollte. Genau dann zeigt sich, ja wer wirklich echten Teamgeist oder wer nur Egoist ist.

In unserer Kreisstadt Nybro trug sich dies zu:

Im Zuge der Asylkrise wurde das hiesige Hotel zur Asylunterkunft und Nybro hatte kein Hotel mehr. So wurde heftig diskutiert, welchen Sinn ein Neubau haben könnte. Heute nun im Jahr 2020 steht fest, dass es keinen Neubau geben wird. Wie die neuen Eigentümer schon seit längerem dabei sind, besagtes Hotel wieder zu einem Hotel zu machen. Von dem Moment an, wo fest stand, es gibt keinen Neubau, ging es nur noch darum, das nun Beschlossene umzusetzen. Wenn Sie wissen wollen, warum die Stadt Potsdam soviel Hotels hat, finden Sie hier genau die Antwort. Wenn in Potsdam was auch immer seit 1990 beschlossen wurde, dann werden Sie immer einen finden, der genau das Gegenteil tut.

Es kann im Zuge hiesiger Möte Kultur durchaus vorkommen, dass man die Dinge immer wieder diskutiert. Was schon nervend sein kann. Wie man hier kein Problem damit hat, offen kund zu tun, wenn man sich auf einem Irrweg befand. Auch werden immer Dinge, die schief gingen, nie so dramatisiert wie es anderswo auf dieser Welt üblich ist. Wenn man hier erkennt, dass ein Weg ein Irrweg ist, dann wechselt man ihn einfach und geht einen anderen Weg.

Hier in der gesamten Nybro Kommun hat bspw. heute niemand ein Problem damit, darüber zu sprechen, dass die Überlegungen zur Neuplanung eines Hotel unzweckmässig waren. Wie sie eben auch in den Jahren 2015 bis 2017 durchaus ihre Berechtigung hatten. Denn hier ist es noch immer üblich Vergangenes egal wie lange es her ist, immer im Kontext der jeweiligen Zeit zu sehen. Einfach deshalb weil man natürlich immer hinterher sagen kann, was man besser gemacht hätte. Aber eben der jeweils handelnde Entscheider wiederum immer in einer ganz anderen Zeit handelte, als derjenige, der später darüber herum mosern wird. Weshalb Diskussionen der Art „*ich hätte aber….*" usw. usf. hier wirklich nie zum Ziel führen. Wer so heran geht, wird nie endgültig Schwede werden. Er wird zwar hier durchaus leben können. Ober er aber so sein Glück finden wird, das ist allerdings sehr fraglich.

Endgültig Schwede werden

Endgültig Schwede werden ist für mich nicht in erster Linie der Tag, an dem Sie dann vielleicht irgendwann Ihren schwedischen Pass in der Hand halten werden. Endgültig Schwede werden ist viel viel mehr! Wie man nie von sich sagen können wird, bis heute Abend 23:59 bin ich Deutscher und ab Morgen 00:00 Schwede. Es war und ist immer ein gleitender Prozess, welcher sehr schön im Buch *„Mäster Pavels Hytta"* von Gunnar Adolfsson beschrieben ist. Adolfsson beschreibt in dem 1974 beschriebenen Buch den Weg den deutsche Glasbläser nach dem 30-jährigen Krieg in der zweiten Hälfte des 17.Jahrhundert nach Schweden gingen. Diese wurde mit jedem Tag mehr natürlich auch Schweden, wie sie bis zu ihrem letzten Atemzug immer auch Deutsche blieben, tysksvenskar eben. Dem einen gelingt es diesen Prozesse weit vor Ablauf der gesetzlichen Frist von fünf Jahren zu beenden, nach der man die hiesige Staatsbürgerschaft beantragen kann. Der andere hat vielleicht schon zehn Jahre den schwedischen Pass, wurde aber nie endgültig Schwede.

Viel hängt davon ab, wie schnell und umkompliziert sie von ihrer alten Heimat los lassen können und wie schnell Sie bereit sind, neben der Sprache hiesige Sitten und Gebräuche anzunehmen. Dies beginnt Tatsache beim einkaufen und der Frage, sind Sie Lidl Sverige Stammkunde oder nicht? Was nicht heissen soll, dass wir nicht bei Lidl einkaufen gehen. Wer aber eben echte schwedische Lebensmittel einkaufen möchte, um zu Hause auch wirklich schwedische Küche haben möchte, der ist nun einmal bei ICA besser aufgehoben.

Wie nicht nur ich immer wieder herzhaft lachen muss, wenn man von Deutschen hört, die nach Rügen zum einkaufen fahren. Was ja nun Gott sei Dank aus einem anderen Grund nicht mehr so einfach möglich ist. Die Fährlinie Sassnitz - Trelleborg wurde ja im Zuge von Corona & Co. bekanntlich eingestellt. Tragisch amüsant wird dies vor allem, wenn im Rauch diverser bengalischer Feuer mittlerweile ergraute alt68er erst etwas von Klima, Umwelt usw. usf. faselten, um dann in ihr Auto zu steigen, um auf Rügen Rotkohl und haltbare Milch zu kaufen. Ja, so etwas gab es hier auch schon. Wie man so ganz bestimmt nicht endgültig Schwede wird. Wie meine Frau und ich durchaus den Reiz der Insel Rügen zu schätzen wissen. Aber eben auch ausser Orrefors jede Menge schöne Ecken in ganz Schweden kennen. Nach diesem vielleicht etwas zu ausführlichen Einblick in das Leben hierzulande nun zu diesem auch doch recht interessanten Thema.

Schwedens Einkommensverteilung

Dieses Thema spielt natürlich immer auch eine wichtige Rolle. Wie es vielleicht wie kein anderes Thema immer auch offenbart, wer Schweden eigentlich richtig verstand und wer nicht. Schwedens Einkommensverteilung war schon immer auf Grund geografischer Lage des Landes vollkommen anders als man es von Deutschland her kennt.

Als erstes ist zu konstatieren, dass es hier natürlich bezüglich der Einkommen keine Unterscheidung zwischen West- und Ostgehältern gibt, wie es noch heute über 30 Jahre nach Mauerfall noch immer in Deutschland der Fall ist.

Auch verstand es Schweden seit der Wende zum 20.Jahrhundert zunehmend immer besser im Interesse echter Gleichstellung Unterschiede zwischen Stadt und Land auszugleichen, die aber wirklich nie in Form von Geld auf Ihrem Konto zu sehen sein werden. Aus der DDR ist die Begrifflichkeit der **zweiten Lohntüte** vielleicht bekannt.

Die sogenannte zweite Lohntüte beinhaltete in der DDR staatliche Zuwendungen verschiedenster Art. Was bspw. erklärt, warum es in der DDR einen echten Breitensport gab, da dieser nie so vom Geldbeutel abhängig des Einzelnen abhängig war, wie es heute in Deutschland der Fall ist. Ähnliche ist aus anderen Bereichen zu berichten bspw. der Bildung. Bildung war nie in der DDR eine Frage des Geldbeutel. Wie auch die Versorgung bei Krankheit nie eine Frage des Geldbeutel war.

Dieser genau genommen ursozialdemokratische Gedanke entstanden zu Zeiten eines Ferdinand Lasalle (1825 - 1864) ist heute total ideologiefrei in Schweden fest verankert.

Ein praktisches Beispiel soll es erklären:

Die Sportschützin Frau Louise Rosell zählt zur Weltspitze. Ihr Heimatverein ist die Algutsrum Skytteförening. In dieser Verein kann jeder der möchte, zu einem Jahresbeitrag von umgerechnet rund 20 Euro pro Nase mit schiessen. Wie natürlich Spenden immer herzlich willkommen sind. Nun muss man weder Ballistik noch Betriebswirtschaft studiert haben, um erkennen zu können, dass man wohl eher nicht mit diesem vernachlässigbar geringen Beitrag einen Vereinsbetrieb aufrecht erhalten kann, aus dem dann Weltspitze hervor geht.

Auch dürfte selbst erklärend sein, dass es unmöglich ist, mit einem Jahresbeitrag von umgerechnet rund 30 Euro den Spielbetrieb einer Eishockeymannschaft wie der Nybro Vikings aufrecht erhalten zu können. Selbst dann nicht, wenn alle Mitglieder wirklich zu jedem Spiel gehen. Die Nybro Vikings sind eine sehr stabile Mannschaft in Schwedens dritter Hockeyliga. Der Jahresbeitrag beträgt besagte 30 Euro.

Dies einige Beispiele aus dem Bereich Sport. Was ich hier beispielhaft schilderte zieht sich durch Bildung, Kranken-versorgung wie ein roter Faden. Was erklärt, warum in Schweden viele Angebote dieser Art kostenfrei sind oder bspw. Bildung betreffend für wirklich wenig Geld angeboten werden. D.h. es sind alles im Sinne besagter zweiter Lohntüte Gelder, die Sie natürlich nie auf Ihrem Konto sehen, aber immer in Anspruch nehmen können. Wenn Sie sich bspw. entschliessen sollten Mitglied im Algutsrum Schützenverein zu werden, dann können Sie natürlich zu den gleichen Konditionen mit schiessen wie alle anderen Vereinsmitglieder.

Wenn Sie sich hier zu SfI anmelden, dann liegt genau in besagter zweiter Lohntüte die Erklärung warum SfI kostenfrei angeboten wird.

Deshalb sind schwedische Gehälter geringer!

Welches ein Punkt mehr ist, warum man beide Länder nicht einfach vergleichen kann. Wie ein bekannter Politiker einmal sagte, ist ja immer entscheidend, was am Ende dabei heraus kommt. Hinzu kommt, dass die reale Kaufkraft in Schweden höher als in Deutschland ist. Sie kommen bspw. mit 500 schwedischen Kronen pro Woche als Einzelperson wesentlich weiter, als wenn Sie gleiches mit 50 Euro in Deutschland versuchen sollten.

Wie auch diesbezüglich einige Zahlen vielleicht recht interessant sind. Das mittlere Einkommen lag 2018 in Schweden bei 329.000 Kronen[10]. Am 29.07.2019 wurde berichtet, dass die weit im Norden liegende Happaranda Kommun die geringsten Einkommen des Landes hat. Das mittlere Einkommen lag bei 250.008 Kronen p.a. bzw. 20.834 Kronen monatlich[11]. Dementsprechend können auch Sie selbst mit ein paar Mausklicks sich über die jeweiligen Einkommensverhältnisse Ihre zukünftige Traumregion betreffend informieren. Wie hier wirklich gilt:

Weniger ist oft wirklich mehr!

---

[10] Vgl. https://www.scb.se/hitta-statistik/sverige-i-siffror/utbildning-jobb-och-pengar/inkomster-for-personer/ download vom 10.06.2020

[11] Vgl. https://www.svt.se/nyheter/lokalt/norrbotten/haparandabor-har-nast-lagst-inkomst-efter-skatt download vom 10.06.2020

Wäre nur noch zu klären, wie mit diesem Phänomen umgehen? Erfahrungsgemäss können mit diesem Phänomen eher Menschen aus den neuen denn den gebrauchten Bundesländern umgehen. Was mit deren Erfahrungen seit 1990 zu tun hat. Die mittlerweile auf die nachfolgende Generation zum Teil weiter gegeben wurden. Eine grundlegende Erfahrung der beginnenden 1990er Jahre bestand darin, sich immer zu fragen, kann ich mit meinem vergleichsweise geringen Osteinkommen hier vor Ort zwischen Kap Arkona und Fichtelberg gut leben? Millionen Ostdeutsche beantworteten für sich diese Frage mit einem klaren Ja. Was erklärt, warum nicht alle damals in den Westen rüber machten, wie man in dieser Zeit so sagte.

In dem Moment wenn Sie hier genauso heran gehen, dann werden Sie hier auch Erfolg haben. Schauen Sie bitte gerade die Frage Ihres Gehaltes betreffend nie zurück! Fragen Sie sich wirklich bitte immer nur, kann ich mit dem mir hier angebotenen Gehalt gut leben und akzeptieren Sie dann einfach bitte, dass dieses Gehalt auch niedriger sein kann, als das was Sie bspw. in einer eher unbekannten süddeutschen Kleinstadt verdienten. Gehen Sie dagegen so heran, ich hatte in Deutschland ein Gehalt von X. Ergo muss ich hier mindestens ein Gehalt von X plus 15% bekommen, dann haben Sie hier unter Garantie verloren.

Was Sie nun nur noch wissen müssen ist, dass viele viele Jobs hier Tarif gebunden sind. Schwedische Gewerkschaften spielen hier eine ganz ganz andere Rolle als bspw. die deutsche VERDI. Schwedische Gewerkschaften sind noch immer Gewerkschaften im ursprünglichen Sinne. Allein deshalb haben Sie bei Arbeitgebern hier eine wesentlich höhere Akzeptanz. Wenn Ihnen also hier ein Job angeboten wird und obendrein die Facken, wie hier die Gewerkschaft heisst, auch schon ein ja signalisierte, dann nehmen Sie bitte in drei Teufels Namen diesen verdammten Job!!!

Deutsche Auswanderung heute

Lassen wir dazu am besten Zahlen sprechen und auch gleich die sogenannter deutscher Qualitätsmedien. Die Deutsche Welle, sich selbst auf ihre eigenen Fahnen schreibend, *freie Informationen für freie Entscheidungen zu liefern*[12], meldete Ende 2019, dass überwiegend Akademiker Deutschland den Rücken kehren, pro Jahr ungefähr 180.000 Deutsche das Land verlassen wie 130.000 p.a. zurück kehren sollen[13]. Bleibt ein netto Aderlass von mal eben schnell schlappen 50.000 Nasen. Pro Jahr wohl gemerkt! Interessant deren Durchschnittsalter welches mit 36,6 Jahren angegeben wird. Wie eben 76% der Auswanderer Akademiker seien.

Weitere hoch interessante Zahlen besagtes Thema betreffend sind unter de.statista.com zu finden. Lt. dieser ebenfalls zu den deutschen Top 1A Qualitätsmedien zählenden Quelle verliessen im Jahr **1991** keine einhunderttausend Deutsche das Land. Konkret waren es **98.915** Personen. Was allein deshalb beachtlich ist, weil 1991 das erste Jahr nach der sogenannten deutschen Einheit ist und im Zuge dessen viele dann ehemalige DDR Bürgerinnen und Bürger Deutschland verliessen. Viele von Ihnen gingen damals nach Schweden. Wer bspw. „Dank" des neuen Dienstherren in Thüringer oder Lausitzer Glaswerken rausflog, fand im schwedischen Glasreich spielend einen neuen Job. Der kann auch heute nicht mehr richtig Deutsch sprechen. Man verlernt wirklich irgendwie seine Muttersprache. Das geht automatisch.

---

[12] Vgl. https://www.dw.com/de/unternehmen/profil/s-30626 download vom 01.06.2020

[13] Vgl. https://www.dw.com/de/deutsche-auswanderer-%C3%BCber-wiegend-akademiker/a-51533409 download vom 01.06.2020

Mit der Jahrtausendwende stieg diese Zahl auf ca. **100.000** deutsche Auswanderer p.a. an, um sich dann ab dem Jahr **2005** auf etwa **150.000** Auswanderer jährlich ein zu pegeln, wie seit 2016 auf schlagartig zwischen 281.411 in 2016, 249.181 in 2017 und **261.851** in **2018** anzuwachsen[14]. Dies sind wirklich absolut keine Fake News, diese Zahlen entspringen auch nicht welchen wie auch immer gearteten Verschwörungstheorien sondern dies sind Zahlen wirklich sehr sonorer deutscher Quelle, die a priori über jeden Vorwurf wie auch immer ggf. falsche Zahlen zu publiziert zu haben erhaben sind.

Wie Sie immer auch ähnliche Zahlen in anderen deutschen Qualitätsmedien finden. Im August 2018 schrieb bspw. das Manager Magazin, dass jährlich 200.000 Deutsche ihrer Heimat den Rücken kehren[15]. Auch der Focus wartete Anfang 2020 mit ähnlichen Zahlen auf[16]. Was nicht wirklich wundert, da es ja zu ein und demselben Fakt namens *„Auswanderung aus Deutschland pro Zeiteinheit"* nun einmal auch gar keine divergente Zahlen geben kann. Es wäre ja ein Widersinn in sich, wenn es diesbezüglich divergierende Zahlen geben würde.

---

[14] Vgl. https://de.statista.com/statistik/daten/studie/2534/umfrage/entwicklung-der-anzahl-deutscher-auswanderer/ download vom 01.06.2020

[15] Vgl. https://www.manager-magazin.de/politik/deutschland/rente-keine-sicherung-durch-umverteilung-a-1225336-2.html download vom 19.05.2019

[16] Vgl. https://www.focus.de/finanzen/news/neue-studie-domaene-der-hochqualifizierten-hunderttausende-deutsche-wandern-aus_i-d_11424311.html download vom 01.06.2020

Diese Zahlen spiegeln sich in etwa auch in eigenem ganz persönlichen Erleben wider. Am 06.01.2018 gründete ich die Facebook Gruppe„*Schweden - Auswandern, Urlaub machen und mehr*". Diese Gruppe hatten binnen weniger Wochen bereits mehrere hundert Mitglieder und heute sehr stabil weit mehr als 3.400 Mitglieder. Dieser massive Zulauf überraschte mich sehr. Als ich diese Gruppe gründete dachte ich, na ja, wenn Du mal einige hundert Mitglieder vielleicht hast, ist das viel. Anfänglich hatte ich pro Woche rund 20 Mitglieder mehr. Heute kommen pro Woche zwischen 50 und 100 neue Mitglieder hinzu.

Aus diesem ganzen Zahlenwerk **stechen zwei Zahlen heraus**. Es sind die Jahre **2005** und **2015**! 2005 war das Jahr, wo eine rot grüne Regierung unter Kanzler Gerhard Schröder endgültig den deutschen Sozialstaat in Form der Einführung der HartzIV Reformen zu Grabe trug. Die SPD blieb sich treu und setzte ihre 1918 begonnene Tradition fort. Wer hat uns verraten? Was 2015 in Deutschland geschah setze ich als bekannt voraus. Wie aus meiner bescheidenen Sicht die heutige CDU sich schon fragen lassen sollte, wozu sie eigentlich noch immer das C im Namen trägt. Wie die SED der DDR halt bekanntlich auch nur Einheitsbrei war.

Diese gigantischen Zahlen spiegeln sich selbst redend auf der anderen Seite der Ostsee wider. Wie auch ein hoch interessanter **Wandel** zu verzeichnen ist. Bis etwa um das Jahr 2005 herum, war der Masse der hierher ziehenden Deutschen vollkommen klar, dass man auch in Schweden noch immer am besten mittels Arbeit seine Brötchen verdient. Wie der Anteil derjenigen, die zum Teil nun schon von Kindesbeinen an gewohnt sind, von Transferleistungen aller Art zu leben, wirklich verschwindend gering war.

Damals kam Otto Normalo samt Gattin Ottilie gar nicht auf die Idee, sich auf die Fähre setzend in Trelleborg flugs in die soziale schwedische Hängematte fallen zu wollen. In den letzten zehn Jahren ist nun ein Effekt beobachtbar, der an Widersinnigkeit nicht zu überbieten ist. Getreu dem Motto „*Geiz ist geil!*" zieht es mehr und mehr Menschen hierher, die jedes Mal auf das Neue den **aberwitzigen** Versuch unternehmen aus beiden Systemen das Beste mit nehmen zu wollen und genau daran scheitern. Kandidaten dieser Art erkennt man recht schnell an folgenden Handlungsschemata:

1. So billig wie möglich ein Haus kaufen.

2. Sich dann wundern, dass die Reparaturen so hoch sind und man hier keine Arbeit findet.

3. Anschliessend zu klagen, dass man hier keine Stütze bekommt.

Logisch wie Geschichten dieser Art dann weiter gehen. Selbst redend werden auch Sie, wenn Sie es nur geschickt genug anstellen, sagen wir in der Högsby Kommun eine Immobilie für unter 20.000 Euro finden. In die regnet es dann zwar rein. Sie war aber eben so schön billig. Wie Sie dann sehr sehr sicher sein können, dass Sie dort eher schlecht einen Job finden werden. Wie auch Ihnen dann besagte Kommun keinen einzigen Öre Sozialleistungen bezahlen wird, wenn Sie hier scheitern. Auch die Högsby Kommun wird Ihnen wahrscheinlich maximal das Fährticket nach Deutschland zurück bezahlen. Oder auch nur ein paar neue Schuhe. Das Stück bis Trelleborg kann man ja auch laufen.

In Zahlen ausgedrückt waren lt. schwedischem statistischem Zentralbüro Ende 2018 51.140 Deutsche in Schweden gemeldet. Dazu kommt eine unbekannte Zahl X, die pendeln und dem folgend noch in Deutschland gemeldet sind. Mag sich bitte jeder selbst sein Urteil darüber bilden, warum dem so ist. Wie die Nachfrage in Sachen „*Auswandern nach Schweden*" im Frühjahr 2020 rasant stieg.

Während das durchschnittliche Wachstum meiner eigenen Facebook Gruppe vor Inkrafttreten deutscher Corona Massnahmen bei ca. 20 neuen Mitgliedern pro Woche lag, schaltete ich auf dem Höhepunkt im April / Mai 2020 zeitweise bis zu 100 neue Mitglieder pro Woche frei. Wie dann auch ein abflachen eintrat, welches interessanterweise vom Verlauf, natürlich nicht der Anzahl, der schwedischen Corona Kurve **ähnelte**.

Was mich wiederum nicht verwundert. Je mehr seitens deutscher Medien gegen Schweden gehetzt wurde, desto grösser war halt das Interesse, sich anderswo über Schweden zu informieren. Als just in KW25/2020 vor Mittsommer kein Unsinn offenbar dämlich genug war, um in deutschen Medien publiziert zu werden, schnellten schlagartig die Beitrittsanfragen in meine Facebook Gruppe hoch.

Diese genannten Zahlen, Daten und Fakten spiegeln sich natürlich hier in Schweden in Form hiesiger Statistik wider. Unter Nutzung der URL scb.se kann jeder kostenfrei Einblick in entsprechende Daten nahmen nehmen. Das Kürzel SCB steht für Sveriges statistiska Centralbyrån. Diese Behörde ist dem deutschen statistischen Bundesamt in Wiesbaden vergleichbar. Das SCB bietet online viel Tools für eigene Recherchen.

So kostet es wirklich nur ein paar Mausklicks um vor allem kostenfrei erfahrene zu können, dass im ersten Halbjahr **2019** mehr Menschen nach Schweden ein- wie auswanderten[17]. Darunter nach wie vor ein grosser Teil deutscher Einwanderer. Was mich auch wirklich nicht wundert.

---

[17] Vgl. https://www.scb.se/hitta-statistik/statistik-efter-amne/befolkning/ befolkningens-sammansattning/befolkningsstatistik/pong/statistiknyhet/ befolkningsstatistik-1a-halvaret-2019/ download vom 20.05.2020

Schwedische Einwanderung heute

Schweden war auf Grund seiner geografischen Lage bis in das 20.Jahrhundert hinein kein Einwanderungsland. Wenn es Einwanderung nach Schweden gab, dann im Regelfall nur aus den Nachbarländern. Wie man genau genommen auf Grund sich immer wieder einmal ändernder Grenzen genau genommen gar nicht von Einwanderung im heute gebräuchlichen Sinne sprechen kann. Wenn sich dann doch hierher sagen wir ein Portugiese, Spanier oder Franzose „*verirrte*", dann wurde dieser als Exot angesehen. Mit sich zunehmend festigender Landesgrenzen zu Beginn des 19.Jahrhunderts und der damit einher gehenden Neutralitätspolitik Schwedens wurde Schweden als Einwanderungsland hoch attraktiv. In beiden Weltkriegen und danach war Schweden oft der rettende Anker, dem Krieg zu entgehen.

Es entstand die erste Generation Einwanderer.

Diese kam immer egal welcher Herkunft in dem Bewusstsein hierher, sich zu integrieren und vor allem hier arbeiten zu wollen. Wie im Regelfall deutsche Einwanderung bis etwa zu Jahrtausendwende in gewisser Hinsicht durchaus eine etwas heraus gehobene Stellung hatte. Meist gingen noch qualifizierte wie hier begehrte Fachleute hierher. Diese fanden natürlich auch immer schnell einen Job. Beispielhaft seien Arthur, Heinz und Uwe genannt. Arthur kam im Zuge des WK I hierher, wie Heinz im Ergebnis des WK II hier sesshaft wurde. Beide leben nun schon lange nicht mehr. Wie sich Uwe schon lange im wohl verdienten Ruhestand befindet. Alle drei zeichnet aus, dass sie auf Grund ihrer hohen Professionalität natürlich sich auch schnell Anerkennung erarbeiteten.

Nun begann sich ab dem Jahr 2000 das Blatt radikal zu wenden. Was in den Ereignissen des Jahres 2015 seinen vorläufigen Höhepunkt fand. Plötzlich waren deutsche Einwanderer Einwanderer unter vielen. Plötzlich stellten diese fest, dass Einwanderer anderer Länder ja auch lesen und schreiben können, während das intellektuelle Niveau Made in Germany mehr und mehr verflachte. Wie es diese deutsche Einwanderer oft nicht mehr gewohnt sind, mit Wettbewerb umzugehen.

Dies betrifft in allererster Linie diejenigen die nach etwa 1970 in Deutschland Geborenen. Sie lernten „*Dank*" deutscher Bildungspolitik zwar sich immer sehr selbst bewusst in Szene zu setzen, staunen dann hier eingetroffen, dass es schon stimmt, dass jeder Mensch einzigartig ist. Nur eben total anders als es an deutschen Schulen gelehrt wird. Wie der schönste Hochschulabschluss aus deutschen Landen hier wahrlich oft momentan nicht mehr den USB Stick wert ist, auf dem er gespeichert wurde.

Was in schöner Regelmässigkeit dazu führt, dass hier oft vermeintliche gebildete Deutsche einschlagen, deren einzige Bildung bei Lichte betrachtet wirklich nur die Einbildung ist. Menschen Made in Germany die gar nicht verstehen können, dass sie Einwanderer anderer Länder Herkunft oft locker überholen. Oft nur deshalb weil diese mit beiden Beinen fest im Leben stehen, während deutsche Einwanderer mit allen Vieren in der Luft rudern. Was dazu führt, dass potentielle schwedische Arbeitgeber oft vor einem riesengrossen Problem stehen.

Von klein auf daran gewohnt, dass Mama und Papa alle Steine aus dem Weg räumten, beginnend damit, dass der Haus eigene Pampersbomber die Kleinen frisch gewindelt jeden Tag in die Kita brachte, später zur Not die Eltern den Lehrer verklagen, wenn die Schulnote nicht stimmen, sind oft so manche hierher kommende Deutsche leider Gottes Tatsache lebensuntüchtig. Diese können sich oft gar nicht vorstellen, dass es bspw. hier noch immer so ist, dass man sich gefälligst selbst darum zu kümmern hat, wie man in die Schule kommt, wie dass dort noch immer der Lehrer den Ton angibt.

Was auch ein Grund, wenn nicht der wesentliche Grund dafür ist, warum viele hier lebende Deutsche nicht zum SfI gehen. Im Vorgriff auf kommende Kapitel sei an dieser Stelle nur vermerkt, dass SfI sehr straff organisiert ist, wie gemeinhin hier noch immer Schule organisiert ist. Will heissen der Lehrer gibt während des Unterricht den Ton an und nicht der Schüler. Also so wie es noch vor 30 Jahren auch in Deutschland einmal üblich war. So etwas kennen auch Einwanderer anderer Länder Herkunft. Sie akzeptieren dies, weil es halt total normal ist, wenn man in der Schule etwas lernen möchte. Wie es schon immer unpassend war, wenn der Schüler den Lehrer belehrt.

Wie diese auch wissen, dass der Lehrer hier nie in Wettbewerb zu seien Schülern steht. Weil ja allein auf Grund der Lehrinhalte des SfI gemeinhin klar sein dürfte, wer sowieso diesen Wettbewerb gewinnen wird. Was dann in schöner Regelmässigkeit dazu führt, dass viele Deutsche SfI verlassen oder auch des Saales verwiesen wurden, während anderer Einwanderer fleissig Schwedisch büffeln.

So ist aus meiner bescheidenen Sicht es immer ganz gut, wenn man hierher nach Schweden gehen möchte, sich vorher mental klar zu machen, dass man wirklich nicht einzigartig ist. Auch Menschen anderer Länder Herkunft haben zwei Augen, zwei Ohren, zwei Beine und ein Herz. Wie deren Herz oft weit grösser ist, als so manch steinerne Herzen deutscher Egoisten. Was die Lockerheit vieler Einwanderer anderer Länder Herkunft erklärt und den Frust vieler deutscher Egoisten. Ein Frust der sich oft auch in den sogenannten sozialen Medien widerspiegelt. Das ist dann oft für deutsche Egoisten der einzige Platz, der ihnen blieb.

Warum ist Schweden so beliebt?

Schweden erfreut sich nicht erst seit der Corona Krise wachsender Beliebtheit. Es war schon immer so, dass Schweden für Deutsche attraktiv war, wovon sogar verschiedene Geschichten aus der Zeit der deutschen Teilung berichten. Es zog damals nicht nur einen Bürger aus der alten BRD nach Schweden. Einfach deshalb weil diese sich so doch recht einfach der damals geltenden Wehrpflicht entziehen konnten. Es zog aber auch ehemalige DDR Bürger nach Schweden. Wie man sich noch heute wundert, wie damals bspw. ein Umzug aus dem DDR Kreis Schmölln, dem DDR Bezirk Leipzig zugehörig nach Schweden möglich war. Wenn man nun immer weiter in der Zeit zurück geht, dann findet man immer wieder unendlich viele Wanderungen von der anderen Seite der Ostsee nach Schweden aber wirklich nie in die andere Richtung. Wenn man von den einstigen Kriegen einmal absieht, die Schweden vor vielen Jahrhunderten auf dem Kontinent zu führen gedachte.

Dies erklärt sich schlicht weg aus der Geografie beiderseits der Ostsee. Wer wann auch immer Weichsel, Warthe, Oder und Neisse stromab fuhr, gelangte zwangsläufig an die Mündung von Weichsel und Oder in die Ostsee und wer dann weiter gen Norden fuhr, landete geradewegs gegenüber auf der skandinavischen Halbinsel da an, wo sich heute Schweden befindet. Das war schon vor Gründung des Deutschen Reiches durch Kaiser Otto I. im Jahre 962 n. Chr. so.

Das wird auch zukünftig so sein.

Im 12. bis 14.Jahrhundert zog es viele deutsche Landsleute gen Norden[18]. Dies erklärt, warum Städte wie Visby auf Gotland oder Kalmar am Kalmarsund **urdeutsche Wurzeln** haben. Wer nur einmal durch Visby schlenderte kann sich des Eindruck nicht erwehren, in einer alten deutschen Kleinstadt zu wandeln. Obendrein tragen viele Strassen Visbys deutsche Namen. In Kalmar gibt es bspw. das Tyska Bruket, das deutsche Gewerk. Es ist noch heute ein grosser Bauernhof. Die im Kalmarkrieg von 1611 bis 1613 herunter gebrannte Stadt Kalmar bauten einst Deutsche. Wie die heutige Altstadt von Kalmar erst nach 1613 entstand. Was erklärt, warum es ausser dem Tyska Bruket kaum noch deutsche Zeugnisse in Kalmar gibt.

Südlich von Kalmar gibt es am Strand des Kalmarsund die Påbonäs Borg[19]. Sie wurde einst als Ringburg angelegt. Heute ist davon nicht mehr so sehr viel zu sehen, wie um so mehr dieser wunderschöne Platz allein auf Grund dortiger Landschaft immer einen Besuch wert ist. Diese Burg aus dem frühen Mittelalter geht u.a. auf einen von Vitzen zurück. Ein Vicke von Vitzen war von 1366 bis 1389 Vogt des nahe liegenden Kalmarschloss. Dem folgend nichts anderes als ein sehr früher Finanzbeamter. Nun muss man nicht Germanistik studiert haben, um erkennen zu können, dass der Name von Vitzen eher deutsch denn Schwedisch ist.

Dem natürlich auch so ist!

---

[18] Vgl. https://www.scb.se/hitta-statistik/artiklar/2016/Fran-Tyskland-till-Finland-pa-150-ar--en-svensk-invandringshistoria/ download vom 14.07.2018

[19] Vgl. http://www2.torsas.se/sv/se-gora/723955/påbonäs-borg/detaljer download vom 14.05.2020

Nur wissen dies heute nur noch sehr sehr wenige
Menschen. Wie diese auch nicht wissen, wo die Stamm-
burg der von Vitzen steht. Die Vitzenburg befindet sich an
der Unstrut auf etwa halbem Wege zwischen Naumburg
und Sangerhausen. Ihre Anfänge sind rund einhundert
Jahre vor Reichsgründung im Jahr 926 n.Chr. zu suchen.

Wie sich die Frage recht einfach beantwortet, wie damals
die von Vitzen zum Kalmarsund kamen. Auch heute
genügt ein simples Kanu, um von der Vitzenburg in
Sachsen Anhalt zum Kalmarsund zu fahren. Sie benötigen
zwecks Ihrer Orientierung nicht einmal einen Kompass,
geschweige denn ein GPS. Fahren Sie einfach die Unstrut
stromab, biegen bei Naumburg weiter stromab in die Saale
ein, folgen dieser bis etwa Barby zu deren Elbmündung
und paddeln dann weiter Hamburg passierend bis zur
Nordsee. Anschliessend fahren Sie unter Land um Jütland
herum in die Ostsee und weiter zum Kalmarsund. So in
etwa wurden eins natürliche Wasserwege als Verkehrswege
genutzt. Was natürlich für Oder, Weichsel und Düna
Schweden betreffend erst recht zutrifft. Auch ist es ja kein
Geheimnis, dass bis 08.05.1945 der direkt Schweden
gegenüberliegende Küstenstreifen zu Deutschland gehörte.
Es also schon immer diversen Austausch zwischen
Schweden und Deutschland gab. Dies änderte sich durch
die deutsche Teilung bedingt ja erst danach.

Die weltbekannte Falukorv, eine Rindfleischwurst, ist
bspw. ebenfalls urdeutsch. In die Gruben um Falun
ziehende Landsleute machten nach dem 30-jährigen Krieg
(1618 - 1648) aus der Not eine Tugend. Sie kamen meist
mit einem Ochsenkarren aus deutschen Landen an. Die
Ochsen bzw. Kühe zurück schicken ging nicht. So
machten sie aus ihnen deutschem Rezept folgend Wurst.

Sollten Sie ggf. Ähnlichkeiten zwischen einer echten Falukorv und einer echten Hofer Rindfleischwurst feststellen, ist dies wirklich kein Zufall. Wohl gemerkt es sollte sich bitte um eine echte Falukorv handeln.

Auf und um die wunderschöne Insel Öland herum sind sogenannte Kroppkakor die „*Nationalspeise*" schlechthin während man sie anderenorts in Schweden nicht kennt. Wenn Sie nun wissen, was Thüringer Klösse sind, dann wissen Sie auch, was Kroppkakor sind. Der einzige Unterschied besteht darin, dass in Kroppkakor kleine Fleischstücke und in Thüringer Klösse Semmelbrösel hinein kommen. Ansonsten ist die Zubereitung des Kloßteig 1:1 je nachdem wie Sie es betrachten entweder Made in Thuringia oder Made in Öland.

Wie, um den Reigen abzuschliessen, ein gutes in Visby auf Gotland gebrautes Bier seine Verwandtschaft mit einem guten Flensburger wirklich nicht verhehlen kann. Was auch wieder nicht wundert. Gotland hat seit ewigen Zeiten diverse Verbindungen in das Holsteinische. Selbst erklärend, warum Bier aus Visby nicht wie ein echtes Münchner Hefe schmeckt.

In dem von König Magnus Erikssson (1316 - 1374) eingeführten Stadtrecht, hier in Schweden *Stadslag* genannt, ist definiert, dass der Anteil deutscher Angestellter im öffentlichen Dienst einer Stadt **nie** mehr als 50% betragen darf. Das ist nichts anderes als eine sehr frühe Quotenregelung. Sie hatte ihre Ursache darin, dass zu damaliger Zeit soviel Deutsche in Schweden lebten, dass Schwedens König sich keinen anderen Rat wusste, als besagte Quote einzuführen, um die eigenen Landsleute zu schützen. Es wurde erst 1736 ausser Kraft gesetzt.

Mit diesem über eintausend Jahre alten historischen Hintergrund wird selbst erklärend, warum Schweden nach wie vor sehr hoch in der Gunst deutscher Auswanderer steht. Wie die jüngere Geschichte seit über 200 Jahren zeigt, dass Schweden sehr sehr gut daran tat, sich der **Neutralität** zu verschreiben. Was wiederum erklärt, warum ein echter Schwede es sei denn er ist Politiker eher selten für jemanden in der Öffentlichkeit Partei ergreift. Der bereits im Spätsommer des Jahres 1809 begründete Neutralitätsgedanke ist über viele viele Generationen hin weg nun so fest im Denken und Handeln verfestigt, dass er daraus nicht mehr weg zu denken ist und das ist gut so Dies ein weiterer Grund warum es soviel Deutsche nach Schweden zog und zieht. Besagte Neutralität ist doch so angenehm erfrischend anders.

Wie auch das schwedische Sozialsystem schon immer seine Vorzüge im Vergleich zum deutschen Sozialsystem hat. Es muss ja schließlich irgendeinen tieferen Grund haben, dass unser Sozialsystem in schöner Regelmässigkeit durch den Kakao deutscher Medien gezogen wird.

Heute sind wir allerdings sehr sehr weit davon entfernt, dass noch einmal derartiges wie das Stadslag notwendig werden könnte sollte. Ist doch die heutige deutsche Gemeinschaft in Schweden ist alles andere als homogen und dies in mehrfacher Hinsicht. Das diese tragischerweise **einende Bindeglied** besteht darin, dass die deutsche Community in Schweden absolut **nicht** in der Lage ist, tragfähige Netzwerke zu bilden, von denen alle profitieren können. Zu tief der **Egoismus** vieler hierher kommender Deutscher.

So etwas war noch vor 20 Jahren undenkbar. Wo noch vor zehn Jahren gegenseitige unter Deutschen Normalität war, wurde dies grösstenteils durch puren Egoismus ersetzt. Getrieben von Neid und Gier spielen sich hier manchmal regelrechte Dramen unter hier lebenden Deutschen ab, die weder Einheimische noch Einwanderer anderer Länder nachvollziehen können. Um so wichtiger ist es das folgende Kapitel in die Überlegungen einzubeziehen.

Aktuelle Lebenslage einbeziehen

Jeder Mensch befindet sich von Geburt bis zum Tod immer in einer momentan gerade für ihn aktuellen Lebenslage. Wie noch immer gilt, wenn man vom Rathaus kommt, ist man immer klüger. Will heissen auch später einmal Vergangenes aus der Situation heraus zu betrachten in der man selbst einmal handelte und hier bitte nie nach Jahren noch auf die Idee zu kommen, mit Vergangenem warum auch immer zu hadern. Was auch erklärt, warum man gerade eine Auswanderung betreffend wirklich nie als Unbeteiligter sagen kann:

„Mach es einfach so, so und so."

Wer so etwas tut, hat weder Auswanderung verstanden noch ist meist je selbst ausgewandert. Siehe bitte Stichwort in Deutschland ansässige Betreiber diverser online Foren über Schweden. Die aktuelle Lebenslage beschreibt konkret die Situation, aus der heraus Sie auswandern werden. Neben privaten Dingen wie Partnerschaft, Kinder usw. usf. spielen bis auf die Ausnahme des Rentner immer auch Fragen des Job in dieses Thema hinein. Wie diesbezüglich immer die erste Frage lautet:

Sind Sie bereit, hier in einem anderen Job zu arbeiten?

Frei nach Pareto kann davon ausgegangen werden, dass 80% aller Auswanderer heute in Schweden in einem ganz ganz anderen Job, die eigene Person eingeschlossen, tätig sind als in Deutschland. Genau dies ist etwas, was seit Jahrzehnten nun schon viele deutsche Auswanderer nicht verstehen wollen. Was folgende Tatsache wahre Anekdote erklärt, die in etwa so beginnt:

Es war einmal um das Jahr 2007 ein U-Bahnfahrer aus
Berlin. Nein er saß nie selbst als Passagier im Abteil
besagter Bahn. Er war Lokführer einer U-Bahn. Ein sehr
ehrenwerter Beruf. Tagaus tagein fuhr er im Schichtbetrieb
tätig Tag und Nacht alles quer durch Berlin, was halt so
U-Bahn fahren wollte. Vom erfolgreichen Geschäftsmann
bis zum Drogen Junkie war immer alles dabei. Aber,
nennen wir ihn einfach Achim, hatte einen absoluten
Denkfehler. Las doch Achim eines Tages, dass man innerhalb der EU das Recht habe, egal wo seinen Beruf aus-
üben zu können. Und genau hier nahm das Drama seinen
Lauf. Sehr sehr sicher hätte Achim spielend einen Job in
Stockholm bei der U-Bahn gefunden. Aber zu erwarten,
dass der Landkreis X nur aus Sympathie zu Achim extra
eine U-Bahn bauen wird, war dann doch etwas zu viel.
Zumal ja Tunnelarbeiten hier immer etwas Kosten
aufwendiger als in Berlin sind.

Daran scheiterte Achims Auswanderung!

Er wollte nicht verstehen, dass seine ganz konkrete
Lebenslage betreffend eben doch etwas anders als die
anderer potentieller Auswanderer war. Achim war auch
nicht bereit, um zu denken. Und wenn er nicht gestorben
ist, so fährt Achim noch heute in Berlin mit seiner U-Bahn
unter der Stadt herum. Es gibt eben EU Niederlassungs-
freiheit hin und her, immer auch ganz objektive
Situationen, weshalb Sie hier nicht in Ihrem Beruf arbeiten
können.

Schätzen Sie daher bitte ihre Lebenslage richtig ein!

Wenn auch dieses Beispiel sehr sehr aussergewöhnlich ist, ist es Tatsache bittere Wahrheit! Beziehen Sie daher bitte wirklich immer als wirklich Allerstes Ihre aktuelle Lebenslage in der Sie sich momentan befinden, in alle Ihre wie auch immer gearteten zukünftigen Planungen Schweden betreffend ein.

Wie jeder Sportler weiß, dass eine solide Grundlage für den Erfolg die Vorbereitung ist wie wirklich nie der Moment des Sieges, so trifft dies erst Recht auf so ein heikles Thema wie eine Auswanderung. Der im Mai 2020 verstorbene deutsche Weltklasse Ruderer Wolfgang Gunkel aus Berlin stand nie deshalb gleich mehrfach bei Olympischen Spielen wie diversen WM auf dem Siegertreppchen, weil er just im Augenblick des entscheidenden Wettkampf die bessere Schlagzahl hatte. Wolfgang stand „nur" deshalb immer ganz oben, weil er ein Leben wusste, dass beinhartes Training immer die beste Vorbereitung für den entscheidenden Moment ist.

Wolfgang vielen vielen Dank,
dass ich Dich persönlich kennenlernen durfte!

Eine Auswanderung ist wirklich nicht mit dem Kauf eines Frühstücksbrötchens vergleichbar, bei dem im Regelfall nie so sehr viel schief gehen kann. Sie können im Zuge einer Auswanderung wirklich auch nie von einem wie auch immer gearteten 14 tätigen Widerrufsrecht Gebrauch machen, welches es im online Handel gibt. Eine Auswanderung ist auch etwas ganz ganz anderes, als in den sogenannten sozialen Medien gedankenlos ein „gefällt mir" an zu klicken.

Sie brauchen wirklich eine solide Grundlage aus der heraus Sie hierher gehen. Sie betrifft sowohl Ihre private wie berufliche Situation. Stellen Sie bitte an allererster Stelle so Sie in einer Partnerschaft leben sollten, die Frage, ob Ihr Lebenspartner genauso bezüglich Schweden denkt oder ob nur Sie so denken. Es gab allein hier im Ort in den letzten rund 20 Jahren gleich mehrere Fälle, dass im Zuge einer Auswanderung eine Partnerschaft auseinander ging. Sollten Sie momentan warum auch immer gerade in Scheidung leben, ist es wirklich **keine so gute Idee**, noch in Scheidung lebend, hierher auswandern zu wollen. Klären Sie in diesem Fall bitte Ihre Scheidungsangelegenheiten bevor Sie hierher gehen.

Leben Sie allein stellt sich dies natürlich alles nicht.

Ihre finanzielle Situation betreffend ist es immer notwendig, dass Sie ein hinreichend grosses Polster haben. Mit Polster meiner ich keinen Dispo, sondern wirklich eigenes Geld, welches frei verfügbar ist. Berufliche Ambitionen betreffend ist es doch recht ratsam, sich so irgend es geht auf das in Deutschland vorzubereiten, was man dann hier zu tun gedenkt. Kommen Sie wirklich bitte hier nie auf die Idee als erstes hier zum Amt gehen zu wollen, um Stütze zu beantragen. Das einzige was Ihnen das Amt vielleicht bezahlen wird, ist Ihre Rückreise. Lassen Sie sich bitte gerade in diesem Thema nicht von den vielen Sprechblasen in den sozialen Medien dieser Welt beeindrucken. Dies sind immer nur Sprechblasen.

Suchen Sie viel mehr Kontakt zu hier lebenden Deutschen, die schon Jahre hier erfolgreich im Job sind. Wie auch immer der Kontakt zu Einheimischen verdammt wichtig ist. Machen Sie sich viel mehr gedanklich klar, womit Sie hier Ihre Brötchen verdienen wollen und was neben solider Finanzierung noch notwendig ist, damit dies hier ein Erfolg wird.

Wenn Sie bspw. hier im Elektrohandwerk Fuss fassen wollen, sind neben soliden Sprachkenntnissen entsprechende schwedische Zertifikate notwendig. Ansonsten dürfen Sie hier maximal eine Modelleisenbahn reparieren. Wie es auch hier zur Ehre eines jeden Modellbahner gehört, dass bisschen Elektrik und Elektronik selbst zu fixen. Das macht ja gerade den Reiz einer Modelleisenbahn aus. Von Ihrer momentan aktuellen Lebenslage ausgehend wird Ihr erstes Jahr in Schweden entscheidend sein, ob Sie hier glücklich werden oder nicht.

Das verflixte erste Jahr

Dem Gesetz eines gewissen Edward Murphy (1918 - 1990)
folgend kann landläufig ausgedrückt immer mal etwa
schief gehen. Wie wenn etwas schief geht, genau das
schief gehen wird, womit Sie nie im Leben rechneten und
dies dann erst recht richtig schief gehen wird. So können
Sie felsenfest davon ausgehen, dass im Zuge Ihrer
Auswanderung definitiv einiges schief gehen wird. Sie
können sich noch so gut auf diese vorbereiten.

Irgend etwas geht schief!

Wie Sie und niemand anderes es in der Hand haben,
darauf Einfluss zu nehmen, was schief geht. Bei uns ging
genau genommen nur eines schief. Unserer damaliger
deutscher Kabelnetzbetreiber, dessen Namen wir auf
Grund seiner Bedeutungslosigkeit schon lange vergaßen
wollte partout nicht begreifen, dass auch diesen Vertrag
betreffend das ausserordentliche Kündigungsrecht gilt,
welches man nun einmal hat, wenn man Deutschland
verlässt. Was dann doch recht schnell lösbar war. Lösbar
allein deshalb, weil eben alles andere rund lief. Wir hatten
wirklich in der heißen Phase des endgültigen Umzug weder
deutscherseits noch hier in Schweden irgendwelche
behördlichen Probleme. Wie schwedischerseits sicher auch
von Vorteil war, dass ja unser Haus schon einige Jahre uns
gehörte und nur noch versicherungsseitig auf *permanentes
Wohnen* umgeschrieben werden musste. Erleichternd kam
hinzu, dass auch die Sprache für uns kein Problem mehr
war. Wir also durchaus in der Lage waren, vom ersten Tag
an hier permanent lebend alles in Schwedisch regeln zu
können.

Das erleichtert vieles!

Ausgehend von Ihrer jeweiligen Lebenslage können Sie mit nahezu 100% Sicherheit davon ausgehen, dass innerhalb des ersten Kalenderjahres, welches Sie dann in Schweden sein werden, so gut wie alle sozialen Kontakte in die alte Heimat abbrechen werden. Was verschiedene Ursachen hat. Auch mit der allerbesten Freundin kann man sich nun mal eher schlecht regelmässig zum Tratsch treffen, wenn man selbst in Schweden und sie weiterhin in Deutschland wohnt. Also schläft so etwas immer ein. Dann werden auch Sie erleben, dass Sie mit einem Phänomen konfrontiert sind, welches es ebenfalls schon immer gab. In dem Moment wo Sie ernst mit Ihrer Auswanderung machen, werden Ihre sozialen Kontakte in Deutschland feststellen:

Der bzw. die meint es ja ernst!

Wie diese sich dann selbst eingestehen werden, das hätte ich ja nun nicht gedacht! Ich dachte immer der oder die will sich nur wichtig tun usw. usf. Von diesem spannenden Phänomen wusste schon Vilhelm Moberg (1898 - 1973) in seinen lesenswerten Büchern zu berichten. Bei denjenigen Bekannte und Verwandte die Sie in Deutschland zurück lassen werden, macht sich mit jedem Tag mehr die Erkenntnis breit:

Sie gehen, man selbst „*muss*" bleiben!

Verschärfend kommt dazu, dass wir im Sommer 2020 eine ganz ganz andere Situation in deutschen Landen haben, als es noch 2010 oder 2015 der Fall war oder gar zu Ostern 1998 als meine Frau und ich hier in Orrefors den Grundstock für unsere Auswanderung legten. Zu Ostern 1998 war der Kauf eines Hauses in Schweden in etwas so aufregend, wie sich ein paar neue Jeans zu kaufen.

Damals muss man heute ja schon sagen, gab es noch hinreichend hier lebende im Berufsleben stehende Schweden, die noch Deutsch in der Schule lernten. Wie damals schon Englisch als zeitweilige Brückensprache gute Dienste leistete. Die damals mit beiden Beinen fest im Berufsleben stehenden Schweden, die noch Deutsch in der Schule lernten, sind heute im Ruhestand oder weilen leider Gottes schon nicht mehr unter uns. Gehen Sie heute hier bitte davon aus:

Die nachfolgende Generation kann kein Deutsch!

Das kann gerade dann vieles heute erschweren, wenn Sie noch kein Schwedisch können. Wie damit immer alles hier verzögern und wenn es nur die Anmeldung der eigenen Mülltonne zur Entsorgung sein sollte. Bis etwa um das Jahr 2010 war es in Schweden so, dass jeder Deutsche der hierher wenn auch nur erst einmal zeitweilig ging, mit offenen Armen empfangen wurde. Hier standen viele viele Häuser leer und jede Kommune war dankbar, wenn bewirtschaftet wurden. Bis dahin hatte Schweden recht konstant etwa 8,8 Mio. Einwohner. Dann begann 2010 ein rasanter Anstieg der Bevölkerung, so dass Schweden vor den Ereignissen des Jahres 2015 schon 9,7 Mio. Einwohner hatte. Heute liegen wir in Schweden stabil bei über 10 Mio. Einwohnern, Tendenz weiter steigend.

Bis 2010 war es weiterhin so, dass Einwanderer grösstenteils aus den Ländern kamen, wo es schon immer Menschen nach Schweden zog. Es waren also immer auch europäische Einwanderer. Woher die in den letzten Jahren mehrheitlich stammenden Einwanderer kommen setze ich als bekannt voraus. Was dazu führte:

Plötzlich wurde Wohnraum knapp!

Heute ist es so, dass es gar nicht so einfach ist geeigneten Wohnraum wie dies vor allem in Kombination mit einem passenden Job zu finden. Wenn Sie also nicht genau wissen, wo Sie des abends Ihr Haupt zur Ruhe betten werden, kann das erste Jahr ganz schön nervig werden. So aus dem Wohnwagen heraus leben ist sicher im Urlaub total toll. Wie die Zeitung „*Die Welt*" am 23.05.2020 sicher nicht ganz grundlos titelte „*Wohnungen in Deutschland verkaufen und weggehen, solange es noch geht*"[20]. Will heissen mehr und mehr Deutsche träumen vom Auswandern und setzen es in die Tat um. Nur gibt es davon noch lange nicht hier neue Wohnraum. Heisst:

Ihre Wohnraumfrage muss geklärt sein!

Auch muss eben zumindest in Grundzügen geklärt sein, womit Sie hier Ihre Brötchen verdienen werden. Ist beides vor endgültiger Abreise geklärt, dann wird sehr wahrscheinlich Ihr verflixtes erstes Jahr keine 12 Monate dauern. Für Therese und Adrian dauerte es bspw. nur wenige Wochen. Beide kamen mit ganz konkreten Vorstellungen hierher, was Job und Wohnraumfrage betraf.

Ist diese aber nicht geklärt, kann Ihr verflixtes erstes Jahr auch länger als 12 Monate dauern oder auch nie enden. Sylvia ging aus einer Beziehungskiste in die nächste stolpernd hierher und ist schon lange wieder in Deutschland zurück. Sylvia hatte definitiv nicht das Arbeiten erfunden.

---

[20] Vgl. https://www.welt.de/kultur/plus208187809/Don-Alphonso-Folge-den-EU-Milliarden.html download vom 24.05.2020

Hier angekommen müssen Sie hier immer mit etwas rechnen, was mich total überraschte. Wie im nach hinein nicht mehr wundert. Etwas was es hier wirklich nur unter Deutschen gibt. Etwas was ich noch nie bei Einwanderern anderer Länder Herkunft erlebte, egal ob diese aus Polen oder Syrien kommen.

Es ist Neid und Gier einiger hier lebender Deutscher.

Das hat damit zutun, dass Sie in dem Moment wo Sie permanent hierher ziehen, von einem Teil bereits schon länger hier lebenden Deutschen einerseits als Wettbewerber, wie andererseits als jemand den man abzocken kann wahr genommen werden. Manche Zeitgenossen steht deren Egoismus regelrecht auf die Stirn geschrieben, bei anderen kommt er erst später zum tragen.

Solange wie Sie sagen wir bei Thomas und Brigitte immer „nur" deren Ferienhaus buchten, waren Sie immer deren gern gesehene Gäste. Sie lasen Ihnen immer mit einem Lächeln im Gesicht jeden Wunsch vom Gesicht ab. Dabei immer in sich hinein grinsend wissend, die Kasse klingelt jetzt. Jetzt sind Sie aber vielleicht urplötzlich deren Nachbarn und könnten ja auf die Idee kommen, selbst ein Ferienhaus zu vermieten oder sich hier einen Job suchen usw. usf.

Jetzt sind Sie deren Wettbewerber!

Das ändert schlagartig vieles. Viele hier lebende Deutsche können mit Wettbewerb nicht umgehen. Sie erkennen weder die Chancen, die fairer Wettbewerb bietet und schon gar nicht, welche Vorteile vernetztes Handeln bieten kann. Auch dies spielt in das verflixte erste Jahr hinein.

Weshalb es um so wichtiger ist, keine Baustellen mehr anderswo zu haben. Dann so den Kopf frei habend, kann man sich Herausforderungen dieser Art stellen. Wobei dieses Phänomen so neu nicht ist. Der Schriftsteller Erwin Strittmatter (1912 - 1994) beschrieb dies schon in seinen immer noch lesenswerten Büchern. Viele damalige deutschen Flüchtlingen aus den sogenannten Ostgebieten dachten im Frühjahr des Jahres 1945 auch, als sie die Oder - Neisse Linie überschritten hatten, dass sie in Sicherheit seien. Gleiches beschreibt Erik Neutsch (1931 - 2013) in seinen Büchern. Gleiches berichten noch heute viele Zeugnisse auf der deutschen Seite des Erzgebirge.

Nur war dem eben nicht so!

Damals wurden die Neuankömmlinge aus dem Osten vielfach von ihren eigenen Landsleuten ausgenommen, wie eine Weihnachtsgans. Noch in den 1970er Jahren wurden bspw. im DDR Kreis Oranienburg wohnende Menschen allein deshalb als Menschen zweiter Klasse angesehen, weil sie Königsberger waren und nicht den dort üblichen Berliner Dialekt sprachen. Ihnen wurden *„gnädig"* Tätigkeiten zugewiesen, die sowieso niemand gern tun wollte.

Gleiches kann Ihnen hier jederzeit widerfahren!

Wie gesagt kann, muss nicht! Viel hängt hier davon ab, mit wem Sie sich hier umgeben. Es bringt oft mehr, wenn man hier länger in Ruhe leben möchte, eher Kontakt zu Einheimischen wie zu hier lebenden Deutschen zu suchen. Erstens ist das noch immer die **beste Möglichkeit** sich zu integrieren. Zweitens lernt man so natürlich immer schneller Land und Leute kennen und baut von ganz allein sein neues soziales Netzwerk hier auf.

Wie halt vieles hier auch einfacher geht, wenn man einfach mal den Nachbarn um Rat fragen kann, wenn die Säge irgendwo klemmen sollte.

Wie auch der Kontakt zu Einwanderern anderer Länder Herkunft durchaus sehr sinnvoll sein kann. Einerseits lernt man so auch immer einmal andere Sichtweisen kennen. Andererseits kann man sagen, „*geteiltes Leid ist halbes Leid*". Wobei Leid jetzt nicht im wortwörtlichen Sinne gemeint ist. Sondern viel mehr die Chance gemeinsam mehr zu erreichen. Ich machte bspw. aus der Not meines verflixten ersten Jahre der Form eine Tugend, dass ich Neuankömmlingen zweimal wöchentlich abends etwas Schwedisch beibrachte wie natürlich so immer auch selbst lernte. Daraus entstanden hoch interessante Kontakte. Doch nun zu einem Kapitel, dem Sie sich bitte nicht verschliessen sollten.

Risikofaktor soziale Medien

Dieses Kapitel führte ich erst in der Ausgabe 2019 ein. In den voran gegangenen Ausgaben gab es dieses Kapitel nicht. Wie ich heute ein Jahr später um so mehr der Überzeugung bin, dass es immer wichtiger ist, den Risikofaktor soziale Medien zu kennen. Sind diese doch oft so derart sozial, dass sie schon asozial sind. Oder hätten Sie sich je träumen lassen, dass es eine junge selbstbewusste Deutsche schafft, schwedische wie deutsche TV Stationen so derart zu täuschen, dass diese der Dame den Traum von einer Huskyfarm in Lappland abnahm? Wie wenig später genau dieser Traum zu einem regelrechten Alptraum wurde. Ihr Lebenspartner landete wegen Mordes im Knast wie sie schneller wieder in Deutschland zurück war, als ihr lieb sein konnte. Dies nur ein Beispiel von vielen, wie asozial sogenannte soziale Medien sein können. Wie sich auch immer wieder zeigt, wie schnell **aus** sogenanntem **Schwarmwissen Dummheiten** werden können. Wenn sagen wir zehn Nasen wo auch immer die gleiche Dummheit posten, dann heisst das ja noch lange nicht, dass es wahr ist. Was diese wahre Anekdote erklären soll.

Vor weit über zehn Jahren lief unter der URL schwedenforum.de eine online Diskussion über deutsche Lebensmittel in Schweden. Ich konnte es mir nicht verkneifen hinein zu schreiben, dass ich gehört hätte, in Sveg würde bald ein deutscher Fleischer aufmachen. Nun muss man nur noch wissen, wo Sveg liegt, nämlich am A De We irgendwo weit nördlich Stockholm an der E45. Sveg ist aber vielen Lapplandfahrern als Durchgangsstation gen Norden bekannt so auch mir. Man kann dort gut tanken, mehr aber auch nicht. Aber sei es drum, es geschah das, womit ich nie rechnete.

Ein dort in der Nähe lebender Deutsche fragte, wo denn genau der Fleischer aufmachen werde. Er glaubte also blindlings diese Ente. Wie ich ihm dann noch einen Tip gab, das ich gehört hätte, wie die Tante zum Opa gesagt haben soll usw. usf. Der arme Teufel merkte selbst dann immer noch nicht, dass ich ihn auf den Arm nehmen wollte. Wenn Sie also demnächst bei einer Ihrer Fahrten nach Lappland jemanden in Sveg begegnen sollten, der einen deutschen Fleischer sucht, grüssen Sie ihn bitte von mir und sagen Sie ihn bitte, er kann aufhören zu suchen. Ich bin immer wieder regelrecht baff, dass wirklich etwas daran ist, dass die Lüge nur gross genug sein muss, um geglaubt zu werden. Wer auch immer einst wirklich diesen Satz sagte, ist vollkommen egal.

Er ist wahr!

Nirgends wird soviel gelogen wie in sozialen Medien. Dies wird auch solange so bleiben, bis man die Klarnamen-pflicht einführt. Was nebenbei bemerkt ein wesentlicher Vorteil des deutschen BTX System war. Im BTX konnte man nicht so einfach lügen. Die Telekom konnte immer heraus finden, wer wo genau gerade log so Bedarf daran vorhanden war.

Erschwerend hinzu kommt, dass heute Menschen in sozialen Medien mit verschiedenen Identitäten agieren können. Wie Tatsache mehrfach zweifelsfrei belegt ist, dass ein und dieselbe Person so sie genügend Zeit hat, mittels mehrerer Profile Dinge beeinflussen kann. Das muss nicht immer die grosse Politik sein. Wenn Sie oder ich hinreichend viel Zeit haben, dann können wir beide problemlos einen Flashmob am nächsten Sonnabend in München am Stachus organisieren.

Wie wir beide auch gar nicht deshalb nach München müssen. Es reicht doch schon, wenn wir beide ein passendes Thema finden, womit man Menschen ansprechen kann. Sagen wir *„keine Macht dem FC Bayern München"* oder irgend so ein Unsinn. Da spielt absolut keine Rolle, dass ich nicht einmal weiß, wie momentan der Trainer vom FCB heisst. Wichtig ist nur, dass wir eine möglichst glaubwürdige Story aufsetzen. Genau dies tun immer wieder Menschen Schweden wie das Thema *„Auswandern nach Schweden"* betreffend. Wäre nun nur noch zu klären:

Wie mit sozialen Medien umgehen?

Im Zweifelsfall einfach immer gegen soziale Medien. In dem Moment wo Sie gerade Schweden betreffend nur einen Moment schwanken, ob das was gerade in sozialen Medien zu Thema X kund getan wird stimmt, entscheiden Sie sich bitte dagegen. Ich sage Ihnen auch gleich warum.

Am 17.07.2019 nahm sich in Dublin Frau Marie Sophie Hingst[21] ihr Leben. Sie wurde gerade einmal reichlich 30 Jahre alt. Noch 2017 die Preis gekrönte Bloggerin gebend nahm sie sich aller Wahrscheinlichkeit nach in dem Moment das Leben als aufflog, dass alles, was sie so in den sogenannten sozialen Medien von sich gab, erstunken und erlogen wa Sie sagte selbst einmal: *„Es ist nicht wichtig, wie gross der Account ist, wie gross die Reichweite ist, wieviele Follower er hat, sondern dass wir uns **Geschichten** erzählen[22]"*.

Genau hier liegt der Hase in seinem berühmten Pfeffer.

Es geht vielen vielen Akteuren in den sogenannten sozialen Medien nie darum, die Wahrheit zu berichten. Es geht ihnen oft nur darum, Geschichten zu erzählen. Wie mit Geschichten anderen zu schaden. Rufmord nennt man dies auch oft. Vollkommen dahin gestellt warum die Geschichtenerzähler dieser Welt dies tun. Oft liegt es einfach im Wesen besagter Erzähler, dass diese einfach so sind. Wie es diese Menschen schon immer gab. Nur ging man noch vor 30 und mehr Jahren mit Menschen dieser Art anders um.

---

[21] Vgl. https://de.wikipedia.org/wiki/Marie_Sophie_Hingst download vom 04.08.2019

[22] Vgl. https://www.youtube.com/watch?v=dfWEZJnwT7o ab 01:25 download vom 04.08.2019

Damals wäre es bspw. undenkbar gewesen, dass eine total erfolglose, abgehalfterter SPD Politikerin aus Süddeutschland hierher kommend, über Hinz und Kunz nur Unsinn verbreitet. Soviel Unsinn, dass hiesige Bauern gleich mehrere Kühe schlachten mussten, weil besagter Nonsens wirklich nicht mehr auf nur eine einzige Kuhhaut passte. Im Stile der Marie Sophie Hingst daher kommend, nennen wir sie der Einfachheit halber nur System Error, erzählte sie Geschichten.

Von Wahrheit war nie die Rede!

Das Problem ist nun nicht einmal das Geschichten erzählen an sich, sondern dass immer jemand auf diese gierig springen wird wie sie ungeprüft weiter erzählen wird. Auf elchkuss.de[23] wurde vor einigen Jahren die Geschichte von Julia und Sven regelrecht als das non plus Ultra gefeiert. Sie wurde auch in einem deutschen TV Sender ausgestrahlt. Die Protagonistin dessen trat so selbstbewusst permanent Strahlefrau und Söhne gebend auf, dass man vielfach nur noch geneigt war zu fragen:

Wann platzt die Bombe?

Dass diese dann aber so massiv platzte, dass der männliche Teil von Huskylife im Knast wegen Mord landete, während der weibliche kleinlaut nach Deutschland zurück ging und nur noch bedauernswerte Hunde übrig blieben, dass hätten sich die vielen nie im Leben träumen lassen, die besagtes Paar anhimmelten.

---

[23] Vgl. download vom 04.08.2019 https://elchkuss.de/mit-huskys-in-lappland/

Hinterfragen Sie daher bitte **wirklich** immer in sozialen Medien die Quelle und prüfen diese. Oft reicht ein einziger Blick in das Impressum des Seitenbetreibers und man weiß Bescheid. Gerade zu Schweden gibt es neben Facebook, Instagram und Co. unendlich viele andere soziale Medien. Soziale Medien, die aus meiner bescheidenen Sicht keine sind. Wenn jemand bspw. einen Blog oder gar ein online Forum über Schweden betreibt und selbst über Jahre hinweg in Deutschland ansässig bleibt, wie in diesen das Auswandern nach Schweden immer grossen Raum einräumt, der sollte sich schon fragen lassen, warum er selbst nicht schon lange in Schweden wohnt. Oder sich alternativ fragen, wie sinnvoll es ist, in einer guten bayrischen Fleischerei echten in Schweden gravierten Lachs kaufen zu wollen.

Viele Missverständnisse über Schweden, die eigene Person eingeschlossen, haben ihre Ursachen in der Asozialität so mancher sozialer Medien. Ich musste dies auch erst lernen. Wenn man nur die Hälfte der Zeit, die man of in sozialen Medien verschwendet in das folgende Thema investiert, hat man eine Auswanderung hierher in unser schönes Schweden betreffend oft viel viel mehr gewonnen.

Rekognoszieren Sie bitte

Rekognoszierung ist ein heute eher unbekannter
Begriff. Es hängt mit dem Begriff an sich zusammen.
Wörtlich übersetzt heisst Rekognoszierung Erkundung.
Genau hier liegt das Problem. In der heutigen Welt
lebend wo alle immer von allem Ahnung haben, können
sich diese bei Lichte betrachtet Ahnungslosen gar nicht
mehr vorstellen, dass Erkundung egal ob beim
Militär oder im zivilen Leben schon immer seit
Menschengedenken eine sehr sichere Methode war, um
zum Erfolg zu kommen. Als bspw. in Schweden mit der
Wende zum 20.Jahrhundert die grosse Zeit des Eisen-
bahnbau begann, gab es unendlich viele Erkundungs-
trupps, die durch die Wälder Schneisen schlagend zogen,
um die Trassenführung fest zu legen.

Sie rekognoszieren!

Die lange still liegende Bahnstrecke Nybro - Nässjö ist ein
solcher Fall. Sie wird heute als Rad- und Wanderweg
genutzt. Für mich immer wieder faszinierend, wie es vor
weit über 100 Jahren mit damaliger Technik Ingenieure
schafften, in diesem bergigen Gelände über rund
100 Kilometer den Bahnwall so zu legen, dass eine Lok die
Steigung bewältigte. Nur den Teil von Nybro nach Orrefors betrachtend überwindet die Trasse auf knapp
15 Kilometer einen Höhenunterschied von mehr als
100 Metern. Allein der Bau dieses Stück besagter Bahnlinie
war nur möglich, weil es eine Erkundung gab. Heute zählt
diese Bahnlinie nebenbei bemerkt zu den sogenannten
Reservebahnlinien Schwedens. Sie kann jederzeit wieder
auf Geheiß der Regierung in Betrieb genommen werden.
Man muss nur neue Gleise legen. Was für einen Bautrupp
der schwedischen Armee im Bedarfsfall sicher kein allzu
grosses Problem sein wird.

Wie andererseits zu hoffen ist, dass diese Bahnlinie bald allein aus Gründen des Umweltschutz bald wieder in Betrieb geht. Sie ist wirklich nur deshalb heute jederzeit wieder nutzbar, weil es vor über 100 Jahren eine Reko gab. Nun liegt heute die Krux in etwa in folgendem Vergleich:

> Kein frisch gebackener Skipper kommt nach Überreichung des Bootsführerschein nur im Traum auf die Idee, sagen wir in Berlin auf der Spree in sein Boot zu springen und in einem Ritt mit diesem nach Trelleborg in Schweden zu fahren. Jeder gute Skipper weiß, dass auch nach mehreren hundert Stunden am Ruder des eigenen Bootes so ein Unterfangen entsprechender Erkundung bedarf. Im geringsten Fall der Form zu wissen, ob Sie stromauf oder stromab auf der Spree fahren müssen. Fahren Sie bspw. vom Reichstagsufer kommend stromab, gelangen Sie vermutlich nie nach Schweden wie aber nach Dänemark. Aber da soll es ja auch ganz schön sein.

Bezüglich einer Auswanderung tun diese nun jedes Jahr auf das Neue wirklich nur die wenigsten!!!

Wie dieses durchaus sehr nette Beispiel von Anfang Mai 2020 zeigt. Am **04.05.2020** berichtete SVT davon, dass deutsche Zombie Jäger hier nach Blekinge einwandern wollten[24]. Sie führten zur Freude aller Beteiligten auch gleich ein so grosses Waffenarsenal ein, welches einem Marineinfanteristen egal welcher Armee dieser Welt wahrlich zur Ehre gereicht hätte.

---

[24] Vgl. https://www.svt.se/nyheter/lokalt/blekinge/tyska-zombiejagare-greps-med-bilen-full-av-vapendownload vom 07.06.2020

Ja Sie lesen vollkommen richtig, es waren sogenannte Zombie Jäger, die hier mit ihren Waffen Zombies jagen wollten. Nun lässt zwar das schwedische Waffenrecht dem Bürger im Vergleich zu Deutschland wesentlich mehr Freiheiten. Gleich wohl gibt es natürlich auch hier entsprechende Bestimmungen.Bestimmungen die gerade für niegel Nagel neu eintreffende Einwanderer aus gutem Grund knallharte Regeln beinhalten. So landeten diese Zombie Jäger Made in Germany in Schweden flugs hinter schwedischen Gardinen. Wie ich ehrlich gesagt auch gar nicht wüsste, wo es hier genau ausgerechnet Zombies geben solle.... Das Problem besagter „*Jäger*" war schlicht weg:

Sie hatten nie eine Reko durch geführt.

Sonst hätten sie nämlich gewusst, unter welchen Bedingungen hier Waffen geführt werden dürfen und vor allem welche usw. usf. „*Spezialisten*" diesen Schlages gibt es hier jedes Jahr auf das Neue. Wenn ich so die letzten über 20 Jahre zurück blicke, ist es echt erstaunlich wieviele Frisöre und Frisörinnen hierher kamen und nur einen Kamm in der Tasche hatten.

So gab es Tatsache gleich mehrfach Deutsche, die waren vorher noch nie in Schweden, packten einfach in Deutschland ihre Sachen und zogen hierher. Das ist dem vergleichbar, wenn man einfach irgendwo ein Boot zu Wasser lässt, sich des Lebens freut und dann wundert, wenn es einem so ergeht, wie dem Paar vom Alpennordrand, welches voriges Jahr hier ein Fall für die Seenotrettung wurde.

Besagtes Paar hatte wirklich keine einzige Motorstunde vorzuweisen und tat nun dies: Es kaufte sich ein Motorboot, mit um die 30 PS Leistung, um genau dieses bei der ersten Ausfahrt auf einem Felsen unter Wasser zu havarieren, wie sich dann auf eine Schäreninsel zu retten. Es hatte weder nur die leiseste Ahnung davon, dass 30 PS auf einem Boot etwas ganz ganz andere Kräfte freisetzen können als bei einem Auto. Noch hatte es Kenntnis über das Gewässer.

Es trat aber immer sehr sehr selbst bewusst auf.

Beim Speedway wie Moto Cross und Mountain Bike fahren weiß jeder halbwegs Halbwissende, dass der beste Fahrer auf einer unbekannten Terrain immer erst einmal einige Runden benötigt, um dies zu erkunden. Wenn angenommen Sie das erste Mal hier in Orrefors auf der hiesigen MTB Trainingsstrecke in die Pedale treten, dann brauchen Sie verständlicherweise länger als diejenigen, die dort regelmässig fahren. Die wissen nämlich, wo welche Wurzel quer liegt usw. usf. Weshalb Stürze auf dieser Bahn im Regelfall eher selten den Erfahrenen passieren.

Wie eine gute Rekognoszierung des Terrain namens Schweden mindestens einen Zeitraum von 12 Monaten ausmacht. Allein das Wissen darüber, wie sich Sommer und Winter in der Traumregion anfühlen werden, macht sehr sehr viel aus. Schwedische Sommer sind immer überall in Schweden wunderschön. Während hiesige Winter auch ab und an einmal nicht so schön sein können. Vor allem mit der Dunkelheit kommen oft hierher ziehende Deutsche nicht so gut klar.

Wenn Sie es also schaffen innerhalb von mindestens 12 Monaten Ihre Traumregion mehrfach zu besuchen, dann entwickeln Sie immer ein Gefühl auch dafür, ob diese Region das Richtige für Sie ist. Wie Sie immer auch von ganz allein beginnen werden, Kontakte zu knüpfen. Kontakte aller Art, die Ihnen natürlich dann endgültiges hier ankommen erleichtern werden.

Womit wir auch schon beim nächsten Thema wären, dem Bullerbü Syndrom.

Sagen Sie Bullerbü adé

Der Begriff des Bullerbü Syndrom geht auf Herrn Berthold Franke zurück, der diesbezüglich unter dem Titel *„Tyskarna har hittat sin Bullerbü" - „Die Deutschen haben ihr Bullerbü gefunden"* im Svenska Dagbladet[25] am 09.12.2007 über besagtes Syndrom publizierte. Die von ihm gewählte Formulierung Bullerbü Syndrom trifft den Nagel im wahrsten Sinne auf den Kopf, wie ich es selbst an meiner eigenen Person und immer wieder jedes Jahr auf das Neue bei Anderen erlebe.

Eines dieser vielen diesbezügliche Erlebnisse spiegelt sich in einem Bericht der Zeitung Barometern vom 17.07.2019 auf Seite 12 wider. In diesem lobt eine Familie Hartmann aus Deutschland die vielen schicken roten Häuser wie unsere Natur über den grünen Klee und lässt die Welt wissen, dass hier doch alles so wunderbar und vor allem obendrein auch noch magisch ist. Fast wäre ich beim Lesen vor Tränen der Rührung zerflossen. Ich konnte gerade noch so an mich halten.

Das ist das Bullerbü Syndrom live und in Farbe!

**Jeder der hierher kommt ist,
ist von diesem Land absolut fasziniert.**

Das war schon vor exakt 50 Jahren so und das ist heute immer noch so. Es war aber **vor** dem Jahr **1969** definitiv **nicht** so.

---

[25] Vgl. https://www.svd.se/tyskarna-har-hittat-sin-bullerbu download vom 04.06.2019

In genau diesem Jahr flimmerte das erste Mal ein Film über deutsche Leinwände wie TV Schirme, der von einem bezopften kleinen schwedischen Mädel und ihren Erlebnissen in der schönen schwedischen Natur berichtet. Problem dabei? Die Masse der Deutschen denkt noch immer, dass das dann hier auch so ist. Komischerweise wissen diese Menschen aber, dass Grimms Märchen eben nur Märchen sind.

Das erklärt das Bullerbü Syndrom!

Es ist heute ein **himmelweiter Unterschied**, ob Sie hier als Urlauber einige Wochen im Jahr sind, als Ferienhausbesitzer etwas öfter oder ob Sie hier zu 100% leben. Auch wenn die Worte Schweden wie Schlaraffenland beide mit S anfangen, liegt wirklich das Schlaraffenland wirklich ganz woanders. Hier fliegen wirklich keine gebratene Tauben herum. Hier fliesst auch wirklich kein Honig in den Flüssen.

Gerade jetzt in der Zeit der Corona Krise erleben wir mehr und mehr, dass Schweden in der Gunst der Deutschen sehr sehr hoch steht. Am 02.06.2020 berichtete Schwedens öffentlich rechtlicher Sender SVT über erhöhtes Interesse Deutscher an Schweden[26], was ich aus ganz persönlichem Erleben nur bestätigen kann. Als Urlauber wird Ihnen natürlich hier immer die pure Freundlichkeit entgegen schlagen. Hinzu kommt, dass ja die meisten Urlauber gar kein Schwedisch verstehen. Es also dann auch total egal ist, was gerade svt.se meldet.

---

[26] Vgl. https://www.svt.se/nyheter/inrikes/okat-intresse-fran-tyska-turister-gladjer-oss download vom 03.06.2020

Wie es ja genau genommen, man verzeihe mir bitte diesen Spass, in Sachsen oder anderswo in Deutschland nicht viel anders ist. Natürlich sind in Oberwiesental am Fusse des Fichtelberg immer Urlauber herzlich willkommen. Das war zu allen Zeiten so. Nur wer als ungeübter Deutscher dorthin fährt, der versteht dort oft genau soviel, wie jemand der hier kein Schwedisch kann. Ist doch dortiger Dialekt doch etwas sehr speziell. Will heissen genau genommen gibt es dort auch ein Syndrom, das Fichtelberg Syndrom. Es kann wie das Bullerbü Syndrom einem ganz schön die Äuglein verkleistern. Vor allem dann wenn man nicht bereit ist, die Realität zur Kenntnis zu nehmen.

Wie tragischerweise die Corona Krise viele **ungelöste Herausforderungen** Schwedens überdeckte. Die erste Herausforderung die sich momentan landauf landab stellt, ist wie es Schweden wirtschaftlich gelingen wird, aus aktuellem Tal der Tränen heraus zu kommen. Wie die Ursachen für besagte Situation aus meiner bescheidenen Sicht nichts mit der Corona Krise zu tun haben. Mir erschliesst sich einfach nicht, wie eine eindeutig medizinisch biologisches Problem dazu führen kann, dass eine ganze Volkswirtschaft in das Straucheln gerät. Der Virus hat doch nun wirklich nichts damit zu tun, wenn sagen wir ein Sägewerk nur noch auf Halde produziert.

Die zweite Herausforderung besteht darin, wie es Schweden gelingen wird, die innere Sicherheit im Land wieder herzustellen? Planen Sie deshalb bitte immer Geld für Ihre Sicherheit ein. Von 1998 bis 2016 hatte unser Haus keine Alarmanlage. Einfach deshalb weil wir nie eine benötigten. Wie uns der erste Advent 2018 bestätigte wie wichtig diese ist. Unsere lieben Nachbarn waren zum Kaffee zu Besuch und während dessen räumten Ganoven direkt gegenüber deren Haus aus.

Unsere lieben Nachbarn hatten keine Alarmanlage. Sie konnten gar nicht fassen, dass jemand in das Haus, was sie selbst vor 40 Jahren bauten einmal einbrechen würden. Mittlerweile ist es so, dass es auf Facebook schon lange eine Gruppe gibt, über die wir Orreforser uns gegenseitig informieren. Denn die hiesige Polizei ist mit dieser Situation absolut überfordert oder will es vielleicht auch nur sein. Es vielleicht halt auch einfach bequemer nachts im Büro zu sitzen, als Streife zu laufen. Denken Sie bitte auch immer daran:

Gras ist woanders nicht Grüner!

Diese nicht nur Schweden betreffende weit verbreitete Annahme ist wirklich Grund falsch! Sie hat viel mit voran gegangenem Kapitel zu tun und erklärt sich aus dem Phänomen, dass so manch Deutsche hierher gehen, versuchen hier so weiter zu leben wie sie es kannten und sich dann immer wieder auf das Neue wundern, dass das nicht funktioniert. Ein deutscher Auswanderer, der schon viele Jahrzehnte in Nordeuropa lebt, brachte dies einmal so zum Ausdruck:

1. Jedes Jahr im Sommer kommen bei ihm Deutsche vorbei, die zu Hause alles verkauften, um irgendwo hier neu anzufangen.

2. Im ersten Jahr sind sie voller Begeisterung und alles ist tot schick.

3. Im zweiten Jahr drückt das Heimweh. die Kosten oder aber auch die eine oder andere immer noch offene Baustelle in Deutschland. Plötzlich wird vielen klar, dass man Schweden nicht zum Nulltarif bekommt.

4. Im dritten Jahr sind sie dann wieder weg oder leben alternativ hier in prekären Verhältnissen, weil sie sich nicht mehr zurück trauen.

Dies hat auch viel mit dem verdammten verflixten ersten Jahr zu tun. Erst wenn Sie wirklich mindestens 12 Monate hier lebten, wissen Sie welche Kosten Sie hier abzudecken haben. Wie gerade in Schweden es wichtig ist, nie an der falschen Stelle zu sparen. Was auch diese drei Jahres Regel erklärt.

Im ersten Jahr vielleicht gerade im Sommer haben Sie genau genommen Heizkosten von Null Euro. Wie Sie nach Ablauf des gesamten Jahres dann schon merken, wie hart so ein hiesiger Winter sein kann, wenn man bei der Heizung an der falschen Stelle sparte. So romantisch ein mit Holz gefeuerter Ofen auch sein mag, so stressig ist es auch, ihn permanent mehrere Monate am Stück in Betrieb zu halten. Da kann dann schon sein, dass mit Beginn des zweiten Winters die Stimmung nicht nur wegen nahender Dunkelheit im Keller landet usw. usf. Womit einmal mehr selbst erklärend wird, warum die Anwartschaftszeit auf die hiesige Staatsbürgerschaft eben fünf Jahre beträgt.

Von genau diesem Effekt wusste schon der schwedische Schriftsteller Vilhelm Moberg in seinem Auswanderer Vierteiler zu beschreiben. Obwohl er in einer ganz anderen Zeit wie einem ganz ganz anderen Land spielt, ist folgende Geschichte mittels Suchen und Ersetzen auch heute in Schweden jederzeit anzutreffen.

> Bäuerchen Mäxchen Gernegross zog es Anfang des 19.Jahrhundert von der schönen schwedischen Insel Öland in die USA. Dort angekommen schickte er seiner armen alten daheim gebliebenen Mutter die schönsten Berichte über sein ach so tolles Leben in der Neuen Welt. Woraufhin sich das Mütterchen auf den Weg machte, ihrem Sohn zu folgen.

Nach beschwerlicher Reise endlich in der Neuen Welt angekommen, stellte sie fest, dass nichts von dem stimmte, was Ihr werter Herr Sohn so von sich gab. Mäxchen Gernegross lebte in grosser Armut am Rande der Gesellschaft.

Geschichten dieser Art gab es hier in den letzten rund 20 - 25 Jahren zuhauf. Oft immer bereits genanntem Schema folgend. Im Regelfall sind es hier die ganz ganz Leisen, die sehr erfolgreich in Schweden sind und wirklich nie die lauten Schreihälse dieser Welt. Doch nun zu einer bitter ernst gemeinten Bitte:

Eine Bitte an deutsche Polizisten

Liebe deutsche Polizistinnen wie deutsche Polizisten,
ich hatte bedingt durch den Betrieb unseres online shop
balticproducts.eu seit Ende 2007 mindestens einmal im
Jahr Kontakt mit Euch. Wie Ihr Euch sicher selbst denken
könnt warum. Ich sage nur online Betrug wie Internet
Kriminalität. In allen Fällen wart Ihr mir wirklich **eine
echte Stütze**. Egal ob Ihr am wunderschönen Rhein
jemanden Ding fest machtet, der seine Rechnungen nicht
bezahlte, am Main jemand aufspürtet, der mir telefonisch
anbot, einen Arm abzuschneiden oder auch nur in
Potsdam eine vermeintlich gewitzte Arzthelferin
aufspürtet, die recht trickreich mein und Dein *„verwechselte“*.
Ganz besonders war uns das Ressort Computerkriminalität
der Polizei Brandenburg eine echte Stütze, als wir Ende
2016 / Anfang 2017 mehrfachen Hackerangriffen
ausgesetzt waren. Wie erst kürzlich die Polizei im wunderschönen Freistaat Bayern uns hilfreich unter die Arme
griff einer weiteren Betrügerin habhaft zu werden, die
obendrein Intrigen vom feinsten spann.

Dafür bin bin ich Euch wirklich unendlich dankbar!

Ihr seid natürlich immer hier in Schweden herzlich
willkommen. Vollkommen egal, ob Ihr hier *„nur“* Urlaub
machen möchtet oder später nach ausscheiden aus Eurem
Polizeidienst hier leben möchtet. Ich habe aber eine auch
sehr ernst gemeinte Bitte. Wir hatten warum auch immer
zwei im Ruhestand befindliche Polizisten hier, die
irgendwie nicht so recht mit ihrem Ruhestand umzugehen
wussten. Der eine der SPD nahe stehende Polizist aus
Berlin nahm mit einem aus Hessen stammenden den
Gründen nahe stehenden Kollegen hier Ermittlungen auf
eigene Faust auf. Der Witz daran:

Dazu gab es gar keinen Anlass!

Warum auch immer hängten sie erst einer deutschen
Auswanderin Anfang 30 Prostitution an, um dann weitere
hier lebende Deutsche so massiv in Misskredit zu bringen,
dass erst das BKA in Wiesbaden gemeinsam mit Interpol
in Stockholm diesem perfiden grenzübergreifenden
Treiben ein Ende setzen konnte. Wie sich die Polizei
beider Länder dann schon fragte, warum sie ausgerechnet
gegen die eigenen Kollegen ermitteln muss.

Was wiederum allen hier lebenden Deutschen auf deren Füsse fiel!

Was auch Schluss endlich Anlass dieses Kapitel ist, welches
es in den voran gegangenen Ausgaben nicht gab. Wie ich
mir bis dato nie im Leben vorstellen konnte, was für
gelinde gesagt **Unsinn** zwei von der Leine gelassene ältere
Herren im Alter zwischen 60 und 70 doch so von sich
geben können. Im Ergebnis dessen sich schwedische mit
den Ermittlungen beauftragte Polizisten nur noch ihre
Äuglein rieben. Am Ende dann doch alles typisch
Schwedisch ein gutes Ende fand. Wollen Sie wissen wie?
Dann fragen Sie doch einfach den
Kontaktbereichsbeamten Ihres Vertrauens. Was übrigens
damit zusammen hängt, dass beide Polizisten mental wirklich nie hier ankamen, permanent der Meinung waren,
irgendwelche deutsche Paragraphen anwenden zu wollen.
Dabei vollkommen vergessend, dass Schweden noch
immer ein eigenständiger Staat wie kein Teil der
Bundesrepublik Deutschland und auch nicht von dieser
regiert werden darf. Schluss endlich genau diese beiden im
Ruhestand befindlichen Polizisten aus Hessen und Berlin
zeigten, dass zweigleisig fahren wirklich nichts bringt.

Warum bitte nie zweigleisig fahren?

Zweigleisig fahren heisst für mich, nach Schweden auswandern zu wollen, aber noch parallel dazu eine Wohnung in Deutschland zu behalten. Ungeachtet der finanziellen Konsequenzen eines derartigen Unterfangen kann dies beliebig viel Komplikationen mit sich bringen, weil dies genau genommen schwedischerseits als Verstoss gegen die hiesige Meldeordnung interpretiert werden kann.

Wie sie auch immer dann immer auf der anderen Seite in Deutschland Verpflichtungen haben. Beispielhaft sei die Pflicht zur Zahlung des GEZ Beitrages genannt. Sie entfällt natürlich wenn Sie nicht mehr in Deutschland gemeldet sind. Wie Sie dann auch in Deutschland die Pflicht haben, sich kranken zu versichern. Denn lt. deutschen Gesetz muss jeder, der in Deutschland wohnt eine deutsche Krankenversicherung haben. Dies ist bei den meisten Bürgerinnen und Bürgern die gesetzliche Krankenversicherung, dies kann unter bestimmten Bedingungen alternativ die private Versicherung sein. Heisst nichts anderes als:

Es kann beliebig kompliziert werden!

Noch komplizierter wurde es im Zuge der Corona Krise. Am Abend des 07.06.2020 wurde bspw. bekannt, dass derjenige, der aus Schweden nach Niedersachsen einreist, in Quarantäne muss[27]. Was für zweigleisige Fahrer aus Niedersachsen ggf. etwas ganz ganz anderes impliziert, als wenn man eingleisig fahrend nach Niedersachsen möchte.

---

[27] Vgl. https://www.ms.niedersachsen.de/startseite/aktuelles/presse-informationen/wer-aus-schweden-nach-niedersachsen-einreist-muss-in-quarantane-189027.html download vom 08.06.2020

Zweigleisige Fahrer sind besagten Fall betreffend konkret Menschen, die in Niedersachsen eine Wohnung haben. Eine Wohnung haben Sie immer, wenn Sie dort wie auch immer gemeldet sind. Ergo gelten für Sie in diesem Fall ganz ganz andere Regeln als wenn Sie momentan nach Niedersachsen fahren sollten und weder dort noch in gesamten Bundesgebiet gemeldet sind. Haben Sie sagen wir im Dreiländereck Deutschland - Polen - Tschechien in der wunderschönen Oberlausitz sagen wir im Kurort Oybin eine Wohnung, dann kann Ihnen momentan immer Niedersachsen betreffend passieren, wenn Sie angenommen in der wunderschönen Lüneburger Heide urlaubend nach Oybin geschickt werden, obwohl Sie ja eigentlich hier wohnen, aber eben halt nur zweigleisig fahren wollten. Das kann Ihnen nie passieren, wenn Sie nur noch einen Wohnsitz hier in Schweden haben. Dann werden Sie sehr wahrscheinlich maximal nach Schweden zurück geschickt.

Wer also ein kompliziertes Leben liebt, soll dies gern tun. Nur sich dann bitte auch nie wundern, wenn er bzw. sie sich dann regelmässig zwischen wahrlich alle Stühle dieser Welt setzt. Es reicht vollkommen aus, wenn Ihnen vielleicht im Ergebnis dessen ggf. sogar **Folkbokförings-brott** vorgeworfen werden sollte. Folkbokföringsbrott ist nichts anderes als ein Verstoss gegen das hiesige Meldegesetz. Was ganz schnell gehen kann, wenn man vielleicht im Zuge der Beantragung der Personnummer *„vergaß"* anzugeben, dass man ja eigentlich noch eine Wohnung in Deutschland hat. Ihnen also das Skatteverket in der Annahme, dass Sie hierher zogen eine Personnummer zuteilte. Im Kapitel Personnummer gehe ich näher auf dieses Thema ein. Dies eine Möglichkeit, wo **immer Stress** aller Art **vorprogrammiert** sein kann.

Meist wird Folkbokföringsbrott spätestens dann automatisch offenbar, wenn Sie Ihr Auto nicht ummelden. Denn dazu sind Sie verpflichtet. Was im Ergebnis heissen kann, dass Sie gleich zweimal belangt werden können. Wie Folkbokföringsbrott auch im Knast enden kann, vor allem wenn man dann noch im Ausland, bspw. in Deutschland eine Wohnung haben sollte[28]. Ganz dumm gelaufen dann auch, wenn Sie hierher umziehen, eine Personnummer beantragten und erhielten, weiterhin mit **deutschem** Kfz. **Kennzeichen** herum fahren und einen **Wildunfall** haben. Dann haben Sie wirklich einen **echten Volltreffer** gelandet. Im Ergebnis dessen ist dann dieses Szenario im Bereich des durchaus möglichen:

1. Sie werden belangt, wegen Folkbokföringsbrott.

2. Sie werden belangt, weil Sie ihr Auto nicht ummeldeten.

3. Die Versicherung zahlt nicht.

Was den meisten „*Spezialisten*" wie „*Besserwissern*" dieser Welt nämlich nie so bewusst ist oder auch bewusst sein will ist, dass üblicherweise in Deutschland ausgestellte Kfz. Versicherungspolicen natürlich meist den Schadensfall im Ausland einschliessen aber eben **nur**, wen es sich um eine Urlaubsreise handelt. Wie sich nun Ihre deutsche Versicherung alle zehn Finger lecken wird, wenn sich heraus stellen sollte, dass Sie ja eine Personnummer in Schweden haben.

Also hier wohnen!

---

[28] Vgl. https://lawline.se/answers/riskerar-jag-att-domas-till-fangelse-for-folkbokforingsbrott download vom 25.05.2020

Dann zahlt die mal eben schnell nicht. Natürlich können Sie dagegen klagen. Dumm nur, wenn Sie Ihre Rechtsschutzversicherung bei der gleichen Versicherung wie Ihre Kfz. Versicherung haben. Wie die Wahrscheinlichkeit nahe 100% sein dürfte, dass auch jede andere Rechtsschutz so etwas ablegen wird. Einfach deshalb weil die Aussichten wirklich Null sind, so etwas vor Gericht zu gewinnen. Und selbst wenn Sie so etwas gewinnen sollten, können sie immer davon ausgehen, bis so ein Fall ausgeteilt ist, fliesst wirklich noch sehr sehr viel Wasser die Elbe wie Älven Lapplands stromab. Will heissen Ihnen kann Tatsache mit Verlaub so ein dummes Schwein der Gattung sus scrofa, auch als Wildschein bekannt, hier einen wunderschönen Strich durch Ihre ach so schöne Milchmädchenrechnung machen. wenn es auf die Idee kommen sollte in Ihr Auto zu laufen, um auf Ihrer Kühlerhaube zum liegen zu kommen. Je nach Schadenshöhe kann das dann Ihr ganz persönliches Martyrium werden.

Ein Martyrium, was Sie immer eingleisig fahrend vermeiden.

Dann kann Ihnen natürlich trotzdem so ein wild gewordenes Schwein in Ihr Auto rennen. Nur ist dann die Schadensregulierung ganz ganz einfach. Dann gilt die logische UND Verknüpfung *Gemeldet in Schweden UND Auto in Schweden zugelassen UND Auto in Schweden versichert* ergibt üblicherweise, Versicherung zahlt.

Auch ist es immer sehr sehr gut es bitte wirklich nie in Sachen Krankenversicherung mit mogeln zu versuchen. Es gibt klare Regeln unter welchen Bedingungen ein Wechsel in das schwedische Sozialversicherungssystem erfolgt und wann nicht. Auf diese gehe ich im Weiteren noch detailliert ein. Hier erst einmal nur soviel:

So etwas lohnt sich wirklich nicht!

Auch folgendes lohnt sich absolut nicht: Sie gehen hierher in Scheidung lebend, beantragen dann hier eine Personnummer und parallel in Deutschland Prozesskostenbeihilfe für Ihr laufendes Scheidungsverfahren. So etwas nennt man schlicht weg auch:

Sozialbetrug in Tateinheit mit Folkbokföringsbrott!

Ganz einfach deshalb weil eines von beiden nur möglich ist. Natürlich können Sie auch in Scheidung lebend hierher ziehen und eine PN beantragen. Das Problem ist nur, dass die dazu notwendigen Einkommens- bzw. Vermögensnachweise doch etwas über der Bemessungsgrenze liegen, bis zu der Sie in Deutschland besagte Beihilfe beantragen können. In Zahlen ausgedrückt liegt üblicherweise besagte Beihilfe in etwa je nach nach Bundesland immer etwas unterschiedlich auf Höhe des HartzIV Satzes. Wie hier eingeforderte Einkommens- bzw. Vermögensverhältnisse für die PN doch etwas weit über dem deutschen HatzIV Satz liegen. Ergo genau dieser Fall sich exzellent dafür eignet gleich zweimal belangt zu werden. Seitens deutscher Behörden wegen möglichem Sozialbetrug und seitens hiesiger Behörden wegen möglichem Folkbokföringsbrott. Wenn Sie sonst nichts anderes den lieben langen Tag zu tun haben, dann ist so ein Ansatz mit 100% Garantie die beste Möglichkeit, dass Ihnen nicht langweilig wird.

**Dies nur ein ganz kurzer Exkurs
in die Welt des zweigleisig fahren.**

Aber wie gesagt, es muss schließlich jeder selbst wissen, wie kompliziert er leben möchte. Wie es mir in diesem Kapitel um etwas viel viel wichtigeres geht. Es nennt sich:

Ankommen in Schweden!

In dem Moment wo Sie konsequent eingleisig und zwar nur noch in Schweden fahren, in dem Moment kommen Sie immer hier auch endgültig an. Solange wie Sie nie noch einen Koffer in Berlin, München, Hamburg oder sonstwo stehen haben, kommen Sie hier nie an. Dann ist das alles für Sie immer nur so eine Art verlängerter Urlaub. Wie man durchaus eine zeitlang hier wirklich so leben kann im Gegenzug eben eher selten hier Anschluss findet. Wie besagtes Anschluss finden aus meiner bescheidenen Sicht sehr wichtig ist, wenn man hier für immer leben möchte. Man wird vielfach oft auch von den Einheimischen ganz anders wahr genommen, wenn diese merken:

Max Mustermann, Maxi Musterfrau wohnen jetzt hier!

Solang wie Sie bspw. alle sechs bis acht Wochen nach Deutschland fahren, um was auch immer dort erledigen zu wollen, solang wird man sie immer vor Ort als jemanden behandeln, der eben hier für längere Zeit auf Urlaub ist. In dem Moment wo die Einheimischen merken, dass man permanent hier vor Ort ist und sich vor allem aktiv in das Leben vor Ort einbringt ist das anders. Auch diese hat viel mit hier ankommen zu tun. Wie natürlich immer diesbezüglich die Sprache der alles entscheidende Schlüssel ist.

Lernen Sie bitte Schwedisch!!!

Wenn Sie wirklich den ernsthaften Willen haben, nach Schweden auszuwandern, dann **lernen Sie bitte Schwedisch**! Es ist ein absoluter Trugschluss, der Meinung zu sein, hier mit Englisch oder gar Deutsch weiter kommen zu wollen. Immer wieder spielen sich hier regelrechte Dramen ab, weil Schwedisch nicht verstanden wird. Die Palette reicht von gesperrten Kreditkarten über Missverständnisse aller Art beim Arzt bis hin zu nicht verstandener Warnungen in Krisensituationen. Wenn Sie bspw. im harten Winter 2017 / 2018 nicht die **Ausgangssperre** im Radio verstanden, die die Behörde auf Grund des Wetters über weite Teile von Kalmar Län verhängte oder Ihnen im trockenen Sommer 2018 gleiches bezüglich eine Waldbrand bedingter **Evakuierung** geschah, dann hatten sie mangels Sprachkenntnisse die Wahl entweder zu erfrieren oder zu verbrennen. Auch ist es hier immer sehr gut, wenn Sie einem Arzt sagen können, was Ihnen fehlt. Gut kann man da sagen, manch Einer liebt eben das Risiko...

Aber wirklich nur wenn Sie sich absolut verinnerlichen, dass Schwedisch hier der Schlüssel zum Erfolg ist, werden Sie hier glücklich sein.

Andernfalls kommen Sie hier wirklich nie an. Nun ist die spannende Frage wie Schwedisch lernen? Genau genommen so wie man halt jede andere Fremdsprache auch lernt. Seien Sie sich immer bewusst wenn zehnmal Schwedisch dem Deutschen verdammt ähnlich ist, es braucht seine Zeit, bis man im Schwedischen sattelfest ist. Kommen Sie nun bitte wirklich **nie** auf die Idee, in Deutschland angebotene Intensivkurse zu besuchen.

Wer Ihnen weismachen will, dass man mal eben schnell am Wochenende Schwedisch lernen kann, der **kann nicht seriös** sein. Geld für Kurse dieser Art können Sie sich wirklich sparen oder alternativ bitte mir überweisen. Man lernt wirklich keine Fremdsprache dieser Welt nach dem Motto *Kopf auf, Fremdsprache rein, Kopf zu.* Das lernen jeder Fremdsprache braucht Zeit. Planen Sie diese Zeit bitte ein! Das ist eigene Lebenserfahrung.

In Naumburg an der Saale gab es bis Ende der 1980er Jahre das *Institut für Fremdsprachenausbildung.* Dessen einzige Aufgabe bestand darin, zukünftige ausländische Studenten auf ihr Studium an hiesigen Hochschulen vorzubereiten. Dieser Vorbereitungskurs begann alljährlich im September und endete im Juni des Folgejahres. Während dieser Zeit hatten die Studenten nur ein einziges Lehrfach: Deutsch! Trotz dieser knapp einjährigen Druckbetankung mit Deutsch benötigten die Eleven ab September darauf rund ein Semester, bis sie ohne fremde Hilfe dem Lehrbetrieb folgen konnten.

Die seit 2015 vergangene Zeit zeigt hier in Schweden klar und deutlich, dass heute **noch immer stimmt**, was damals schon Sprachwissenschaftler der DDR wussten. Es ist heute im angehenden Sommer 2020 problemlos möglich, sich mit seit 2015 hier lebenden Arabern zu unterhalten. Auf Schwedisch natürlich! Wie die Masse von diesen heute mit beiden Beinen fest im Job steht. Dies ist aber auch nur möglich, weil diese entsprechende Sprachkurse hier besuchten wie sich natürlich auch ansonsten integrierten.

Denken Sie bitte auch immer daran, Sie lernen jede Fremdsprache dreimal: Sie lernen immer als erstes *verstehendes Hören*. Es folgt das *verstehende Lesen* und ganz zum Schluss das *fehlerfreie Sprechen*. So etwas braucht immer auch seine Zeit. So etwas geht nie von heute auf morgen.

Alle drei Phasen gehen fliessend ineinander über. Je mehr Sie hörend verstehen, desto besser klappt es mit dem Lesen und sprechen. So etwas macht sich natürlich immer da am besten, wo diese Fremdsprache auch gesprochen wird. Das ist in diesem Fall immer Schweden und **eben nicht** der Anbieter eines Intensivkurs in vielleicht Hamburg, München oder Kleinkleckersdorf. Alternativ dazu hindert Sie wirklich niemand während der Zeit Ihrer Vorbereitung in Deutschland daran, online schwedisches Radio bspw. unter sverigesradio.se oder Fernsehen unter svt.se zu sehen. Wie es natürlich schon lange unendlich viele schwedischsprachige online Medien gibt.

Wirklich glauben Sie mir bitte!

Es ist wirklich keine Politikerplattitüde, wenn hiesige Politiker aller Parteien immer wieder betonen, dass die Sprache der Schlüssel zum Erfolg ist. Was immer auch bedeutet, sich zu integrieren. Je mehr Schwedisch Sie können, desto mehr integrieren Sie sich auch. Dies allein deshalb weil sich Ihnen mit einem Male eine vollkommen andere neue wie spannend hoch interessante Welt eröffnet. In dem Moment wo Sie bspw. schwedische Nachrichten verstehen, werden Sie fest stellen wie angenehm ein Leben ohne ARD & ZDF doch so sein kann.

Auch zum Schwedisch lernen benötigen Sie Zeit und damit Geld! **Geld um sich selbst mindestens ein Jahr hier versorgen zu können**. Das genau ist die Zeit, die Sie aus Erfahrung heraus benötigt wird, um in Schwedisch Sattel fest zu werden. Lösen Sie sich bitte von dem Gedanken, dass es schneller geht. Das mag in absoluten Einzelfällen vielleicht auch so sein. Lösen Sie sich bitte auch von dem Gedanken ohne Kenntnis der Landessprache hier schnell einen Job zu finden. Wenn Sie kein Schwedisch können, dann finden Sie hier maximal einen Job bei schon länger hier lebenden Deutschen. Was funktionieren kann, aber nie zwingend muss.

Bis Sie nun wirklich in der Lage sind, hier wirklich auf Schwedisch weitest gehend grammatikalisch richtig reagieren zu können, bedarf es wirklich viel Zeit. Wenn Sie diese Zeit bzw. das dazu nötige Geld nicht haben, dann können Sie einfach nicht hierher auswandern oder Sie leben hier wie ein Autist und werden dem folgend dann auch so im wahrsten Sinne des Wortes behandelt.

Im Zuge dessen staune ich immer wieder, mit welch **aberwitzigen Vorstellungen** Deutsche hierher gehen. Ich lernte seit 1998 wirklich die unzweckmässigsten Ansätze kennen, sich hier unter permanenter Vermeidung des Schwedisch lernen über Wasser halten zu wollen. Darüber kann ich nur noch meinen Kopf schütteln. Wer hier kein Schwedisch kann, der muss sich bitte nie wundern, wenn er wie jemand behandelt wird, der kein Schwedisch kann.

Wenn Sie nun aber **ganz bewusst** dieses eine Jahr einplanen und sich während diesen einen Jahres wo immer auch möglich in Vereinen etc. einbringen, schwedische Presse lesen, schwedisches Radio hören und TV schauen, dann kommen Sie sehr sehr schnell in die Sprache hinein. Der Vorteil besteht nun schlicht weg darin:

Deutsch und Schwedisch sind Geschwister!

Beide Sprachen haben ihre gemeinsamen Wurzeln im *urgermanischen* bzw. *fornnordiska* wie es hier heisst. Dies ist bis in das hier und jetzt zweifelsfrei belegt. Die schwedische Grammatik folgt in sehr weiten Teilen der Deutschen. Viele schwedische Worte lassen sich einfach durch ableiten übersetzen, was aber nicht zwingend so sein muss, wie das schöne Wort *storkungar* zeigt. Je nach Betonung kann es Storch Junge bzw. Küken oder grosse Könige heissen :-) Betonen Sie die Buchstaben s t o r k gleichmässig stark meinen Sie einen Storch. Betonen Sie dagegen nur s t o r gleichmässig stark und machen danach eine kurze Pause, dann steht stor für groß und kungar für Könige. Aber diese Feinheiten lernen Sie mit der Zeit von ganz allein. Spätestens, wenn Sie Ihr Gegenüber fragend anschaut, wissen Sie Bescheid :-)

Das Bil hat übrigens nicht Herr Bill Gates erfunden. Es ist die Ableitung des Wortes Automobil. Dem folgend ist ein Lastbil ein LKW und ein Kleintransporter ein Skåpbil, ein Schrankauto, weil es eben aussieht wie ein Schrank. All dies und noch viel mehr lernen Sie in SfI.

Gehen Sie bitte zum SfI

SfI ist die Abkürzung für svenska för invandrare und heißt nichts anderes als *Schwedisch für Einwanderer*. Dahinter verbirgt sich ein mehrstufiges Programm zum erlernen der schwedischen Sprache. Dieses folgt einem seit Jahrzehnten erfolgreich erprobtem Schema und folgt einem **landesweit** gültigen **einheitlichen** Lehrplan[29]. Daraus folgt, dass Sie durchaus innerhalb Schwedens während Ihres SfI Unterricht umziehen können. Wie sinnvoll dies ist, steht auf einem ganz anderen Blatt. Wenn Sie aber übertrieben ausgedrückt in der Trelleborg Kommun direkt am Fährhafen den Kurs A erfolgreich abschliessen, dann können Sie bei uns in der Nybro Kommun mit dem Kurs B fortsetzen und warum auch immer mitten in diesem Kurs sagen wir nach Kiruna in Lappland ziehen, um dort weiter zu machen. Jeder SfI Lehrer geht von Treriksröset im Norden bis Smygehuk im Süden vom gleichen Lehrplan aus. Wie auch sonst alles was Bildung in Schweden angeht sehr zentral organisiert ist.

SfI unterscheidet zwischen den Stufen A bis D. Niveau A ist das niedrigste Niveau und D demzufolge das höchste Niveau. In allen vier Stufen werden die Themen verstehendes Hören, verstehendes Lesen, Sprechen wie Schreiben behandelt. Natürlich auf dann jeweils höherem Niveau.

---

[29] Vgl. https://www.skolverket.se/undervisning/vuxenutbildningen/komvux-svenska-for-invandrare-sfi/laroplan-for-vux-och-kursplan-for-svenska-for-invandrare-sfi/kursplan-for-svenska-for-invandrare-sfi download vom 26.07.2019

Die Teilnahme am SfI Unterricht ist kostenlos wie ab und an bei einigen Zeitgenossen leider Gottes manchmal auch umsonst. Aber das ist ein anderes Thema.
Zugangsvoraussetzung für SfI ist einzig und allein das Vorhandensein einer Personnummer.

Die Samordningsnummer berechtigt nicht zur SfI Teilnahme!

Dabei ist es egal, ob jemand aus Nordkorea, Polen, Weissrussland hierher zieht oder aus dem Sudan oder eben aus Deutschland. Übliche Praxis ist es, dass SfI durch die jeweiligen Landkreise organisiert wird. Meist werden Sie mit ein paar Klicks auf der Homepage Ihres zukünftigen Landkreis fündig. Haben Sie Ihren zuständigen Ansprechpartner gefunden, dann beantragen Sie bei diesem einfach die Teilnahme an SfI.

Von diesem erhalten Sie einen Termin für einen Einstufungstest. Ziel dieses Test ist es, Sie anhand ggf. vorhandener Kenntnisse in die Stufen A für Anfänger bis D für Fortgeschrittene einzustufen. Die Erfahrung besagt, dass jemand der mit etwas Vorkenntnissen hierher kam, in neun von zehn Fällen gleich im B oder auch C Kurs begann. Eher seltene dagegen, dass man gleich im D Kurs eingestuft wird.

D ist schon die hohe Schule!

SfI wird sowohl als Tages- oder Abendkurs angeboten. Einige Bildungsträger bieten auch SfI als Fernstudium an. Wie es weiterhin Anbieter gibt, die SfI in Kombination mit beruflicher Fortbildung anbieten. Ihre zukünftigen SfI Lehrer werden eine Methodik Schwedisch zu lehren anwenden, die Ihnen sicher unbekannt ist.

Wie ich selbst immer wieder feststelle, wie ungläubig mich Deutsche anschauen, wenn ich hier manchmal Schwedisch Seminare gebe. Denn SfI geht prinzipiell von der ersten Stunde an davon aus, dass egal ob A, B, C oder D Kurs durch die Bank weg Schwedisch gesprochen wird.

Das ist etwas was Deutsche meist nicht kennen.

Geht doch deutscher Fremdsprachunterricht oft davon aus, dass schön brav die ersten zehn Vokabeln gelernt werden, diese unendlich oft in Deutsch erklärt und erst wenn der letzte Vollpfosten sie kapierte, die nächsten zehn Vokabeln dran sind. Wie sich dann Lehrer und Schüler gegenseitig in schöner Regelmässigkeit beglückwünschen, dass man nach einem halben Jahr dann doch endlich um die 100 Vokabeln kann. Aber noch immer nicht wie man sinnvoll mit diesen einen Satz bauen kann.

Ihre erste Stunde SfI müssen Sie sich daher bitte so vorstellen, dass Sie erst einmal nur Bahnhof verstehen. Denn Ihre SfI Lehrerin bzw. Ihr SfI Lehrer wird mit Ihnen nur Schwedisch reden. Diese werden auch nicht auf Englisch ausweichen. Diese werden aber wirklich sehr sehr geduldig erklären, was sie meinen.

Auf Schwedisch natürlich!

Diese etwas andere aber eben schon vor weit über 30 Jahren in Naumburg übliche Methodik hat den riesengrossen Vorteil, dass Sie nicht nur Vokabeln lernen sondern immer gleich Zusammenhänge bzw. Wortgruppen. Sie sind also schon nach wenigen Wochen in der Lage weit mehr zu können, als jemand der anderswo Vokabeln paukt. Wie der Schwerpunkt hier immer zunächst auf dem Sprechen liegt.

Wichtig ist vom ersten Tag an das gesprochene Wort. Und glauben Sie mir bitte: Auch Sie werden mit dieser Methodik Ihre Freude haben. Wenn einmal der erste Schreck überwunden ist, dann kommen auch Sie sehr sehr schnell im SfI voran. Es sind wirklich nur absolute Sprachlegastheniker, die das nicht schaffen. Wer halbwegs etwas Willen mit bringt, der lernt im SfI wirklich sehr sehr schnell Schwedisch.

Wie die Unterrichtsmaterialien sehr sehr gut sind. Diese werden üblicherweise kostenfrei in Form der Ausleihe aus einer Bibliothek zur Verfügung gestellt. Man kann sich aber auch diese Bücher im Buchhandel kaufen.

Hier können Sie übrigens sehr viel Geld sparen!

Nämlich in dem Sie auf den Kauf entsprechender Bücher in **Deutschland verzichten** und so Sie wirklich Schwedisch lernen wollen, sich bitte die **offiziellen** SfI Bücher kaufen. Man kann Sie online in Schweden bestellen. Wie Sie auch gleich etwas Schwedisch lernen, wenn Sie bitte dort online bestellen. Sie werden ja beim Empfang der Sendung dann sehen, was man Ihnen sandte. War es ein Kochbuch, dann machten Sie beim bestellen einen Fehler.

Weiterhin können Sie viel Zeit sparen, wenn Sie regelmässig unabhängig Ihrer Teilnahme am SfI soviel wie möglich beginnen Schwedisch zu konsumieren. Dank Internet ist dies heute viel viel einfacher als in den 1990er Jahren als ich Schwedisch lernte. Es gibt unendlich viele Quellen im Web, die in Schwedisch daher kommen. Alles in allem kann gesagt werden, dass **SfI** wirklich eine **verdammt gute runde Sache** ist.

Wer dann noch die Freizeit nutzt, um weiter wie auch immer Schwedisch zu lernen, der kann diesbezüglich wirklich nichts falsch machen. Allein wenn Sie dann noch beginnen, Dinge Ihre Hobbys betreffend in Schwedisch zu konsumieren, lernen Sie immer auch Schwedisch wie natürlich auch wie man hierzulande sich Themen dieser Art stellt. Egal ob Sie eine Angel-, Jagd oder welche Zeitschrift auch immer hier zur Hand nehmen.

Sie lernen so auch immer Schwedisch!

Ich bin bspw. oft von hier lebenden Deutschen ausgelacht worden, weil meine Frau und ich genauso wie unsere schwedischen Nachbarn einer hiesigen Regionalzeitung die Treue halten. Allein durch regelmässiges Lesen dieser Zeitung lernten wir viel Schwedisch wie auch natürlich auch über Land und Leute. Wie im Gegenzug dann oft hier lebende Deutsche immer wieder staunen, was wir so alles über das wissen, was um uns herum halt so passiert. Natürlich sind wir so auch immer auf dem neuesten Stand, was Eishockey angeht. Oder auch einfach wenn beliebige Veranstaltungen vor Ort betreffend usw. usf.

Will heissen in der Kombination SfI plus Tageszeitung ggf. ergänzt mit einer Hobbyzeitung kann wirklich nichts mehr schief gehen, was das lernen der Sprache angeht. Wie auch der Besuch regionaler Veranstaltungen immer allein deshalb sinnvoll ist, weil man dabei immer auch Schwedisch lernt. Wir, meine Frau und ich suchten von Beginn an den Kontakt zu den Einheimischen, nahmen in der Zeit wo wir noch zwischen Deutschland und Schweden pendelten so uns möglich hier vor Ort Gelegenheiten wahr Veranstaltungen zu besuchen, wie diese schon lange für uns einfach zum Leben hier dazu gehören.

Nun gab es in der Zeit von 2015 bis etwa 2018 durchaus der damaligen Situation geschuldet den Fall, dass die Wartezeiten zur Teilnahme an SfI doch recht lang waren. Mittlerweile hat sich dies wieder normalisiert. Anfang 2019 hatten wir unserem Landkreis Nybro betreffend die Situation, dass deutsche Einwanderer sehr schnell nach Erteilung der Personnummer vor Freude strahlend über ihre ersten SfI Stunden berichteten.

Wie man auch immer selbst etwas dafür tun kann, sich entsprechend zeitlich zu orientieren. Dazu muss man nur wissen, dass natürlich SfI wie jeder andere Unterricht auch der Planung vor Ort unterliegt. So ist es hier total normal, dass über die Sommerszeit eher weniger SfI Kurse statt-finden, dafür aber immer ab Ende August / Anfang September der Lehrbetrieb in einem mehrschichtigen Verfahren wieder voll aufgenommen wird. Diese „Kurswelle" läuft erfahrungsgemäss bis Ende des Jahres auf das im Januar die nächste „Welle" beginnen wird, die dann wieder vor Mittsommer abebbt. Woraufhin im September dann alles wieder von vorn beginnt.

Wenn man dies weiß, dann kann man seinen eigenen Umzugstermin auch entsprechend legen. Als recht zweckmässig erwies sich in der Vergangenheit, die Zeit vor Mittsommer im Mai beginnend zur Beantragung der Personnummer zu nutzen anschliessend den Sommer zu geniessen, um dann im August / September mit SfI zu beginnen. Man kann natürlich auch immer zu anderen Zeiten hierher ziehen.

Wie man auch bei Bedarf in der Nachbarkommune fragen kann, ob dort vielleicht gerade ein neuer Kurs anfangen sollte, wenn gerade nichts in der eigenen Kommune neu anfängt. Im Regelfall wissen das die Verantwortlichen vor Ort wie diese auch immer gern helfen so etwas zu bewerkstelligen. Man kann bei SfI wirklich nur eines falsch machen:

Nicht zum SfI gehen!

Nur sollte man dann bitte auch nicht hierher ziehen und in einem Land verbleiben, dessen Sprache man versteht. Sonst geht es Ihnen wie diesem komischen Kauz, der sich vor nun schon weit über 15 Jahren hier lebend sinnigerweise obendrein mitten im Wald ein Haus kaufte. Dieser heute nur noch plärrende Waldkauz lernte nie Schwedisch. Wie auch? Er lebte wie weiland der Simplicissimus des Christoffel von Grimmelshausen ganz allein im Wald. Wie er sich regelrecht des Lernen der Sprache verweigerte. Heute nun in Zeiten von Corona & Co. stellte er bitterlich weinend fest, dass er nicht einmal dem Onkel Doktor auf Schwedisch erzählen kann, ob die linke oder rechte Hirnhälfte Probleme beim Denken bereitet. Kurz vor nun anstehender Hirn OP im hiesigen Ortskrankenhaus schaute dann doch noch einmal dankenswerter Weise vorsorglich ein des Deutschen sprachkundiger schwedischer Arzt nach, welche Hirnhälfte eines Update bedurfte. Nicht aus zu denken, wenn man beide Hälften amputiert hätte. Wie SfI noch lange nicht das Ende der Fahnenstange ist. Womit wir gleich bei der nächsten Frage wären.

Was ist nun SaS?

SaS bzw. *Svenska som andra Språk*, Schwedisch als zweite Sprache, baut auf SfI Niveau D auf und dient dazu, das Sprachvermögen weiter zu entwickeln. Heißt im Umkehrschluss ohne SfI D kein SaS. Scherzhaft wird das Kürzel SaS auch ab und an für *„Småländska som andra språk"* verwendet. Der im Südosten gesprochene Dialekt Småländska ist schon etwas sehr speziell. Man kann sich den Unterschied so vorstellen wie zwischen Deutsch und Bayrisch. Beim Småländska wird oft ein Teil des Wortes beim sprechen verschluckt, d.h. nicht mit gesprochen. Die hohe Schule besteht nun darin, zu wissen welcher Teil verschluckt wird.

Wie beim SfI gibt es wieder vier Module, wahlweise als A bis D oder alternativ 1 bis 4 bezeichnet. Wer alle SaS Module erfolgreich durchlaufen hat, hat das Sprachvermögen eines Abiturienten oder anders ausgedrückt, er bzw. sie ist absolut perfekt in Wort, Schrift wie Ausdruck. Ob Sie an SaS teilnehmen ist einzig und allein Ihre Entscheidung. Wie diese sicher von Ihrer Lebenslage abhängt. Wollen Sie hier in einem Beruf tätig sein, der eher weniger Kunden- oder Lieferantenkontakt hat, dann ist SfI absolut ausreichend. Wie SfI absolut ausreichend ist, wenn Sie „nur" als Rentner hierher gehen sollten. Es gibt unendlich viele hier schon lange lebende Deutsche, die „nur" SfI besuchten und was dann halt noch fehlte im Job wie Alltag einfach mit dazu lernten. Das Schöne daran ist, wenn einmal Ihr Gehirn auf den zweisprachigen Modus trainiert ist, was immer in SfI passiert, wenn man nicht gerade mit dem Klammerbeutel gepudert während seiner Kindheit gepudert wurde, dann lernen Sie immer automatisch weiter.

Es wird auch nach SfI immer das eine oder andere Wort geben, was Ihnen nicht so geläufig ist und auch Sie werden dies dann einfach mit lernen. Das geht dann wirklich automatisch wie eine Art Reflex.

Wenn Sie nun bspw. als sehr junger Mensch hierher gehen, um bspw. hier studieren zu wollen oder als Absolvent einer deutschen Hochschule sagen wir hier in einem Beruf tätig werden wollen, der viel Sprache erfordert, dann ist es immer sehr sehr sinnvoll auch SaS zu besuchen. Den Unterschied zwischen SfI und SaS kann man sich in etwa so vorstellen:

Im SfI bekommen Sie ein solides Rüstzeug. Während SaS Wert auf die Feinheiten legt.

Der Übergang zwischen beiden stellt sich in etwa so dar: Eine der letzten Übungen im SfI D Niveau besteht darin, dass Sie zu einem selbst gewählten Thema einen kurzen Vortrag mit einer Dauer von ca. fünf Minuten halten werden. Wie anschliessend die Gruppe mit Ihnen über das Thema sprechen wird.

Auf Schwedisch natürlich!

Auf diesem Niveau aufbauend setzt dann SaS fort. Sie sind dann sehr sehr sicher nach SaS in der Lage, auch komplizierte Zusammenhänge in schwedischer Sprache diskutieren zu können. Sie erreichen das Niveau, wo Sie kaum noch beim Sprechen als Deutscher identifizierbar sind. Wie auch Sie immer mit Akzent sprechen werden. Sie anhand dessen dann oft als Däne oder wahlweise Norweger identifiziert werden. Was auch viel mit dem folgenden Thema zu tun hat:

Dialekte kennen

Schwedisch hat wie andere Sprachen auch Dialekte. So wie Sie bei einem Russen anhand der Aussprache erkennen, ob dieser aus Moskau, St. Petersburg oder Wladiwostok kommt, wie Sie sofort heraus hören, ob ein echter Bayer oder ein echter Berliner am Telefon ist, so werden Sie immer gleiches in Schweden in Sachen Schwedisch erleben.

Wie in Dialekten jeder anderen Sprache auch spiegelt sich in diesen immer auch Geschichte wieder. Wenn auch heute kaum noch „*dank*" aktueller deutscher Bildungspolitik bekannt, hat bspw. das Wort **Boulette** in Berlin seinen Ursprung in der Zeit der Hugenotten hat, die im 18. Jahrhundert aus Frankreich nach Berlin kamen. Sie brachten dieses Wort nach Berlin mit, während gleiches Objekt noch immer in Bayern Fleischpflanzerl heisst.

Schweden betreffen ist es so, dass ganz im Süden in Skåne (Schonen) ein Dialekt gesprochen wird, der doch recht nahe am Dänischen ist. Nicht nur anderswo in Schweden lebende Einwanderer haben immer wieder so ihre liebe Not mit dem dort gesprochenen Skånska. Vor allem dann wenn es schnell gesprochen wird. Da verstehen viele Einheimische von anderswo her auch ab und an nur Bahnhof.

Wie schon angemerkt ist auch das Småländska etwas speziell. Wie Sie immer fest stellen werden, je weiter Sie nach Norden kommen, desto klarer wird Schwedisch gesprochen. Auch hier spielt die Geschichte mit hinein. Das historisch gesehene eigentliche „*Urschweden*" befindet sich in der Region, die man heute Mittelschweden zu nennen pflegt. Dort ist Schwedisch zu Hause. Dort wird oft Rikssvenska (Reichsschwedisch) gesprochen. Dort befindet sich Svealand, das Land der Schweden.

Die weiter südlich liegenden Gebiete nennt man auch Götaland, wie einige Regionen des heutigen Götaland noch gar nicht so sehr lange zu Schweden gehören. Götaland hatte schon immer auf Grund seiner geografischen Lage eine ganz andere Verbindung zum Kontinent wie man hier sagt, als Svealand. Dem folgend gibt es dort verschiedene Dialekte. Von dem Gutniska, das auf Gotland gesprochene Wort vielleicht den Einheimischen anderer Herkunft oft die meisten Probleme macht. Wie ich wiederum feststelle, dass ich damit ganz gut klar komme. Was sicher damit zu tun hat, dass Gutniska jede Menge Einsprengsel aus dem Deutschen hat. Gotland hatte halt schon immer einen guten Draht nach Lübeck und Umgebung. Wie der Kontinent für die Einheimischen nichts anderes ist, als der Schweden gegenüberliegende Teil Europas.

Nördlich von Svealand in Norrland bzw. Lappland werden Sie feststellen, dass auch dort viel Rikssvenska gesprochen wird. Auch dies hat historische Wurzeln. Etwa nördlich der Linie Gävle - Mora waren weite Teile des Landes bis weit nördlich des Polarkreis mehr oder weniger kaum besiedelt. Dort wohnen seit Urzeiten die Sami, die Ureinwohner Lapplands. Diese haben schon immer eine eigene Sprache, die absolut nicht mit Schwedisch kompatibel ist. Im Zuge der Industriealisierung vor etwa 300 Jahren begann die Kolonisierung nördlich besagter Linie. Die aus Svealand nach Norden ziehenden Schweden brachten das Rikssvenska in den Norden, wie viele dort heute lebende Familien noch immer familiäre Bande Richtung Mora haben. Dies der Grund warum auch im Norden Schwedens heute Rikssvenska gesprochen wird. Ein Dialekt der sehr klar und damit leicht verständlich ist. Doch nun zu diesem wichtigen Thema:

Legitimation & Sprachkompetenz

Weiter vorn deutete ich bereits an, dass mittlerweile doch für eine ganze Reihe von Berufen hier in Schweden eine sogenannte Legitimation notwendig ist. Eine Legitimation bedeutet nichts anderes als dass eine hiesige Behörde Ihre in Deutschland erworbenen beruflichen Abschlüsse legitimiert. Während der eine Bestandteil der Legitimation, die fachliche Prüfung erfahrungsgemäss schnell von statten geht, scheiden sich sehr sehr oft die Geister an genau zwei Punkten:

1. Fehlen notwendiger Zusatzqualifikationen

2. Fehlende Sprachkompetenz

Zusatzqualifikationen kann bspw. bedeuten, dass Sie in bestimmten Gewerken Belege hiesiger Institutionen vorweisen müssen, dass Sie eine entsprechende Qualifikation haben. Dies kann so simple Dinge betreffen wie einen Staplerschein oder entsprechende Zertifikate um hier als Berufskraftfahrer tätig sein zu können. Weshalb es immer sinnvoll ist, sich sehr zeitnah über entsprechend notwendiges zu informieren wie dieses sicher zu stellen. Sie können noch so gut Schwedisch beherrschen, auch Sie werden nie Chefarzt einer hiesigen Klinik, wenn Sie nicht die entsprechenden fachliche Legitimation vorweisen können. Gerade in Gesundheitsberufen sind aus sicher nachvollziehbaren Grund die Anforderungen sehr sehr hoch. Womit wir auch schon bei dem zweiten Teil der Sprache wären.

Während man bei einem Staplerschein zur Not beide Augen und die Hühneraugen zudrücken wird, wenn die Sprache noch nicht so sitzen sollte, aber alles andere im Lot ist, ist dies in Gesundheitsberufen ganz ganz anders. Für Gesundheitsberufe aller Art finden Sie die Anforderungen bspw. auf der Homepage von Socialstyrelsen[30]. Dort finden Sie u.a. die Rubrik „*Så här kan du visa dina språkkunskaper*"- „*So kannst Du Deine Sprachkenntnisse nachweisen*". Üblicherweise finden Sie dort zwei Möglichkeiten:

- Variante 1 besteht darin, seine Kenntnisse mittels erfolgreich absolvierter SaS Ausbildung nach zu weisen.

- Variante 2 mittels eines sogenannten GER Zertifikates.

Womit dann erst recht in den meisten Fällen Hürden aufgebaut werden, die man als Teilnehmer der Kombination SfI & SaS nicht hat und damit zu einem Risiko, was Sie kennen müssen. Es kann nämlich viel Geld kosten und zwar das Ihrige.

---

[30] Vgl. https://legitimation.socialstyrelsen.se/sv/utbildad-inom-eu-eller-ees download vom 30.07.2019

Risiko GER kennen

Das Kürzel GER steht für Gemeinsamer Europäischer Referenzrahmen bzw. Gemensamma europeiska referensramen för språk (GERS) und genau hier liegt der Hase einmal wieder in seinem berühmten Pfeffer. Während die SfI wie die SaS Ausbildung in Schweden nach wie vor kostenfrei und für manche aber eben auch leider Gottes umsonst ist, kostet eine Schwedischausbildung lt. GER in Deutschland richtig viel Geld. Oft in einer Grössenordnung, dass man davon gut und gern ein ganzes Jahr hier leben kann, um dann eben tagsüber an SfI wie SaS teil zu nehmen.

Das sagt Ihnen aber **niemand** in Deutschland!

Ist ja logisch! Ein GER Seminaranbieter in Deutschland will ja Geld verdienen und hat leider Gottes obendrein oft auch gar nicht das Wissen über hiesige Sprachausbildung.

Woher auch? Er will ja nicht auswandern!

Regelrecht **fatal** wird es dann, wenn in Deutschland lebende Schwedinnen Schwedisch Seminare für ein oft doch recht teuer Geld anbieten und gerade diese eigentlich wissen sollten, dass das nicht so sehr Ziel für die Teilnehmer ist. In meinen Schwedisch Seminaren, die ich hier ab und zu gebe, habe ich immer wieder Teilnehmer derartiger Kurse. Sie schauen mich dann meist verständnislos an, wenn ich Sie auf Schwedisch bitte ihren Levnadslopp kund zu tun. Dieser Klassiker der Prüfung der Sprachkompetenz hat noch immer seine Berechtigung.

Wer mit einem noch so schönen GER Zertifikat nicht weiß, was ein Levnadslopp, ein Lebenslauf ist und nicht einmal auf Schwedisch ohne zu stottern sagen kann, wann er geboren ist, mit demjenigen können Sie über alles Mögliche reden, nur eben nicht über GER und schon gar nicht auf Schwedisch. So kann man nur sagen:

ACHTUNG FALLE!

Die Anerkennung von GER ist absolute Ermessensfrage. Spännande wird es, wenn Sie vielleicht voller Stolz mittels Ihres GER Zertifikates eine Legitimation bekommen und dann im Job wegen mangelnder Sprachkenntnisse um so mehr scheitern. Die Wahrscheinlichkeit, dass Ihnen die Legitimation aberkannt wird, ist nebenbei bemerkt recht gering. Diesen Stress macht man sich hier nicht. Es ist ja ausreichend, wenn man Sie kündigt oder auf eine Stelle setzt, wo keine Legitimation notwendig ist.

Der **Königsweg** besteht für mich darin, soviel wie möglich in Deutschland Schwedisch zu lernen, um sich dann einfach für die nationella prov anzumelden. Will heissen, Sie müssen nicht das gesamte SfI Programm vor Ort absolvieren. Sie können jederzeit sagen, Sie möchten einfach so die nationella prov ablegen. Sinnvoll ist es, wenn Sie dazu auch die nötigen Voraussetzungen mitbringen. Es bringt ja nichts, wenn Sie sich sonst nur zum Gespött der Leute machen. Wie das praktisch aussieht, sagt Ihnen Ihre Kommune vor Ort. Ich meine natürlich wie und wann die nächste SfI Prüfung statt findet. Selbstverständlich erklärt Ihnen bei Bedarf auch die Kommune, wie man sich hier zum Gespött der Leute machen kann. Wobei das einfacher ist, wenn sie in die sozialen Medien dieser Welt schauen. Da finden Sie viel eher Anregungen für derartige Ambitionen und damit zum nächsten Risiko.

Risiko Swedex Prüfung

Eine Swedex Prüfung ist eine GER konforme Prüfung Ihrer schwedischen Sprachkenntnisse[31]. Sie können eine SWEDEX Prüfung an diversen Einrichtungen für ein teuer Geld ablegen oder es einfach auch sein lassen und anstelle dessen bitte mir das viele schöne Geld überweisen.

Ich garantiere Ihnen auch, dass Sie es nie wieder sehen!

So wie eben auch das Geld für eine Swedex Prüfung w wie weg ist. Es gibt nun Anbieter in Deutschland die werben damit, dass Sie dann Ihr Zertifikat einen potentiellen Arbeitgeber vorlegen können.

Was natürlich stimmt!

Grundsätzlich können Sie immer jedes beliebige Zertifikat wo auch immer vorlegen. Die Frage ist halt nur, wie sinnvoll dies ist. Gut kommt übrigens immer eine notariell beglaubigte Übersetzung Ihres Seepferdchens. Viel viel wichtiger ist die Frage, ob Ihr ggf. zukünftiger Arbeitgeber mit einem Swedex Zertifikat etwas anfangen kann? Sprich: Ob er eigentlich weiß, dass Swedex für Swedish Examinator steht und damit keine neue Schnapssorte gemeint ist.

Sie können mit mindestens 80% Wahrscheinlichkeit davon ausgehen, dass Swedex hier in Schweden **total unbekannt** ist. Das vor allem auch dann, wenn der liebe gute Swedex Prüfer darüber seine Nase rümpfen sollte, was ja auch sein gutes Recht ist. Auch diesbezüglich steht die Frage, wie sinnvoll dies ist.

---

[31] Vgl. http://www.folkuniversitetet.se/swedex download vom 23.05.2018

155

Wer es als Arbeitgeber seit unendlich vielen Jahren gewohnt ist, dass Einwanderer hier nach SfI in den Stufen A bis D geprüft wie zertifiziert werden, der kann natürlich eher einschätzen, was ein schnödes SfI D bedeutet als ein wohl geformtes SWEDEX was auch immer. Zumal ja das Zertifikat absolut keine Aussage darüber trifft, wie gut Sie dann wirklich Schwedisch können. Keinem Arbeitgeber ist damit geholfen, wenn Sie in der Lage sind zehn Sätze astrein grammatikalisch wie orthographisch auszudrücken bzw. zu schreiben, aber schon bei der Frage wie spät es ist, nach hinten fallen. Es soll übrigens ganz „*schlaue*" Menschen gegeben haben, die vor Selbstbewusstsein strotzend hier als Kraftfahrer anfingen und dann irgendwann in der Pampa standen, weil sie ihren Fahrauftrag nicht verstanden. Das schönste Navi nützt Ihnen rein gar nichts, wenn Sie bspw. auf Öland nicht den Långe Erik vom Långe Jan unterscheiden können. Zwischen beiden Leuchttürmen liegen nur so rund 150 km und die Ortschaft Saxnäs gibt es zweimal, einmal auf Öland und einmal in Lappland.

Ergo ist Swedex immer ein Risiko!

Kann gut gehen, muss es aber nicht. Wenn Sie also die Wahl zwischen SfI und GER bzw. Swedex haben, dann wählen Sie bitte SfI. Wenn Sie wissen wollen, wie man richtig Rennauto fährt, dann werden Sie sehr sicher auch keiner Fahrschule für Ruderboote den Vorzug geben.

Was ist nun aber CSN?

CSN[32] ist keine schwedische Biersorte, noch steht es für Cäsars schwedischen Neuwagen. CSN ist das Kürzel für Centrala Studiestödsnämden. Diese schon 1964 gegründete Behörde ist so etwas wie das aus Deutschland bekannte BAFÖG. Es funktioniert nur etwas ganz ganz anders.

CSN können Sie auch für SfI beantragen.

Das wissen nur wenige. Wie erklärt Ihnen immer die Stelle, wo Sie sich zum SfI einschreiben. Bis dato galt hier in Schweden immer, dass nur der kein CSN bekam, der nicht danach fragte. Es gibt wirklich nur sehr wenige Ausnahmen, wo man kein CSN bekommt. Wie sich auch ab an die jeweiligen Bedingungen etwas ändern. Weshalb ich Ihnen leider an dieser Stelle nur raten kann, fragen Sie bitte einfach vor Ort, wenn es so weit ist. CSN können Sie natürlich auch für andere Fortbildungen beantragen. Dafür ist es ja gedacht. Wissen muss man nur:

CSN unterscheidet in
nicht zurück zahlbare Zuschüsse und Kredite.

Was für sie zutreffend ist, sagt Ihnen Ihre Kommune. Bis dato bekamen wirklich nur all diejenigen kein CSN, die nie danach fragten. Fragen kostet auch in Schweden nichts. Vielleicht interessiert Sie nun die Antwort auf die folgende Frage?

---

32 Vgl. https://www.csn.se/ download vom 22.05.2018

Wie habe ich Schwedisch gelernt?

Die Antwort auf diese Frage ist recht simpel. Ich hatte das Glück im sächsischen Dresden in den 1980er Jahren an einer Akademie studieren zu dürfen, die im Gegensatz zu so manch heutiger universitären Einrichtung auch noch wirklich eine Akademie war. Wir lernten dort zwar wirklich nie, wie man seinen Namen in den Sand tanzt, dafür aber neben klar und logisch zu denken die Methodik wie man sich Fremdsprachen aneignen kann. In mehreren Vorlesungen wie anschliessenden Seminaren ging unsere damalige Dozentin bis en detail auf genau diese Methodik ein. Dafür bin ich ihr bis heute sehr sehr dankbar.

Diese Methodik ist immer gleich!

Dabei spielt es wirklich absolut keine Rolle welche Sprache Sie lernen möchten. Oberster Grundsatz besagter Methodik besteht darin, anhand von originalen Dokumenten zu lernen. Diesbezüglich hatte ich erst kürzlich eine hoch interessante Diskussion mit einer jungen engagierten Dame, die in Deutschland Schwedisch anbietet. Wir diskutierten beide das Thema Fachliteratur und waren schnell überein, dass es noch immer das beste sei, in Sachen Schwedisch die die originalen SfI Lehrbücher zu nutzen, die in Schweden verwendet werden. Dies der erste wichtige Punkt. Wenn Sie wirklich Schwedisch lernen wollen, dann nutzen Sie bitte immer Literatur, die in Schweden verlegt wird.

Ein zweiter wichtiger Punkt besagter Methodik besteht darin, sich selbst vom ersten Tag an zu zwingen, Schwedisch zu sprechen und keinesfalls auf Englisch auszuweichen, so man es dann auch beherrschen sollte. Zu zwingen heisst, die **Angst** zu **überwinden** etwas falsches zu sagen.

Gehen Sie bitte immer davon aus, dass Ihr Gegenüber Ihnen schon kund tun wird, wenn er Sie nicht verstehen sollte. Versuchen Sie bitte so schnell wie möglich Schwedisch zu reden. Wie Sie immer auch automatisch recht schnell in dem Dialekt reden wie verstehen werden, der dort gesprochen wird, wo Sie leben werden. Was auch ganz sinnvoll sein kann. Es hilft Ihnen bspw. herzlich wenig, wenn Sie akzentfrei sagen können: *Det brinner* aber nicht verstehen, wenn Ihr småländischer Nachbar aufgeregt rufen sollte *De brinna!* Dann kann nämlich Ihr Haus schon abgebrannt sein.

Dann noch wichtig, soviel wie möglich am Anfang Reklame zu lesen. Wenn Sie bspw. die wöchentlichen Angebote hiesiger Supermärkte studieren, schlagen Sie immer zwei Fliegen mit einer Klappe. Sie wissen, was es gerade im Angebot gibt und Sie lernen Schwedisch. Wenn bspw. auf einem Bild zwei Eier abgebildet sind und darunter steht Ägg Pris usw. usf. dann ist nahe liegend, dass das Wort Ägg Ei bedeuten könnte, wie Sie schon lange wissen, dass Pris Preis heißt.

Auch werde ich ab und an von hier lebenden Deutschen staunend gefragt, warum ich nicht dies oder jenes aus dem aktuellen deutschen Fernsehen kenne. Ganz einfach deshalb weil wir, meine Frau und ich hier **noch nie** deutsches Fernsehen hatten. Seitdem wir hier in Orrefors zugange sind, hatten wir immer nur schwedisches Fernsehen wie Radio. Allein wenn Sie mindestens pro Tag eine Stunde lang im Hintergrund schwedisches Radio egal welchen Senders laufen lassen, lernen Sie Schwedisch. Das tut Ihr Kopf dankenswerter Weise recht schnell dann von allein. Und mit einem Mal staunen Sie, was die Leute im Radio doch alles so reden.

Dann wie schon gesagt, suchten wir immer den Kontakt zu unseren schwedischen Nachbarn. Besonders verbunden sind wir Maj-Britt und Peder. Bei ihnen lernten meine Frau und ich Schwedisch. Leider weilen Sie nicht mehr unter uns. Maj-Britt wurde 88 und Peder 89 Jahre alt. Dies im Kern in etwa das, was uns unsere Dozentin vor vielen Jahren in Sachen Methodik bei brachte. Die Anwendung dieses Ansatzes ist sehr leicht. Dieses Herangehen machte es mir möglich, hier unser eigenes Familienunternehmen in aufzubauen. Als ich dann 2012 alle nötigen behördlichen Schritte zwecks Verlagerung unserer Aktivitäten nach Schweden einleitete, brauchte ich keinen Dolmetscher.

So etwas sparte nebenbei bemerkt auch viel Geld.

Ich realisierte alles, aber auch wirklich alles von der Anmeldung des Unternehmens beim Bolagsverket über Gespräche mit der Bank usw. usf. auf Schwedisch, was auch manchmal lustig war. Als ich meine erste Umsatz-steuermeldung hier in Schweden abgab, rief mich ein netter Herr des Skatteverket an und fragte, wieso ich denn Gold gekauft habe und vor allem, was ich damit denn so vorhabe. Ich hatte versehentlich Büromöbel als Edelmetall deklariert. Wir lachten beide und höflich wie die Schweden nun einmal sind, korrigierte er nicht ich den Fehler und seitdem deklariere ich eben kein Gold mehr…

Im Herbst 2015 lief mir dann dummerweise ein Reh in das Auto. Ich rief die Polizei an und erstattete Anzeige, auf Schwedisch natürlich. Dabei machte ich nur einen einzigen Fehler. Der nette Polizist am anderen Ende verstand unsere damals noch gültige deutsche Adresse nicht richtig. Ich sagte mehrfach dass die Strasse *Zum Teufelssee* heisse. Dann kam ich auf die sinnige Idee, das Wort Teufelssee zu übersetzen, was nun den Polizisten zum Lachen brachte.

Irgendwie verstand er jetzt nicht, was der Teufel und ein See nun mit der Sache zu tun habe.

So etwas kann halt dann passieren!

Ist aber nicht weiter schlimm, weil in Fällen dieser Art hier noch immer gilt: Det löser sig! Mittlerweile ist Schwedisch für mich so normal geworden, wie die vielen Eishockey-spiele, die es hier jedes Jahr gibt. Ich muss schon lange nicht mehr wenn ich Schwedisch spreche darüber nachdenken, wie man es in Schwedisch ausdrückt.

Um so wichtiger ist mir das tägliche Training!

Allein schon, wenn Sie einfach das Radio einschalten oder eine Tageszeitung lesen, bleiben Sie im Training. In dem Moment wo Sie nicht mehr trainieren, verlieren Sie sehr sehr schnell Ihre Sprachkompetenz. Davon kann jeder eine Liedchen singen, der zu seiner Schulzeit eine Fremdsprache X mit Bravour lernte und sie nie anwendete. Davon kann man sich jedes Jahr hier im Sommer auf das Neue überzeugen, wenn man so manch deutsche Touristen hier radebrechend Englisch reden hört.

Manchmal wäre es besser, sie liessen es!

Auch lehne ich es konsequent ab, wenn mir Geschäfts-partner anbieten, Deutsch zu reden. Mir ist es immer noch zehnmal lieber in Schwedisch einen Fehler zu machen, als bequem auf Deutsch auszuweichen. Aus Fehlern lernt man ja schließlich und Deutsch kann ich ja schon.... Doch nun zu einigen Dingen, die man hier einfach wissen muss.

Ein Bildungsträger irrt

Während ich so in der Endbearbeitung der Auflage 2019
war, schrieb jemand in meiner Facebook Gruppe
sinngemäss dies:

*„Ein in Deutschland tätiger Bildungsträger, der in Schweden Arbeit
suchende Krankenschwestern vermittele, habe gesagt, dass eine
Schwester hier um die 2.100 Euro verdiene."*

Diese Aussage hat die gleiche Wertigkeit wie die
Feststellung, dass Marmelade Fett enthält. Steht doch die
Zahl 2.100 in keinerlei Bezug zu was auch immer. Zeugt
sie doch nur davon, dass besagter Bildungsträger offenbar
eher **weniger Ahnung** hat. Davon aber anscheinend jede
Menge. Dies allein deshalb, weil es hier in Schweden wie
anderswo auch diverse Arten von Krankenschwestern gibt
und diese wiederum in verschiedenen Arbeitszeitmodellen
arbeiten. Wie abhängig von der Region unterschiedlich
bezahlt werden usw. usf.

So ist sicher sehr gut möglich, dass es auch eine Krankenschwestern gibt, die monatlich 2.100 Euro in Schweden
verdient. Will man nun aber diese Zahl werten, muss man
zumindest wissen, ist es a) eine Vollzeit- oder Teilzeitstelle
und b) ist eine Undersköterska, der deutschen Krankenschwester vergleichbar, eine Sjuksköterska mit
entsprechender schwedischer Legitimation oder eine
Vikarie. Schon hat man drei verschiedene Tarifmodelle, die
wiederum in Voll- oder Teilzeit unterteilt werden können.
Nun müssen Sie noch wissen, wo dieses Gehalt gezahlt
wird usw. usf.

So schnell entstehen nebenbei bemerkt Fake News. Auf
das Thema Vikarie gehe ich weiter hinten näher ein.

Moving Sweden verstehen

Unter diesem Titel publizierte das öffentlich rechtliche schwedische Fernsehen im Sommer 2019 eine sehr sehenswerte Serie in Form einzelner Geschichten, die über das Leben der Einwanderer hier berichten. Das im Zuge dessen eher deutsche Einwanderer keine Rolle, *spelar inget roll*[33], wie man hier so schön sagt. Am Abend des 23.07.2019 wurde der Teil „*Min värld i din*" ausgestrahlt. Er trifft in der hier üblichen Offenheit das eigentliche Problem hiesiger Einwanderung in 1A Qualität auf den Punkt.

Die Geschichte ist schnell erzählt: Die eingewanderte Palästinenserin Sham verliebt sich in die Schwedin Stella, die rein zufällig auf dem Migrationsverket arbeitet. Der Behörde also, die über bleiben oder Abschiebung entscheidet. Beide Damen gehen eine sexuelle Beziehung ein. Und nun wird es absolut spannend: Im Zuge ihrer Anhörung sitzt Sham plötzlich Stella gegenüber. In dieser berichtet Sham, dass sie seit ihrem 16.Lebensjahr in Palästina mit einer Freundin fest liiert ist, beide aber eben dort auf Grund von …. ihre sexuellen Neigungen nicht offen zeigen dürfen, wie es eben in der modernen westlichen Welt schon lange üblich ist. Und sie deshalb in Schweden um Aufenthalt ansucht, um dann ihre Freundin nachholen zu können. Woraufhin Stella nun die Kinnlade herunter fällt. Am Ende der Anhörung bittet Sham Stella um ein klärendes Gespräch, was Stella nun brüsk mit der Begründung abweist, sie dürfe nicht ausserhalb des Verfahrens wie auch immer mit Antragstellern verkehren.

---

[33] Spielt keine Rolle

Was auch in Schweden nicht so ungewöhnlich ist. Jeder gute SfI Lehrer wird sich immer erst dann von Ihnen zum einer Tasse Kaffee einladen lassen, wenn Sie Ihre Sprachprüfung bestanden haben.

Bis dahin sind private Kontakte tabu!

Was eben aber Stella nicht daran hinderte vor Shams Anhörung in deren Bett zu steigen. Was ist nun die Moral von der Geschicht?

1.) Die Wahrscheinlichkeit dürfte nahe 100% liegen, dass den Filmemachern diese aufschlussreiche Geschichte nicht mal eben so abends nach dem fünften Glas Absolut Vodka einfiel. Ich überlasse es Ihnen im Web weiter diesbezüglich auf Spurensuche zu gehen. Sollte Ihnen dabei nun auch der Unterkiefer herunter fallen, dann ist es erstens Ihr Unterkiefer und sagen Sie bitte zweitens nicht, ich hätte sie nicht gewarnt. Mir ist er auch schon mehrfach herunter gefallen.

2.) Auch ist diese Janusköpfigkeit, die Stella offensichtlich an den Tag legt, hier nichts ungewöhnliches. Das aber muss man wissen, wenn man hier nicht nur seinen Urlaub verbringen möchte.

Es gibt in Schweden schon so eine Art Doppelmoral!

Es kann Ihnen hier immer passieren, dass genau der - bzw. im Falle von Stella diejenige, Sie nur solange kennt, wie Sie ihm bzw. ihr nützen und Sie im nächsten Moment fallen lässt, wie eine heisse Kartoffel.

Schließlich ist ja Sham austauschbar!

Risikofaktor Deutsche in Schweden

Ja Sie lesen richtig! Hier schon länger lebende Deutsche können Ihr ganz persönlicher Risikofaktor werden. Was die Geschichte von Sina vielleicht am besten erklärt[34]. Sina ist eine junge Frau vielleicht Anfang 30. Ihr machten es ganz konkret zwei hier schon etwas längere lebende Deutsche nicht so sehr leicht. Grün vor Neid getrieben legten sie Sina Steine in den Weg, wo sie nur konnten. Sich im Zuge dessen selbst überschätzend, waren sie in ihrem zum Schluss nur noch **blinden Hass** auf Sina intellektuell nicht einmal in der Lage, wie sehr sie mit ihrem Agieren Schluss endlich noch dazu beitrugen, dass Sina Erfolg hatte. Denn wie immer im Leben gilt auch hier der gute alte Spruch Mahatma Gandhis: *„Zuerst ignorieren sie dich, dann lachen sie über dich, dann bekämpfen sie dich und dann gewinnst du."* Denn diese Schmierenkomödie vom feinsten Made in Germany landete vor dem Kadi. Diejenigen die Sina alles mögliche andichteten, mussten schlicht weg zur Kenntnis nehmen, dass auch in Schweden Verleumdung, Cyber Mobbing wie Stalking eine Straftat ist.

Woher dieser Hass auf Sina kam, kann ich nicht sagen. Was ich mit Fug und Recht sagen kann ist, dass beide der SPD mehr als nahe standen. Er im Alter Ende 70 war einer der sogennanten *„Aufbauhelfer Ost"* über die damals nicht ganz grundlos recht schnell dieser Witz kursierte: *„Der Fuchs ist schlau und stellt sich dumm, beim Wessi ist das andersrum."* Sie heute Anfang 50 blieb lieber damals gleich in den gebrauchten Bundesländern, um dann doch Schluss endlich als kandidierende Bürgermeisterin einer Kleinstadt zwei ganze Stimmen zu erhalten. Wie immer im Leben gilt:

Ende gut alles gut!

---

[34] Vgl. download https://marcostrong.com/2020/06/05/nach-schwe-den-auswandern-ohne-job/ vom 09.06.2020

Sina, ihrem Ehemann und ihren Tieren geht es gut. Und wenn diese beiden abgehalfterten SPD Politiker nicht gestorben sind, dann mobben sie noch heute. So denn ihnen überhaupt noch jemand zuhören sollte. Auch Mobbing betreffend gilt ja hier noch immer:

Dazu sollte man wenigstens richtig Schwedisch können.

Sonst wird Mobbing hier ganz ganz schnell zum Eigentor. Was nicht heissen soll, dass ich Ihnen Angst vor hier lebenden Deutschen machen möchte. Nur beeinträchtigte das, was sich im Umfeld um Sina Anfang des Jahres 2020 hier im Südosten Schwedens abspielte, dann doch sehr extrem nicht nur das Leben von Sina. Vollkommen Unbeteiligte wurden in diesen Strudel gezogen. Einem Strudel, aus dem es Sina sehr erfolgreich gelang, sich zu befreien. Wie die Einheimischen heute immer nur den Kopf schüttelnd sagten:

So etwas macht mach nicht!

Rechnen Sie daher bitte immer wenn Sie hierher kommen, dass wie schon zu früheren Zeiten der deutschen Geschichte oft sinnbildlich gesprochen das Feuer aus den eigenen Reihen kommt. So wie 1989 im ganz grossen Stil ehemalige SED und MfS Kader des schnöden Mammon willens ihre eigenen Kameraden verrieten, so kann Ihnen ähnliches im Kleinen hier jederzeit passieren. In Schweden gilt in allerster Linie:

**Gott schütze uns vor Sturm und Wind,
wie Deutschen die im Ausland sind!**

Wie ist denn Schweden so?

Diese Frage wird mir regelmässig gestellt und ich möchte sie anhand dieses Beispiels erklären. Die vor unserem Haus entlang führende Strasse kam so langsam in die Jahre und hatte viele Schlaglöcher. Der Winter 2017 / 2018 gab ihr dann mehr oder weniger den Rest. Alles gierte auf die Sommerszeit, um diese Strasse instand zu setzen. Dies geschah vollkommen **ohne** Raumordnungsverfahren, **ohne** protestierende Bürgerinitiative wie auch **ohne** Unterschriftensammlung dafür bzw. dagegen wie diversen anderen Unsinn.

So etwas gibt es hier nicht und das ist gut so!

Die Sanierung unserer Strasse mit einer Länge von reichlich 3.000 Metern ging um Mittsommer vollkommen **unspektakulär** über die Bühne. Am Mittwoch, den 27.06.2018 rückten die Baufahrzeuge an. Am Tag darauf Tag asphaltierte die Dampfwalze jeweils rechts fahrend nacheinander bei laufendem Verkehr beide Fahrspuren und setzte ihre Arbeit am Freitag, 29.06.2018 fort. Schon zum Mittag besagten Freitag war der grösste Teil wieder befahrbar. Am anschliessenden Montag fanden noch einige Restarbeiten statt und das was es dann aber auch.

Will heissen hier in Schweden wird **sehr pragmatisch** an Lösungen gearbeitet und nicht künstlich Probleme wie Bedenken konstruiert. Natürlich hätte jede Menge während des Asphaltieren passieren können. Aber schon auf Grund der geringen Zeit, war die Gefahr, dass irgendein Vollpfosten unter besagte Walze gerät, wesentlich geringer als wenn man monatelang daraus eine Dauerbaustelle gemacht hätte.

Auch die umliegende Tier-und Pflanzenwelt hatte damit absolut kein Problem. Kein Frosch kam auf die sinnige Idee, auf den heissen Asphalt zu hüpfen, keine Blindschleiche in diesem dahin zu schleichen. Jeder Elch machte um ihn einen riesengrossen Bogen.

So ist Schweden!

Hier wird immer **lösungsorientiert** gearbeitet. Hier geht man noch immer recht respektvoll miteinander um. Hier bekommt auch niemand auf die Fresse, wie es eine bekannte SPD Politikerin in der ihr eigenen vorlauten Art vor laufender Kamera sagte. Hier sind auch hochrangige Sportfunktionäre in der Lage, sehr respektvoll mit ihrem Gegner umzugehen. Allein deshalb machte sich der Deutsche Fussballbund e.V. am Abend des 23.06.2018 im Zuge letzter Fussball WM wirklich keine Freunde. Wie es vielleicht ganz sinnvoll wäre, wenn deutsche Funktionäre sich nur einmal live ein Spiel einer der schwedischen Eishockeyligen ansehen würden. Auch wenn man absolut kein Schwedisch kann, sieht man auf einen Blick, was sportlicher Umgang miteinander heisst. Auf dem Eis wird gekämpft, dass es oft wahrlich kein halten mehr gibt. Aber wenn der Schiedsrichter pfeift, ist Ruhe und wenn dieser abpfeift erst recht.

Schweden ist angenehm anders!

Was sich auch in jeglicher aktueller Diskussion widerspiegelt. In Schweden ist Presse-und Meinungsfreiheit nach wie vor ein sehr sehr hohes Gut. Sie gilt hier übrigens schon seit mittlerweile 251 Jahren! Dies ist oft für aus einer Belehrungsdemokratie kommende Menschen angenehm erfrischend wie oft auch neu zugleich.

Im Zuge dessen mahnte übrigens das schwedische öffentlich rechtliche Fernsehen an, dass **zunehmend Selbstzensur** zu beobachten ist[35]. Selbstzensur deshalb weil mehr
und mehr Menschen Angst haben, von den wirklich
Ewiggestrigen im Netz gemobbt zu werden. Die Presse-
und Meinungsfreiheit kann man noch immer am
besten geniessen, wenn man schwedische Medien im
Original nutzt. Ich fand schon Ende der 1990er recht
erstaunlich, wie unterschiedlich doch die Berichterstattung
zu ein und demselben Vorgang beiderseits der Ostsee sein
kann. Ein Grund mehr für mich Schwedisch zu lernen.

Man sieht die Welt gleich mit ganz anderen Augen.

Auch sind Formulierungen der Art „*…nicht bloss so etwas
hinrotzen…*" wie „*…unverschämten Preis…*" hier nicht üblich.
Beides Zitate wie mir Menschen manchmal eben so
gegenüber treten und dann darauf angesprochen so
reagieren: „*Ich finde, Ihre Sensibilität gegenüber meiner Ansprache
passt nicht.*" Wer dann noch versucht in dieser Art und
Weise hier seine Probleme zu lösen, der sollte bitte **nicht**
nach Schweden auswandern.

Wir lösen hier Konflikte anders!

Für das was sich am Abend des 23.06.2018 seitens des
Vertreter des DFB e.V. zur WM abspielte, hat hier wirklich
niemand Verständnis[36].

---

[35] Vgl. https://www.svt.se/nyheter/internetvalet download vom
26.06.2018

[36] Vgl. https://www.svt.se/sport/fotbolls-vm-2018/tyska-ledarna-stangs-
av-efter-sverigebraket download vom 26.06.2018

Hier gibt es eine **ganz klare Grenze** zwischen Meinungsfreiheit und Beleidigungen bzw. Beschimpfungen. Meinungsfreiheit heisst nicht, dass man sich auf der deutschen Bank nach einem Sieg benehmen kann, als sei man auf dem Torpedo durch die eigene Kinderstube gerast. Bei allem wenn und aber bezüglich Emotionen und ähnlich gearteten Ausreden kann man schon von Offiziellen des DFB e.V. erwarten, dass diese wissen wie man sich benimmt. Vor allem wenn man sich selbst Toleranz auf seine Fahnen schreibt und auf andere Menschen immer gern von oben herab belehrend herab schaut.

Ansonsten nehme ich immer wieder gern die üblichen Klischees über Schweden zur Kenntnis, die ab und an durch deutsche Medien wabern und von so manch Zeitgenossen gedankenlos nach geplappert werden. In 99% der Fälle waren die Verursacher derartiger Parolen noch nie selbst in Schweden und wenn dann maximal zu einer Kurzreise. So sei abschliessend noch einmal betont:

Schweden ist nicht besser oder schlechter als Deutschland! Schweden ist anders!

Nur wenn man bereit ist, dies zu akzeptieren, wird man hier in Ruhe und Frieden leben können. Das hat sehr viel mit Psychologie zu tun. Wer hierher gehend der Meinung ist, dass alles besser als in Deutschland ist, der muss sich schon die Frage gefallen lassen, warum er eigentlich hierher ging. Wie vor allem, was er hier denn bitte schön wolle?

So ist die Enttäuschung dann vorprogrammiert!

Wie sie auch vorprogrammiert ist, wenn Sie an den schönen Tegernseer ziehen und sich dort darüber aufregen, dass von diesem, obwohl es an seinen Ufern Seezeichen gibt, keine Fähre nach Schweden abgeht.

Wer bereit ist, zu akzeptieren, dass Schweden einfach „*nur*" anders ist, der wird sich jeden Tag auf das Neue **freuen**, das Andere kennenlernen zu dürfen. Dazu gehört auch, Dinge zu akzeptieren, die doch so wunderschön konträr zur anderswo veröffentlichten Meinung sind. Dies ist nicht nur die Corona Krise betreffend so. Dies zieht sich seit Jahren durch alle Lebensbereiche.

Zum **schwedischen Anderssein** gehört immer auch **Patriotismus** wie **Stolz auf das eigene Land**. Was automatisch auch immer oberlehrerhafte deutsche Belehrungen aller Art ausschliesst. Es allein deshalb ausschliesst, weil es schon immer nicht so sehr sinnvoll war, wenn ein Hauptschüler einen Gymnasiasten belehren wollte. Oft sind so manche deutsche Belehrungen so derart tragisch, dass sie schon wieder komisch sind. Ich muss bspw. immer lachen, wenn was auch immer aus deutschen Landen in Sachen Internet kund getan wird. Hatte doch das Web in Schweden schon zu einer Zeit landesweite Verbreitung als die Masse der Deutschen noch nicht einmal wusste, was ISDN ist. Was auch erklärt, warum Schweden in vielen Gebieten eben andere Wege als andere Länder geht. Hier ist es Normalität sachlich über Atomkraft zu reden. Wie auch der grünste Grüne hierzulande ganz genau weiß, was passieren würde, wenn man einfach so die hiesigen AKW abschalten würde. Nehmen Sie daher bitte immer Schweden so an, wie Sie es hier vorfinden und nicht wie es gern hätten. Machen Sie dann das Beste für Sie daraus. Womit wir auch schon bei einer sehr wichtigen Frage wären.

Wie funktioniert Schweden?

Im Regelfall anders und dann vor allem als man selbst so dachte. Das und nur das erklärt so manch Missverständnis, die Eigenen natürlich inbegriffen, wenn man eben nicht weiß, wie Schweden funktioniert und damit gleich zu einem doch recht heiklen, dafür um so wichtigeren Thema:

Pragmatismus trifft 68er

Wer heute nach über 30 Jahren sogenannter Deutscher Einheit hierher kommt, versteht oft so manches nicht. Vor allem wenn man etwa nach 1970 geboren und damit in der ab 03.10.1990 mehr oder weniger neu entstandenen BRD sozialisiert wurde. Denn interessanterweise entwickelten sich beide Länder trotz Schwedens EU Beitritt am 01.01.1995 vollkommen divergent. Während in Schweden nach wie vor der in ganz Nordeuropa übliche Pragmatismus angesagt ist, entwickelte sich die bunte Republik Deutschland mehr und mehr zum Experimentierfeld spinnerter Ideen der 68er Bewegung. Ideen auf die in schöner Regelmässigkeit folgendes zutrifft:

Sie sind realitätsfern und scheitern deshalb!

Wie unterschiedlich sich beide Länder entwickelten, zeigte sich im Zuge der Corona Krise des Frühjahr 2020 sehr sehr deutlich. Während pikanterweise Schwedens rot grüne Minderheitsregierung in trauter Eintracht mit allen im Parlament vertretenen Parteien alles daran setzte, dass es so wenig wie möglich Einschränkungen des öffentlichen Lebens gibt, ging Deutschland einen ganz ganz anderen Weg.

Sinnbildlich ausgesprochen kann man auch sagen: Wenn
für Schweden noch immer die kürzeste Verbindung
zwischen zwei Punkten eine gerade Linie ist, die der
Mathematiker diesen Fall betreffend auch eine Strecke
nennt, ist deutsches Denken des Jahres 2020 in neun von
zehn Fällen davon geprägt, doch bitte soviel wie möglich
Kurven und Abzweigungen einzubauen auf das der Weg
von A nach B auch ja schön kompliziert werde. Sie werden
weiter hinten im Kapitel Personnummer sehen, warum es
bspw. gar nicht so einfach in Schweden mit der Krankenversicherung ist. An diesem für alle so verdammt wichtigen
Thema trifft tagtäglich schwedische Einfachheit auf
deutsche Kompliziertheit.

Auch sonst gilt hier im Land, dass zwar durchaus
Minderheiten bestimmen können, wo es lang geht. Dabei
immer im Hinterkopf behaltend, dass man ungeachtet
dessen oft in Form wechselnder Mehrheiten dafür sorgen
muss, was auch immer erfolgreich zur Abstimmung stellen
zu können.

Schweden wird seit 2014 von einer
rot grünen Minderheit regiert.

Im Zuge dessen ist es hier üblich wie urdemokratischer
Brauch zugleich, dass vor Abstimmung unendlich lang
diskutiert werden kann. Länger manchmal als man es von
anderen Ländern kennt, wo oft seit Jahren bei Lichte
betrachtet nur noch eine Handvoll nie demokratisch
legitimierter Entscheider ihren eigenen Stiefel fährt.

Der Unterschied besteht nun darin, dass man dann wenn
die Entscheidung fiel, hinter dieser gemeinsam
versammelt und alles daran setzt, dass genau diese
Entscheidung umgesetzt wird.

Dieses Denken ist von 68er Ideologie durchdrungenen Menschen absolut fremd. Wer ein Leben lang sagen wir im Bundesland Hessen wohnend, immer in der Nase anderer Leute popelte, der kann sich gar nicht vorstellen, dass man so etwas nicht tut. Nicht tut allein schon deshalb, weil so etwas unhygienisch ist.

Es ist aber trotzdem so und das ist gut so!

Allein deshalb weil der Pragmatismus der Schweden ihnen jeden Tag auf das Neue Recht gibt. Schweden hatte nicht nur seit **über 210 keinerlei Kriegshandlungen** mehr auf seinem Territorium. Schweden ist nach wie vor ein international führendes Land. Weshalb Schweden auch wirklich keine Oberlehrer Made in Germany benötigt. Was sich auch in Schwedens Rolle innerhalb der EU wie der Staatsform des Landes widerspiegelt.

Schweden ist EU Mitglied

Das Königreich Schweden ist wie die Bundesrepublik Deutschland Mitglied der Europäischen Union. Was in schöner Regelmässigkeit dazu führt, dass Deutsche der Meinung sind, hier in Schweden sei alles gleich wie in Deutschland oder gar auf die wahnwitzige Idee verfallen, in der BRD geltende Gesetze hier anwenden zu wollen und sich dann Schluss endlich wundern, wenn sie scheitern. Dies zeigt nur:

Dieses Menschen verstanden nie was EU heisst!

Die Europäische Union heisst deshalb Europäische Union weil sie bei Lichte besehen noch immer nichts anderes als ein Verbund selbstständig handelnder Staaten ist. Wie diese Staaten noch immer selbst entscheiden, was diese auf ihrem Staatsgebiet zu tun und zu lassen gedenken. Einfach deshalb weil es irgendeinen tieferen historischen Grund hat, dass diese einzelnen Staaten einmal so entstanden, wie wir sie heute vorfinden.

So hat nicht nur jedes EU Mitglied seinen ganz eigenen Staatsaufbau, auf den ich Schweden betreffend gleich eingehen werde, sondern immer auch ganz ganz andere Regeln und Gesetze. Der Klassiker ist das staatliche Alkoholmonopol welches es in Schweden gibt und weshalb in schöner Regelmässigkeit hier Deutsche im Knast landen, weil sie sich nicht daran halten. Ein weiterer Klassiker ist die unterschiedliche Art und Weise der Krankenversicherung, die hier schon mehrfach eine Rolle spielte. Neben diesen bekannten Klassikern gibt es unendlich viele Dinge, die in Schweden anders gesetzlich geregelt sind als in Deutschland. Sie alle nennen zu wollen, würde den Rahmen dieses Buches sprengen.

Mir ist viel viel mehr daran gelegen, Sie zu sensibilisieren, dass es hier in 100% der Fälle immer schief geht, wenn man unsicher ist, nach dem zu handeln, was man aus Deutschland kennt. Wenn Sie sich hier warum und womit auch immer nicht sicher sind, dann fragen Sie bitte hier die Behörden und tun dann bitte, was diese Ihnen raten. Kommen Sie hier nie auf die Idee als erstes zu entgegnen: *„Ja aber in Deutschland ist das so und so."* Wundern Sie sich dann bitte nicht, wenn Ihnen geraten werden sollte, doch bitte wieder so schnell wie möglich zurück zu gehen.

Denn der auf die Herren Charles de Gaulle (1890 - 1970 und Konrad Adenauer (1876 - 1967) zurück gehende Grundgedanke der europäischen Einigung war ein geeintes friedliches Europa der Vaterländer. Es ging wirklich nie darum, ein Europa zu schaffen, in dem Deutschland den Ton angibt. Auch wenn dies sinnigerweise heute permanent linksdrehende Deutsche gern so hätten.

Wenn bspw. unser gemeinsames Nachbarland Polen im Sommer 2020 LGBT freie Zonen schafft[37], dann ist dies genauso einzig und allein eine polnische Angelegenheit, wie Schwedens doch etwas andere Umgang mit der Corona Krise oder eben die never ending Story in Deutschland namens BER. Schon unsere Grosseltern wussten, dass noch immer das beste ist, wenn jedes Tierchen sein Pläsierchen hat. Oder noch anders ausgedrückt:

Andere Länder andere Sitten!

---

[37] Vgl. https://www.rbb24.de/politik/beitrag/2020/06/lgbt-freie-zonen-polen-staedtepartnerschaft-berlin-brandenburg.html download vom 11.06.2020

Schweden ist ein Königreich…

Dem folgend sind Worte wie *inrikes* und *utrikes* hier das
Normalste dieser Welt und eine normale Fernverkehrs-
strasse deshalb auch ein *Riksväg*, eine **Reichsstrasse**. Wenn
Sie also welcher **politischen Korrektheit** auch immer
folgend bei sagen wir einem Wildunfall auf dem Riksväg
31 dem netten die Anzeige aufnehmenden Polizisten am
Telefon klar machen wollen, dass Sie an einer Bundes-
oder wie auch immer gearteten Strasse stehen, nur weil Sie
die **Scheu** haben, das Wort Reichsstrasse natürlich auf
Schwedisch auszusprechen, dann wird Ihnen dieser eben
nicht folgen und damit auch hier helfen können. Allein
deshalb, weil es in Schweden keine Bundesstrassen
sondern eben immer nur Riksvägen gibt. Logisch, dass
dem folgend Nachrichten hier mit Nachrichten aus dem
Reich, also inrikes beginnen und mit Nachrichten von
ausserhalb des Reiches, d.h. utrikes enden. Auch ist der
schwedische König **nicht** irgendein Grüss August oder gar
Frühstücksdirektor sondern das Staatsoberhaupt des
Königreich Schweden. Logisch dass man ihm wie seiner
Familie hier immer den nötigen Respekt zollt. Nur wirklich
sehr dumme Menschen verstehen das nicht.

Dieses Königreich ist ein Zentralstaat!

Es basiert aktuell auf dem was 1971 im Zuge des
Torekovskompromiss ausgehandelt wurde. Im Zeitraum
vom 16.08. bis 20.08.1971 erarbeiteten die im Parlament
vertretenen Parteien im Hotel Kattegatt in Torekov einen
Kompromiss, wie die Monarchie hier in Schweden mit
Demokratie in Übereinklang gebracht werden kann.

Der Torekovskompromissen, wie er hier heisst, hat seit **1974** Gesetzeskraft in Form des damals geänderten Grundgesetz namens **Regeringsformen**. Das Regeringsformen ist eines der ältesten Grundgesetze dieser Welt. Es trat im Jahr 1809 in Kraft. Es wurde am 06.06.1809, Schwedens Nationalfeiertag, von König Karl XIII. unterzeichnet, wie von allen vier Ständen am 27.06.1809 gegen gezeichnet. In den Jahren danach wurde es um mehrere Grundgesetze erweitert, auf denen unser Königreich Schweden basiert wie ich gleich weiter auf diese eingehen werde. Schwedens heutiger König Carl XVI Gustaf ist der erste König, der mit seiner Thronbesteigung vom 15.09.1973 dem neuem Regeringsformen folgt. In sehr groben Zügen heisst dies:

- Der König ist Staatsoberhaupt.

- Die Regierung wird vom Parlament gewählt.

- Die Regierungsgeschäfte führt der Statsminister.

- Das Parlament wird vom Volk gewählt und eben auch:

Schweden ist ein Zentralstaat!

D.h. hier ist alles **zentral** geregelt, was vieles wesentlich **einfacher** macht. Es gibt in Schweden immer nur eine Regierung und nicht mehrere wie in deutschen Landen. Es gibt dem folgend auch keine Bundesländer sondern Provinzen, die hier Län heissen. Was in Stockholm beschlossen wird, wird umgesetzt und vor allem nicht laufend in Frage gestellt. Dieser einen Regierung ist die Verwaltung nach geordnet. Auch diese ist zentral organisiert, was sich praktisch so zeigte.

Wenn bspw. diese eine Regierung im Sommer 2018 beschloss, dass es weiterhin Grenzkontrollen an Schwedens Grenzen gibt, dann ist dies für alle bindend. Da kommt niemand auf nachgeordneter Ebene auf die Idee, eine solche Anweisung in Frage zu stellen oder gar zu sabotieren. Da gibt es nur noch ein Diskussionsthema:

Wie sieht die praktische Umsetzung vor Ort aus?

Ein weiteres Beispiel ist der Umgang Schwedens mit der Corona Krise. Hier galt von Beginn an, dass Stockholm den Ton angibt und nicht jeder macht, was er will und gerade für richtig hält. Was auch erklären dürfte, warum es diesen tragischen Fall im Klinikum Ernst von Bergmann in Potsdam gab, wo 47 Menschen an diesem Virus starben[38].

Es aber so etwas nicht hier gab!

Um dies alles so umsetzen zu können teilten in grauer Zeit schlaue Menschen das Königreich Schweden in sogenannte Län (Provinzen) auf. Län sind **keine** Bundesländer. Län haben nämlich keine Regierung. Län haben einen *Landshövding*, den Landeshauptmann.

Er ist Vertreter der Regierung vor Ort.

Das ist ein riesengrosser Unterschied zu einem Minister-präsidenten eines deutschen Bundeslandes. Aufgabe des Landeshauptmann ist es, in seinem Län die Interessen der Regierung vor Ort zu vertreten wie auf Einhaltung von Recht und Gesetz zu achten.

---

[38] Vgl. https://www.tagesspiegel.de/berlin/47-corona-tote-im-ernst-von-bergmann-klinikum-wer-ist-verantwortlich-fuer-das-grosse-ster-ben-von-potsdam/25900202.html download vom 10.06.2020

Dazu hat er entsprechende Weisungsbefugnis, die immer an den Grenzen seines Län endet, weil dann jemand anderes zuständig ist. Das ist etwas ganz ganz anderes als Sie es aus Deutschland kennen und stellt sich konkret so dar:

Irgendwann im Februar 2018 verhängte der Landshövding der Provinz Kalmat Län **Ausgangssperre** in dem er seine Bewohner bat, auf Grund des vielen Schnee doch bitte zu Hause zu bleiben und nur in dringenden Fällen das Haus zu verlassen. Kein Mensch kam hier auf die Idee, diese Ausgangssperre in Frage zu stellen. Parallel dazu fuhren zeitgleich auf Öland vorsorglich eingelagerte Kettenfahrzeuge aus ihren Hallen, um im Einsatz befindliche ambulante Pflegekräfte zum Patienten zu bringen. Auto fahren ging nämlich nicht mehr so richtig auf Öland. Es lag bestimmt an der Klimaerwärmung und alle waren sehr sehr froh darüber, dass es sie gibt. Nicht auszudenken, wenn nicht: Dann wäre bestimmt noch mehr Schnee gefallen und es wäre sicher noch kälter gewesen.

So harrte alles bei um die minus zehn Grad der Dinge, die da nun noch so kommen sollten. Auch diskutierte dann hier im Sommer 2018 niemand über Grillverbote. Hier begreift man auch ohne zehn Semester was auch immer studiert zu haben, dass ein Waldbrand sehr gefährlich ist. Die **Einzigen** die über genau dieses Grillverbot diskutierten, waren Deutsche auf Facebook.

Manche hier lebende deutsche Ferienhausvermieter wie Campingplatzbetreiber kamen sich nicht einmal dumm dabei vor, noch damit zu werben, dass man natürlich bei ihnen grillen dürfe und ja alles nur halb so wild sei. Dabei liegend gern vergessend: *„Die Asche, die herunter fällt, könnte dann auch Deine eigene sein."* Während dessen gar Feuerwehren aus Polen wie Niedersachsen zu Hilfe eilten, um der Lage Herr zu werden.

Für die Umsetzung vor Ort hat der Landeshauptmann die *Länsstyrelsen* wie *Landstinget* zur Verfügung. Beide sind immer *„nur"* ausführendes Organ. Haben also den einzigen Job, das was im Gesetz steht umzusetzen. Die Länsstyrelsen, die Provinzsteuerung geht auf Axel Oxenstierna zurück, der diese Verwaltungsform schon **1634** etablierte. Wie generell die hiesige Verwaltung nach den Prämissen arbeitet, die Oxenstierna begründete. Was auch erklärt, warum schwedische Verwaltungsprozesse oft ganz anders als in Deutschland verlaufen. Einer der **Grundgedanken**, der sich durch alle Entscheidung hiesiger Verwaltung hinweg zieht ist der, dass wirklich **nie gedroht** wird. Ein zweiter Grundgedanke lautet, **immer geradeaus** zu **denken**.

Hier werden immer Lösungen gesucht!

Der Landsting wurde dann **1862** als Element kommunaler Selbstverwaltung eingeführt und hat seine Wurzeln im germanischen Ting sehr sehr früher Zeit. So werden Dinge wie bspw. Brandschutz, Krisenvorsorge, Winterdienst etc. durch die jeweilige Länsstyrelsen gemeinsam mit den nachgeordneten Kommunen auf die regionalen Gegebenheiten vor Ort angepasst und die jeweiligen Länsstyrelsen wie Kommun haben ihren nötigen Handlungsspielraum.

Am besten zeigt sich dies alljährlich bezüglich des Wetter. Das im Norden liegende Lappland bzw. Norrland unterliegt rein klimatisch bedingt nun einmal einer anderen Witterung als das im Süden liegende Schonen (Skåne). Wenn es im Sommer an der Westküste regnet, heisst das noch lange nicht, dass es an der Ostküste auch regnen muss und daher dort vielleicht noch Waldbrandgefahr herrscht. Logisch dass in Lappland eben eher der Winterdienst ausrückt als im Süden.

Alles in allem erklärt dies, warum Schweden nach wie vor bei internationalen Vergleichen Spitzenplätze einnimmt. Schwedens **Verwaltung** ist durch besagte Zentralsteuerung **sehr effizient**. Ist es doch auf für die Verwaltungskraft vollkommen sekundär, wo sie arbeitet. In *Treriksröset* im hohen Norden im Dreiländereck Norwegen - Schweden - Finnland gelten die gleichen Bestimmungen wie in Smygehuk, Schwedens südlichsten Punkt nahe Trelleborg.

So muss sich auch der Angler oder Jäger nicht mit unterschiedlichen Rechtslagen auseinander setzen, die bspw. in Ballungsgebieten wie Berlin samt Speckgürtel immer wieder zu Differenzen führt. Denn dort gilt Schluß endlich seit 03.10.1990 der Grundsatz: Was auf der einen Seite der Havel gilt, dass muss noch lange nicht am deren anderen Ufer der Spree gelten. Das können Sie am besten selbst ausprobieren, wenn Sie einmal an der Glienicker Brücke angeln gehen. Auf deren Ostseite gilt, was in Berlin bezüglich Angeln fest gelegt ist. Auf deren Westseite was im Land Brandenburg festgeschrieben wurde. Nach wie vor ungeklärt, was passiert, wenn Sie die Angel vom Berliner Ufer über die Strommitte werfen und dann ein Fisch von der Brandenburger Seite her anbeisst.

Im schlimmsten Fall müssten Sie dann erst einmal mit dem Fisch reden, ob Sie diesen heraus ziehen dürfen oder auch nicht. So etwas kann im Falle des Falles zu unendlich vielen Rechtsstreits führen, weshalb allein deshalb das Angeln hier in Schweden viel viel stressfreier ist. Doch nun zu unseren Grundgesetzen:

...mit fünf Grundgesetzen

Schweden hat im Unterschied zu Deutschland nicht nur ein Grundgesetz sondern vier grundlegende Gesetze, auf denen das Königreich Schweden aufbaut. Hinzu kommt das ungeschriebene Jantelagen auf das ich im folgenden Kapitel eingehe.

Die vier schwedischen Grundgesetze sind:

1. Das schon genannte **Regeringsformen**, es regelt die Art und Weise wie Schweden regiert wird.

2. Die **Tryckfrihetsförordningen**, die Verordnung über Pressefreiheit. Sie ist seit 1766 in Kraft.

3. Das **Yttrandefrihetsgrundlagen**, das Gesetz über Meinungsfreiheit. Es korrespondiert mit der Tryckfrihetsförordningen und wurde 1992 verabschiedet.

4. Die **Successionsordningen**, sie regelt die Thronfolge und stammt aus dem Jahr 1810.

Davon ausgehend, dass auch Sie eher nicht in den Genuss kommen werden, sich mit der Successionsordningen näher beschäftigen zu müssen, sehe man mir bitte nach, wenn ich auf diese nicht näher eingehe. Viel viel wichtiger ist mir, Ihren geneigten Blick auf Tryckfrihetsförordningen und Yttrandefrihetsgrundlagen zu richten. Vor allem in Hinsicht auf den historischen Kontext. Ende 1766 als die Tryckfrihetsförordningen hier in Kraft trat, herrschten nicht nur diesbezüglich auf der anderen Seite der Ostsee im damals noch existenten Heiligen Römischen Reich Deutscher Nation ganz ganz andere vor allem sehr harte Sitten.

Heinrich Heine (1797 - 1856) setzte sich noch nach der
März Revolution des Jahres 1848 viel mit Zensur
auseinander. Zensur von der nicht nur er sehr hart
betroffen war. Welche Auswirkungen Zensur im
20.Jahrhundert hatte, setze ich als bekannt voraus. Wie ich
als bekannt voraus setze, dass es auch noch heute
anderswo Zensur gibt. Nur heisst sie heute anders. Sie
wich der Begrifflichkeit einer von wem auch immer warum
auch immer verordneten politischen Korrektheit und führt
jedes Jahr auf das Neue zu Stilblüten vom feinsten. Aber
das ist nicht das Thema dieses Buches.

Wichtig dagegen ist zu wissen, dass Presse- und Meinungsfreiheit nach wie vor in Schweden ein sehr sehr hohes Gut
sind. Wie Presse-und Meinungsfreiheit immer auch das
Recht einschliesst, auf Deutsch gesagt Dummes Zeug zu
labern. Denn nur wenn jeder das Recht hat, dummes Zeug
unzensiert zu labern, kann man ihn auch recht einfach
erkennen. Was im Ergebnis dessen dazu führ, dass
sämtliche Entscheidungsprozesse von der ganz ganz
hohen Politik beginnend bis hin zur Frage, ob wir nächsten
Sommer eine Spritzeisbahn bauen halt dann auch einfacher
entschieden werden können. Wer hier auf Teufel komm
raus im schönsten schwedischen Hochsommer auf die
Idee kommt, eine Spritzeisbahn zu bauen, der kann dies
hier absolut problemlos tun. Wenn dem üblichen Spruch:

Det kan du göra - Das kannst Du machen!

dann schallendes Gelächter folgt, muss man sich dann aber
nicht wundern. Was auch erklärt, warum schwedische
Medien ganz ganz anders ticken als deutsche Medien.
Weshalb die Menschen hier auch viel viel ungezwungener
miteinander umgehen. Doch nun zum Jantelagen:

...dem Jantelagen

Das Jantelagen ist kein Gesetz im juristischen Sinne. Es spiegelt ungeachtet dessen sehr sehr gut wider, wie die Menschen nicht nur in Schweden sondern in ganz Nordeuropa ticken. Es definiert Normen des täglichen Zusammenleben. Wenn Sie das Jantelagen kennen und sich verinnerlichen, dann werden Sie hier wirklich ganz ganz schnell heimisch. Hier will Ihnen wirklich niemand etwas böses. Hier wird auch nicht wie in Deutschland üblich in alles was Sie sagen hinein interpretiert oder dem Nebenmann, der Nebenfrau was auch immer unterstellt.

Hier gilt einfach das Jantelagen!

Vollkommen egal, ob Sie dies schick oder nicht so schick finden. Wenn es auch niemand ausspricht, werden Sie doch hier täglich mit dessen Anwendung erleben. Damit haben nicht nur viele hier lebende Deutsche ein riesengrosses Problem. Auch Einwanderer anderer Herren Länder berichten in schöner Regelmässigkeit, dass sie damit ein Problem haben. Die einzige Lösung besteht dann darin, eben nicht nach Schweden auszuwandern bzw. wieder zurück zu gehen. Wer das eine will, in diesem Fall Schweden, der muss das andere, das Jantelagen wie kalte und dunkle Winter halt auch wollen. So ist es wenig sinnvoll, dem Jantelagen entfliehend dann nach Dänemark oder Norwegen ziehen zu wollen.

Es gilt ja im ganzen Norden!

Damit zu der Frage, was es eigentlich auf sich hat, mit diesem in Deutschland kaum bekannten ominösen Jantelagen.

Der norwegisch - dänische Schriftsteller Aksel Sandermoose veröffentlichte im Jahre **1933** unter dem Titel „*Ein Flüchtling kreuzt seine Spur - En flyktning krysser sitt spor*" ein Buch in dem sich in der fiktiven Stadt Jante ein Einheimischer Gedanken Gedanken über Zugereiste macht und zu diesen Schlussfolgerungen kommt:

1.) Du[39] sollst nicht glauben, dass Du etwas bist.

2.) Du sollst nicht denken, dass Du bist wie wir.

3.) Du sollst nicht denken, dass Du klüger bist als wir.

4.) Du sollst Dir nicht einbilden, dass Du besser als wir bist.

5.) Du sollst nicht denken, dass Du mehr weißt als wir.
6.) Du sollst nicht glauben, dass Du mehr als wir bist.

7.) Du sollst nicht glauben, dass Du zu uns passt.

8.) Du sollst nicht über uns lachen.

9.) Du sollst nicht glauben, dass sich jemand um Dich kümmert.

10.) Du sollst nicht glauben, dass Du uns etwas lehren kannst.

11.) Du darfst nicht denken, dass ich weiß, was mit dir ist.

---

[39] Damit ist der Einwanderer bzw. Fremde gemeint.

Diese elf Regeln sind als *Jantelagen* (schwedische Bezeichnung) bzw. *Janteloven* (dänisch wie norwegische Bezeichnung) in die Geschichte eingegangen. Aller Wahrscheinlichkeit nach tat Aksel Sandermoose mit diesem Jantelagen nichts anderes als einen Zustand zu beschreiben, der damals einfach schon existent war und es interessanterweise auch heute noch ist. Dieses nun schon über 90 Jahre alte nie de jure verabschiedete Gesetz ist so tief im Denken und Handeln der Nordlichter verankert, dass es sich nun schon die zweite bis dritte Generation Einwanderer verinnerlichte.

Ich finde dies insofern bemerkenswert, weil nicht nur ich immer wieder baff bin, wenn ich daran denke, wie schnell die Masse der ehemaligen DDR Bürgerinnen und Bürger des schnöden Mammons Willen Sitten und Gebräuche der gebrauchten Bundesländer annahm ohne diese tiefer zu hinterfragen. Erst kürzlich berichtete mir ein Arzt aus dem alten Bundesgebiet, dass er immer noch entsetzt darüber sei, als er erleben musste, wie 1989/1990 ganze Dialyseabteilungen aus Leipziger Krankenhäusern vom Chefarzt beginnend bis zur Stationshilfe nach Baden Württemberg gingen. Wie diese über Nacht zu Egoisten reinsten Wassers gewordenen Sachsen nicht verstehen wollten, als dortige Mediziner sie fragten, was denn genau die Sachsen aus Leipzig nicht am Eid des Hippokrates verstanden. So konkret sah damals genau die Nächstenliebe aus, die u.a. im Herbst 1989 maßgeblich aus der Leipziger Friedenskirche gepredigt wurde.

So etwas ist hier undenkbar!

Bis dato hatten all die Einwanderer egal welcher Herkunft hier Erfolg, die hiesige Sitten und Gebräuche wie vor allem das Jantelagen akzeptierten und aktiv lebten.

Denn bei Lichte betrachtet ist das Jantelagen gar nicht so schlecht. Wenn bspw. §1 davon ausgeht, *„dass Du nicht glauben sollst, dass Du etwas bist"*, dann ist dies eine klare und deutliche Aussage. Wie Sie genau dieser erste Paragraph des Jantelagen immer zu Beginn Ihres zukünftigen Dasein in Schweden begleiten wird. Was einmal mehr das verflixte erste Jahr erklärt. Wie schon mehrfach voran gegangen soll auch dies ein Beispiel erklären:

Nehmen wir an Sie bekamen warum auch immer das Bundesverdienstkreuz. Oder nehmen wir an, Sie waren Präsidentin eines doch etwas grösseren Sportverein in Deutschland, sagen wir Chefin des TSV Hintertupfingen. Dann interessiert das hier niemanden, wirklich niemanden. Wie es auch nicht interessierte, dass 2015 aus Syrien kommende Ärzte in Russland Medizin studierten. Nicht etwa weil man diesen Ärzten nicht traute. Wie es übrigens wirklich diese Ärzte gab. Ich hatte allein in der Gruppe Araber, die ich im Herbst 2016 in Sachen Schwedisch betreute zwei syrische Mediziner.

Hier zählt wirklich nur, was Sie hier leisten!

Was erklärt, warum eine andere Syrerin hier fest mit beiden Beinen im Leben steht. Sie lernte Schwedisch, qualifizierte sich parallel zur Pflegekraft und steht jeden Tag Corona hin und Corona her ihren Mann.

So etwas zählt hier!

Mit §3 haben speziell die auch in Teilen Deutschlands Wessis genannten Menschen hier oft so ihr Problem. In Schweden gilt wirklich, *Du sollst nicht denken, dass Du klüger bist als wir.*

Wie ja die Begrifflichkeit des Wessi rein gar nichts mit der sogenannten deutschen Einheit des Jahres 1990 zu tun hat. Wenn auch wenig bekannt, nutzten die Berliner beiderseits der Mauer, in Westberlin mehr in Ostberlin weniger diesen Begriff, um damit Menschen zu bezeichnen, die Kraft ihrer Wassersuppe aus den drei westlichen Besatzungszonen nach Berlin kamen, um dort vermeintlich kluge Reden zu halten. Denn der Begriff des Wessi kam schon im Zuge des Fall des Eisernen Vorhang auf. Wie die Westberliner dann schnell Berliner Schnauze folgend im Herbst 89 den Ossi erfanden. Was ursprünglich auch nie als Schimpfwort gedacht war. Nur wirklich ewig gestrige Wessis haben das bis heute nicht verstanden. Wie auch Sie hier ganz ganz schnell ganz allein sind, wenn Sie hier permanent den Klugscheißer geben.

So mutterseelenallein wie Aline!

Aline trieb vor einigen Jahren ihr Unwesen in diversen online Schwedenforen. Aline wusste immer alles besser und staunte jedes Mal mehr, dass sie immer sehr schnell alleine war. Und wenn Aline nicht gestorben ist, so spukt sie noch heute ganz alleine durch die sozialen Medien dieser Welt. Wenn auch Aline ab und an mal da einmal anders heisst. Auch für Aline gilt noch immer: Je mehr Identitäten man sich in den sogenannten sozialen Medien zulegt, desto mehr alleine ist man. Auch wenn man sich dann irgendwann wie auch immer nennen sollte und mit diesem wie diversen weiteren Namen durch die Welt der sozialen Medien tingeln sollte.

Ganz gefährlich wird es, übrigens wenn man sich sagen wir aus Süddeutschland stammend **Gitte Lykke** nennt und sich dann heraus stellt, dass es in Dänemark ein Unternehmen gibt, was so heisst[40]. Das kann dann schon ganz schön Stress geben, weil die echte Gitte Lykke das halt vielleicht nicht so prall findet, was man da so treibt. Aber mancher liebt ja den Stress.

So kann man jeden weiteren Paragraphen besagten Jantelagen durchgehen und wird immer wieder fest stellen, es hat wirklich nur Sinn, wenn man hier dauerhaft Fuss fassen möchte, das Jantelagen zu akzeptieren, wie selbst zu leben. Was abschliessend zu diesem Kapitel eine wahre Anekdote erklären soll. Unser lieber Nachbar Peder, der voriges Jahr von uns ging, fragte uns einmal in einem der tiefen småländischen Winter bei Kaffee und Kuchen, ob wir denn Marianne und Bertil gesehen hätten. Meine Frau und ich schauten ihn verständnislos. Wohnten doch beide direkt neben ihm auf der anderen Seite.

Das war Jantelagen in Reinkultur!

Hier kümmert sich wirklich niemand um niemand. Weshalb es hier auch keinen Tratsch gibt. Was das Leben wiederum so schön hier macht. Hier macht jeder noch immer seins. Wie es eben in diesem tiefen Winter weder für Peder und Gattin wie Marianne und Bertil nur einen Grund gab, wenn nicht notwendig vor das eigene Haus zu gehen. Was jedes Jahr auf das Neue dazu führt, dass man sich hier im Frühjahr freudig gegenseitig begrüsst.

Das Jantelagen macht Schweden lebenswert!

---

[40] Vgl. https://gittelykke.dk/ download vom 11.06.2020

…mit Presse- und Meinungsfreiheit

Ich weiß natürlich, dass das Thema Presse- und Meinungsfreiheit seit einiger Zeit anderswo doch recht kontrovers diskutiert wird. Wie die Corona Krise wie vielleicht kein anderes Ereignis letzter Jahre täglich zeigte, wie unterschiedlich Presse-und Meinungsfreiheit doch so sein können. Dies spiegelt sich auch jedes Jahr auf das Neue in der Rangliste der Pressefreiheit wider, die die Reporter ohne Grenzen publizieren[41]. Schweden belegt dort seit Jahren absolute Spitzenplätze, lag zweimal sogar auf Platz Eins. Wie es Ihnen überlassen sein soll, zu prüfen wie die Platzierung anderer Länder in den letzten Jahren aussah.

Was auch erklärt, warum es in Schweden noch immer ein viel viel breiteres Spektrum unterschiedlichster Presseerzeugnisse gibt, die schon lange Zeit gemäß durch moderne online Medien ergänzt wurden. In diesen werden alle möglichen Themen behandelt. Egal was Sie hier analysieren werden Sie immer feststellen, dass die hiesige Medienlandschaft viel viel offener und viel viel unverkrampfter agiert, als Medienlandschaften anderer Länder. Dazu gehört natürlich auch dass ggf. eingestehen gemachter Fehler. Dieses *permanent in der Nase anderer Leute gebohre*, wie es Medien anderer Länder seit Jahren nun schon tun, das gibt es hier wirklich nicht.

---

[41] Vgl. https://www.reporter-ohne-grenzen.de/ download vom 11.06.2020

Äußerst angenehm finde ich, dass es nach wie vor regionale Zeitungen gibt, die auch wirklich zurecht den Titel regional tragen. Sie berichten täglich das, was vor Ort vor Ihrer eigenen Haustür passiert bzw. passieren wird. Beispielhaft sei unsere Zeitung Barometern aus Kalmar Län, die Zeitung Blekinge Läns Tidning aus Blekinge oder die Zeitung Smålands Posten aus Kronobergs Län genannt. Die übliche Praxis besteht darin, dass auch im Sommer jeder Landkreis mindestens eine ganze Seite bekommt. Selbst in Corona Zeiten wurde dieses eiserne Prinzip durch gehalten. Allein deshalb ist es sinnvoll Presse dieser Art mit einem Abo selbst zu unterstützen.

Auf die Stadt Potsdam übertragen würde dies bedeuten, dass die Potsdamer Neuesten Nachrichten täglich auf mindestens einer Seite aus den Wohngebieten der Stadt berichten müsste. Anstelle dessen liest man seit Jahr und Tag nun schon in den PNN mehr oder weniger den gleichen Einheitsbrei, den man auch in der Märkischen Allgemeinen Zeitung wie anderswo liest. Herausgeber der MAZ war übrigens bis vor gar nicht allzu langer Zeit ein gewisser Herr Alexander Gauland. Unter seiner Führung wandelte sich die MAZ von einer einst wirklich regionalen Zeitung zu dem, was die MAZ dann eben heute so ist. Seine Nachfolger hatten ab 2005 nichts anderes im Sinn, als den von Herrn Gauland vorgezeichneten Weg weiter zu gehen.

So etwas ist hier undenkbar!

Wie ich auch aus eigenem Erleben berichten kann. In den letzten Jahren hatte ich mehrfach Gelegenheit mit hiesigen Journalisten diversen Kontakt zu pflegen.

In keinem einzigen Fall wurde vorher mit mir besprochen, was ich wie und wann zu sagen habe. Ich wusste auch nie im vor hinein, welche Fragen gestellt werden. Wie es auch landauf landab jeden Tag auf das Neue diejenigen nicht wissen, die mit hiesiger Presse sekundär ob print, TV oder online zu tun haben. So wie der Journalist die berechtigte Erwartung hat, dass Sie den Ihrigen Job richtig machen, so erhebt er von sich den Anspruch, seinen Job machen zu können, wie er es für richtig hält. Sonst wäre er ja nicht Journalist sondern vielleicht Agitator welcher Propagandaeinheit auch immer in einem ganz ganz anderen Land geworden. Der Kreis hiesiger Pressearbeit schliesst sich damit, dass nach getaner Arbeit auch nichts weiter in das Gesagte hinein interpretiert wird.

Was sich an keinem Beispiel deutlicher zeigt als an Mittwoch, dem 10.Juni 2020. An diesem Tag wurde ein offizieller Schlussstrich unter den Mordfall Olof Palme der Art gezogen, dass der sogenannte Skandiamannen Herr Stig Folke Engström (1934 - 2000) seitens der Anklage zum Täter erklärt wurde[42]. Wie gleichzeitig damit die Akten geschlossen wurden, da auch in Schweden nicht gegen Tote ermittelt wird. Dass erwartungsgemäss die Wogen sofort hoch schwappten, war zu erwarten[43].

---

[42] Vgl. https://sv.wikipedia.org/wiki/Skandiamannen download vom 11.06.2020

[43] Vgl. https://www.svt.se/nyheter/inrikes/analys-inget-mindre-an-en-skandal-han-fanns-dar-fran-dag-1 download vom 11.06.2020

Sie schwappten aber ganz ganz anders hoch, als man es aus anderen Ländern seit Jahren kennt. Wirklich **niemand** kam hier auf die Idee zu interpretieren, was man wohl **gemeint haben könnte**, als man den Skandiamannen zum Täter erklärte.

Diese Form der Diskussion gibt es hier nicht!

Es wurde lediglich vehement gefragt, wie man denn nun zum diesem Urteil kam. Daraus folgt, dass die Diskussion um den Palme Mord des Jahres 1986 noch immer sehr sachlich erfolgt. Wie hier jedes Schulkind weiß, dass Formulierungen der Art *soll*, *könnte* usw. usf. noch nie zum Ziel führten. Was übrigens auch erklärt, warum man in der schwedischen Sprache **nicht so einfach** einen Konjunktiv bilden kann. Was einmal mehr dafür spricht, wenn man was auch immer in Schweden bzw. mit Schweden zu tun gedenkt, bitte Schwedisch zu lernen und im Original zu lesen. Ein deutsche Sender titelte bspw. im Zuge dessen: *„Mutmaßlicher Mörder von Olof Palme gefunden"* und sperrte sinnigerweise zugehöriges Video mit der Meldung *„network error while donloading"* online für Schweden.[44] Wie das Wort mutmaßlich gar nicht im Original genannt wurde. Im Original sagte der Ankläger Herr Krister Petersson, dass der Palmemörder Engström ist[45].

Das ist ein riesengrosser Unterschied!

---

[44] Vgl. https://www.n-tv.de/politik/Mutmasslicher-Moerder-von-Olof-Palme-gefunden-article21836146.html download vom 11.06.2020

[45] Vgl. https://www.svt.se/nyheter/inrikes/teorin-sa-mordades-olof-palme download vom 11.06.2020

Denn Herr Petersson sagte am 10.06.2020 wortwörtlich: *„Det rör sig om Stig Engström"*[46]. Was soviel heisst, es dreht sich um Stig Engström. Wenn Herr Petersson gesagt hätte, es geht mutmaßlich, um Engström, dann hätte genau dieser Satz so lauten müssen:

„Det rör sig trolig om Stig Engström." Wie es nebenbei bemerkt das Wort mutmaßlich 1:1 in Schwedisch gar nicht gibt. Lt. Prismas Wörterbuch mit weit über 160.000 Worten und Phrasen kann man mutmaßlich nur mit den Worten trolig, antaglig, förmodad oder förmodligen umschreiben[47]. So einfach kan ein simples Wort in der deutschen Medienlandschaft etwas ganz ganz anderes implizieren.

Was sehr repräsentativ zeigt, dass den Menschen hier im Lande egal welche Stellung diese in der Gesellschaft haben einschließlich unseres Staatsoberhaupt König Carl XVI. Gustaf einfach das Mikro unter deren Nase gehalten wird, wie dann natürlich wahrheitsgemäß berichtet wird, was diese sagten. Im Umkehrschluss heisst dies, dass auch Sie hier ganz genau überlegen müssen, was Sie wann auch immer der Presse sagen. Sie können sich hier wirklich nie hinstellen und hindrehe sagen, ich meinte doch aber. Wenn Sie hier in Schweden egal wo etwas anderes meinen, dann müssen Sie das bitte auch sagen.

Das ist es, was ich an schwedischen Medien so schätze!

---

[46] Vgl. https://www.aftonbladet.se/nyheter/a/qLjybm/presstraff-om-palmeutredningen download vom 11.06.2020

[47] Vgl. Prismas ordbok, S. 454

Wir haben auch im nun 22.Jahr unseres Hier sein in Orrefors immer noch keine Schüssel für deutsches Fernsehen auf dem Dach. Wir werden auch nie eine haben. Was täglich auf das Neue beweist:

Ein Leben ohne ARD & ZDF ist möglich!

…einheitlichen Regeln für Alle

Was ich ebenfalls als sehr angenehm empfinde und sich im täglichen Umgang miteinander widerspiegelt. Viele Deutsche missinterpretieren oft den hier lockeren Umgang miteinander. Tatsache ist es so, dass Sie auch zu Schwedens momentanen Regierungschef Herr Stefan Löfven Du bspw. der Form: „*Hej Stefan hur mår du?*" Stefan wird Sie dann entweder freudig anlächeln und antworten: „*Jag mår bra.*" Oder aber auch vielleicht das Gesicht etwas verziehen und antworten: „*Jag mår inte så bra.*" Da Sie sehr sicher parallel zum Lesen schon etwas Schwedisch lernen wissen Sie sicher schon lange, was ich Stefan fragte und was er antworten kann. Dies ein Beispiel, dass Regeln hier für alle gelten. Da hier alle Du zueinander, mit der einzigen Ausnahme des Königshauses, sagen, wird Sie niemand hier zurecht stauchen, was Ihnen einfällt, Herrn Löfven zu duzen wie obendrein zu fragen, wie es ihm geht.

Das ist eben Demokratie Made in Sweden!

Eine auf der einen Seite wirklich sehr sehr offene Demokratie mit auf der anderen Seite klaren Regeln für alle. Anhand dessen zeigen sich am besten die Vorteile eines Zentralstaates. Meiner Frau und mir fiel es schon immer einfacher auch als wir noch nicht so gut Schwedisch konnten, mit schwedischen Regeln klar zu kommen, als mit so manch mit Verlaub gesagt deutschem Unsinn. Dies zeigt sich auch im hiesigen Bildungssystem. Weshalb es immer gut ist, hier Abschlüsse zu machen.

...mit einheitlichem Bildungssystem

Wie bereits angedeutet, gibt es in Schweden nur ein landesweit geltendes Bildungssystem und nicht wie in Deutschland unendlich viele. Daher gibt es hier auch keine Kultusministerkonferenzen, auf denen die Kultusminister sich immer wieder etwas Neues, was die meisten sowieso nicht verstehen, ausdenken können.

Das ist gerade für Eltern mit Kindern hoch interessant!!!

Allein deshalb ist es immer eine Überlegung wert, mit Kindern hierher auszuwandern. Wer hier egal welchen Alters was auch immer lernt, kann immer davon ausgehen, dass er **nahtlos** bei Umzug anderswo weiter lernen kann oder falls schon vorhanden, seine Abschlüsse anerkannt werden. Allein deshalb versteht man in Schweden gar **nicht**, warum es überhaupt URL der Form anerkennung-in-deutschland.de samt Anerkennungsfinder gibt.

Praktisch sieht dies so aus:

- Die schwedische **Grundschule** geht von Klasse **eins** bis Klasse **neun**. Ist also **absolut wirklich nicht** mit einer deutschen Grundschule vergleichbar.

- Dabei unterscheidet die Grundskola, wie sie hier heisst zwischen Unterstufe Klasse eins bis drei, **lågstadium** genannt, Mittelstufe Klasse vier bis sechs, **mellanstadium** genannt und in den Klassen sieben bis neun der Oberstufe, hier **högstadium** genannt.

Was genau genommen rein gar nichts anderes als das Schulsystem der DDR ist. Der einzige Unterschied besteht darin, dass in der DDR die Grundschule, auch Polytechnische Oberschule bzw. POS genannt bis zur zehnten Klasse ging. Wie diese Gleichheit historische Ursachen hat. Interessanterweise entwickelten sich die Bildungssysteme der nordischen Länder nach 1945 wie das der 1949 gegründeten DDR.

Offen wer von wem damals abschrieb!

Wie die Ergebnisse diverser PISA Test der letzten Jahre eine klare Sprache sprechen, welches Bildungssystem noch immer das bessere ist. Nach Abschluss der Grundschule gibt es **drei** Wege:

- Weg Eins der Abschluss einer Berufsausbildung,

- Weg Zwei das Gymnasium,

- Weg Drei die Berufsausbildung mit Abitur

Für Weg **eins** wie **drei** sind regionale Berufsschulen verantwortlich wie bspw. unsere Åkrahällskolan in Nybro. Für den zweiten Weg existieren Gymnasien, die meist in grösseren Städten wie bspw. Kalmar und Växjö anzutreffen sind. Die regionalen Berufsschulen bieten im Regelfall die Ausbildung in Form einer grossen Bandbreite vor Ort nachgefragter Berufe an. Deshalb bildet die Åkrahällskolan nicht im Bergbau unter Tage aus, weil es hier in Nybro keinen Gruben gibt. Der Granit unter uns ist zu hart. Dafür wird hier halt sehr viel in Sachen Holzwirtschaft und Transport ausgebildet.

Die schwedische Hochschullandschaft ist sehr breit gefächert. Traditionell spielen dabei die Unis in Lund wie Uppsala eine heraus ragende Rolle. Wie es landauf landab diverse andere Unis auch gibt. Die Ihnen immer viel besser bei Bedarf Sie interessierende Dinge erklären können, als ich es kann. Weshalb ich nicht auf darauf eingehe. Dafür möchte ich bei dieser Frage noch etwas verweilen. Sie ist mir sehr sehr wichtig:

<u>Was heisst das für Eltern mit Kindern?</u>

Je früher Sie hierher gehen, **desto besser** für Ihre Kinder und natürlich auch Sie. Es ist dem Menschen nun einmal eigen, dass er als junger Mensch schneller lernt, als als Rentner.

Vielfach höre ich dann oft Begründungen der Form:

> Wir warten noch bis klein Hilde in die Schule geht.
>
> Dann warten wir bis klein Hilde die Grundschule abschloss.
>
> Dann warten wir bis klein Hilde das Gymnasium beendete.
>
> Und dann warten wir Schluss endlich bis eines Tages auch unsere eigene Zeit ablief, weil gerade der Sensenmann an die Tür klopfte...

Wenn auch ein gewisser Michail Gorbatschow wirklich nie sagte, dass *der bestraft wird, der zu spät kommt*[48], ist wirklich etwas an diesem Spruch dran. Wenn Sie bspw. hier nie in die hiesige Rentenkasse einzahlten, weil sie auf was auch immer warteten, dann brauchen Sie sich im Alter auch nicht zu beschweren, wenn Sie von dieser keine Rente bekommen. Auch das spricht **für** Ihre möglichst frühere Auswanderung. Lassen Sie sich bitte **nie** kirre von diversen „*wohl gemeinten*" Ratschlägen deutscher Landsleute machen, die nie selbst auswanderten. Meist haben gerade diesbezüglich diejenigen die meiste Ahnung, die noch nie in Schweden waren. Und vergessen Sie bitte auch eines wirklich nie:

> Das Bildungsniveau ist hier viel viel höher!

---

[48] 30 Jahre nach Mauerfall ist nun auch offiziell zweifelsfrei erwiesen, dass Gorbatschow etwas anderes sagte. Wer russisch beherrscht, wusste das aber schon im Oktober 1989.

Was sich auch an der Ausstattung hiesiger Lehreinrichtungen egal welcher Kategorie wider spiegelt. Diese ist beileibe nicht mit dem oft in deutschen Landen vorhandenem niedrigerem Standard vergleichbar.

<u>Was heisst das als Erwachsener?</u>

Sie können hier jederzeit in dieses Bildungssystem einsteigen und Ihren Weg gehen. Sie wären nicht der Erste, der bspw. jenseits der 40 sein Abitur in Schweden ablegt, um dann an einer schwedischen Hochschule zu studieren.

Parallel dazu bieten hiesige Bildungsträger vor Ort diverse Bildungsmassnahmen zu allen möglichen Themen an, die qualitativ wirklich sehr sehr hoch sind. So nahm ich im Herbst 2017 an einer doch etwas längeren Ausbildung teil, bei der es sich um Kultur und Geschichte des schwedischen Glasreiches drehte. Sie machte mir sehr viel Spass und nebenbei lernt man bei so etwas immer auch Schwedisch.

Wie abschliessend zu diesem Kapitel angemerkt sein soll, dass sich in unserem hiesigen Bildungssystem sehr sehr gut besagte **zweite Lohntüte** wieder findet, von der ich bereits sprach. Hier sind wirklich viele viele hochwertige Lehrmittel kostenfrei nutzbar. Wenn auch manchmal halt leider Gottes umsonst. Aber dass es so etwas gibt, wussten ja schon unsere Grosseltern. Für den einen ist Bildung kostenfrei und für den Anderen manchmal auch umsonst.

…mit kompetenten Behörden

…Die einen einfachen immer sehr Ziel führenden Umgang pflegen und in etwa so funktionieren, wie es schon in der Bibel nieder geschrieben wurde.

Am Anfang steht hier immer das Wort, was man hierzulande Ärende nennt. Egal was Sie warum mit einer schwedischen Behörde abzuwickeln gedenken oder alternativ diese mit Ihnen abzuwickeln gedenkt, immer steht irgendwann ganz am Anfang das Wort in Form des Ärende.

Ein Ärende ist hier immer ein Vorgang. Im Unterschied zu deutschen Behörden ist ein Vorgang hier immer recht schnell endlich. Nehmen wir an, Sie beantragen eine Personnummer. Dann ist dies ein Ärende. Dieses Ärende ist dann zu Ende, wenn Sie entweder eine PN bekamen oder diese abgelehnt wurde. Bis hierhin wird Ihnen das nicht so neu vom Prinzip her vorkommen. Der Unterschied zu Deutschland besteht nun darin, dass es in Schweden in wirklich sehr sehr seltenen Fällen unüblich ist, ein einmal abgeschlossnes Ärende wieder aufzumachen, heisst noch einmal zu bearbeiten. Wenn also Ihre PN abgelehnt wurde, ist der sinnvollste Weg, sie neu zu beantragen. Dann beginnt das ganze Spiel von vorn. Klingt erst einmal vielleicht etwas ungewohnt. Ist aber so! Wie es wegen Ihnen hier niemand ändern wird. Sie wollen ja hier leben und nicht diejenigen, die hiesiges Verwaltungsrecht anwenden.

Diese wohnen ja schon hier.

Am Ende eines jeden Ärende steht hier immer der beslut, der Beschluss. In Schweden ist es noch immer üblich, dass Sie die verdammte Pflicht haben, diesen Beschluss umzusetzen. So sehr dieser vielleicht aus Ihrer Sicht falsch sein sollte. Kommen Sie bitte nie auf die Idee, sich hier einem Beschluss zu widersetzen. Das kann teuer werden oder auch recht schnell alternativ im Knast enden. Wie immer auch dazu ein wahres Beispiel:

> Im Zuge der Ummeldung unseres PKW nach Schweden ging was auch immer hier schief. So erhielten wir in schöner Regelmässigkeit einen Gebührenbescheid für einige wenige Kronen Maut in Stockholm. Mal zehn SEK, mal 20 usw. usf. Der Witz daran: Wir waren nie mit dem Auto in Stockholm. Bleibt die Frage:

Wie löst man nun so etwas hier?

Eben Schwedisch und nie Deutsch! Ich bezahlte jedes Mal anstandslos die Gebühr und sammelte dies. Dann wandte ich mich an die Führung von Transportstyrelsen persönlich per Brief und fragte höflich an, wie lange wir dieses Spiel jetzt noch machen möchten und legte entsprechende Belege als Kopie bei. Daraufhin eröffnete Transportstyrelsen logischerweise ein neues Ärende in dem beschlossen wurde, dass ich alle Mautgebühren zurück erhalte. Wie man sich für den Lapsus entschuldigte.

Das ist eine Lösung Made in Sweden!

Hätte ich dagegen schon beim ersten Bescheid, versucht Widerspruch einzulegen oder mich gar geweigert zu bezahlen, wäre das ganz ganz anders ausgegangen. Dann wären sofort die Mahngebühren in das Uferlose gelaufen.

So aber folgte ich dem, was hier nun einmal üblich ist: Erst das Eine beenden, in diesem Fall die Maut zahlen, dann das Neue bearbeiten, in diesem Fall der Widerspruch. Wenn Sie diese simple Grundregel immer berücksichtigen und bitte wirklich nie hinterfragen, warum das so ist, dann haben auch Sie hier wirklich sehr sehr viel Freude. Wie auch Sie so ungemein viel Zeit sparen und natürlich recht stressfrei leben werden. Kommen Sie wirklich hier nie auf die Idee einen Tjänstemän, einen Dienstmann, der natürlich auch eine Frau sein kann, zu anderem veranlassen zu wollen oder diesen gar belehren zu wollen, dass das in Deutschland so und so und so läuft.

Das funktioniert hier wirklich nicht!

Gleichem Schema folgend laufen übrigens auch oft Entscheidungsprozesse in Unternehmen ab. Nun müssen Sie nur noch einige Behörden absolut kennen, wie das Wissen um andere Behörden ganz sinnvoll sein kann. In erster Linie müssen Sie das **Skatteverket**, das Finanzamt kennen. Neben steuerlichen Fragen aller Art ist das Skatteverket Ihr Ansprechpartner in Sachen Personnummer, doch dazu in einem extra Kapitel gleich mehr. Auch sonst habe ich die Erfahrung gemacht, dass das Skatteverket immer bereit ist, Ihnen bei Fragen aller Art zu helfen. Nur sollte man halt nicht auf die Idee kommen, einen Brand beim Skatteverket zu melden. Da ist es dann doch besser, gleich die Feuerwehr zu rufen. Will heissen im Zweifelsfall sagt Ihnen das Skatteverket dann schon, wer zuständig ist.

Und natürlich gibt es hier auch Feuerwehren!

Dann müssen Sie unbedingt **Transportstyrelsen** kennen. Auch sie ist wie alle Behörden landesweit tätig und für alles rund um die Themen Kfz. Zulassung wie Führerschein zuständig. Dies schliesst auch Fragen eines Kfz. Anhänger ein wie ggf. das Führen eines Bootes oder Flugzeuges. Wenn Sie sich nicht sicher in Sachen Verkehr sind, dann fragen Sie **lieber einmal mehr** als einmal weniger Transportstyrelsen.

Es gibt bspw. wenn auch es kaum jemand weiß in Orrefors einen Flugplatz. Er besteht aus einer Graspiste auf der kleine Sportflugzeuge starten und landen können. Nur kann dort nicht Kreti und Pleti starten und landen, sondern ein genau fest gelegter Personenkreis zu dem bspw. Kriseneinsatzkräfte gehören. Sprich die fliegende Ambulanz wenn es wirklich sehr sehr schnell gehen soll und vor allem muss. Bevor Sie nun auf die Idee kommen, dort landen zu wollen, weil Sie auf dem Weg nach Lappland noch einen Kasten Bier für mich im Flieger haben, ist es immer sinnvoll Transportstyrelsen zu fragen, ob Sie das auch dürfen. Gleiches gilt für alle ähnlich gearteten Fragen, anlegen mit dem Boot, Fallschirmspringen, zum Mond fliegen wollen usw. usf.

Im Zweifelsfall immer Transportstyrelsen fragen!!!

Dritter im Bunde ist die **Försäkringskassan,** unsere hiesige Krankenkasse. Über die diverse deutsche Schauergeschichten im Umlauf sind. Die ihre wahre Ursache darin haben, dass oft viele Deutsche nicht verstehen und auch oft verstehen wollen, wie Försäkringskassan funktioniert. Im Unterschied zu Deutschland hat Schweden **nur eine** Krankenkasse und diese hat eine ganz ganz **andere Aufgaben** als eine deutsche Kasse.

Die Aufgabe der Försäkringskassan besteht darin, die Inanspruchnahme sozialer Leistungen zu bewilligen. Hier wird alles vom Kindergeld beginnend über Kranken- bis hin zu Sterbegeld usw. usf. geregelt. Die Försäkringskassan ist hier immer „*nur*" ausführendes Organ. Weshalb Sie auch wirklich nie an diese Kasse nur einen Beitrag zahlen können. Das sie eine öffentliche Behörde ist, funktioniert sie auch wie bereits weiter vorn beschrieben. Egal was Sie von dieser möchten, steht immer am Anfang das Ärende wie am Ende der beslut der FK.

Dann werden für viele viele Auswanderer zwei Behörden immer wichtiger. Diese sind das **Livsmedelsverket** und das **Jordbruksverket**. Ersteres kümmert sich um alles in Sachen Lebensmittel wie letzteres um alles in Sachen Landwirtschaft wie immer auch Tier- und Pflanzenschutz. Darunter zählt bspw. der Import von Tieren aller Art, beginnend bei Hunden über Katzen und bei den Vögeln endend die manche Menschen halt sonst noch so haben. Wenn Sie mit egal welchem Haus- oder gar Nutztier hierher ziehen wollen, dann sollten Sie bitte **unbedingt vorher** Kontakt mit dem Jordbruksverket aufnehmen. Wer Pferde mitnehmen möchte dito. Was mit denjenigen ist, die nur einen Vogel haben, kann ich nicht sagen.

Es gab Tatsache erst im Sommer 2020 den Fall, wo eine junge vermutlich von nichts so richtig Ahnung habende Dame Made in Germany mit einer kleinen Kuhherde hierher wollte. Ihre Idee bestand darin, mit ihren zwei, drei Kühen wie ein paar Hunden und Katzen einfach so durch unsere Wälder zu ziehen.

Kann man machen ist aber falsch!

Für derart spinnerte Ideen ist natürlich immer das Jordbruksverket sehr offen. Nur ist es ratsam, Projekte dieser Art bitte vorher mit dem JV zu klären. Es wird Ihnen dann schon in Form eines Beslut mitteilen, was es davon hält.

Dann wäre noch das **Bolagsverket** zu nennen. Es ist zuständig in allen Fragen was selbstständige Tätigkeit angeht von der Registrierung des Unternehmens beginnend usw. usf. Das wären auch schon die Behörden, die Sie unbedingt kennen müssen. Das Schöne daran, diese Ämter gibt es wie gesagt nur einmal, was wirklich vieles leichter macht. Es gibt dem zu folge hier in den Kommunen keine Meldestelle, keine Kfz. Zulassung usw. usf. Alles was Sie im Zuge ihrer Anmeldung hier wie Ihres Lebens in Schweden behördlich zu regeln haben, wird über diese zentralen Ämter geregelt, von denen es noch einige mehr gibt, deren Aufzählung ich Ihnen erspare, da Sie vermutlich eher weniger mit diesen zu tun haben werden. Sollten Sie wann auch immer hier auf ein anderes Verket stossen, dann können Sie immer davon ausgehen, dass es gleichen allgemeinen Regeln folgt wie alle anderen Ämter.

Das macht das Leben eben hier sehr lebenswert!

Denn auch das ist **Lebensqualität**! Ich hatte im Zuge meiner Abmeldung viel viel mehr Zeit in deutschen Landen verplempert, während dessen nahezu alles recht schnell ging. Vieles wird hier elektronisch erledigt. Als ein deutscher Kanzler weiland anno domini 2000 den Satz prägte, dass *die Daten, nicht der Bürger* laufen sollen, sagte er leider nicht dazu, in welchem Land dies gelten solle.

Ich nehme an, er meinte Schweden.

…mit sinnvoller Verwaltungsstruktur

Die übrigens auch erklärt, warum Schweden eben ganz anders in der Corona Krise reagierte. Hier gibt es keine Behörden, die ggf. gegenseitig im Wettbewerb stehend den Menschen das Leben schwer machen. Denn in Schweden gibt es Landschaften, Län und die Kommun. Das Län ist wie die Provinz und die Kommun ist der Landkreis.

Eher unbekannt dagegen die Rolle des Begriffs Landschaft bzw. Landskap. Letzterer ist ein historischer Begriff, welcher um 1350 herum entstand und heute nach wie vor benutzt wird. Dann gibt es noch die Begriffe Götaland, Svealand und Norrland, die ebenfalls historischen Ursprunges sind. Dies Einteilung hat ihren Ursprung in der Zeit der Völkerwanderung:

- Götaland ist das Land der Goten. Es beginnt im Osten auf Gotland und erstreckt sich Richtung Westen über die Provinzen Östra Götaland wie Västra Götaland nach Göteborg. Heute werden auch Skåne, Blekinge, Halland, Bohuslän, Dalsland mit zu Götaland gerechnet. Sie gehören aber historisch nicht zu Götaland.

- Svealand ist das Land der Schweden mit Kern der Dalarna wie einiger umliegender Provinzen oder einfach Mittelschweden.

- Norrland ist wie der Name es sagt Nordland und bezeichnet alles nördlich von Svealand.

Nun muss man nur noch wissen, welche Landschaft wozu gehört und schon kann man hier nicht so sehr viel falsch machen. Denn Landschaft muss nicht zwingend gleich Provinz sein.

Am Beispiel von Skåne und Blekinge trifft dies zu. Am Beispiel von Småland trifft dies wiederum nicht zu:

- Småland umfasst die Provinzen Jönköpings Län im Norden, Kalmar Län im Osten und Kronobergs Län.

- Finnveden befindet sich nun in Kronobergs Län und eben nicht in Finnland, wie sich die Finnmark nicht in Finnland befindet.

- Die Insel Öland gehört zwar zu Kalmar Län aber eben nicht zu Småland. Öland ist eine eigene Landschaft.

**So etwas muss man wissen,
wenn man hier leben möchte!**

Dann erklärt sich bspw. auch, warum es Sport oft eine Småland und eine Öland Meisterschaft gibt oder eben die Zeitung Barometern auch von Öland berichtet, aber auf Öland eher das Ölandsbladet gelesen wird.

So wie Sie jeden echten Lausitzer bzw. Sorben beleidigen können, wenn Sie ihn wahlweise als Preussen oder Sachsen bezeichnen, so können Sie hier in den berühmten Fettnapf treten, wenn Sie einen Ölänning als Smålänning bezeichnen. Man erkennt wie in Deutschland auch oft am Dialekt woher jemand kommt.

Dies heisst für Sie immer dass egal was Sie hier zu tun gedenken, in erster Linie immer der Landkreis Ihr nächster Anlaufpunkt. Wie dieser Ihnen immer bei Bedarf sagen wird, wer zuständig ist, wenn es nicht der Landkreis ist. Wir sind bis dato immer sehr gut gefahren, unser Nybro Kommun zu fragen, wenn wir etwas zu tun gedachten, in das üblicherweise Behörden involviert sind.

...mit Bierdeckel Steuererklärung

Schweden hat schon lang die Steuererklärung auf dem Bierdeckel, die ein deutscher Politiker einmal gelobte einführen zu wollen. Diese erfolgt basierend sinnvoller Verwaltungsstruktur einmal jährlich und zwar so:

1. Anhand Ihrer Personnummer werden über das Jahr hinweg alle Steuern erfasst, die Sie zahlten.

2. Irgendwann im Frühjahr schickt Ihnen das Skatteverket eine fix und fertig ausgefüllte Steuererklärung.

3. Aus dieser geht hervor, ob Sie etwas wieder bekommen oder noch zu zahlen haben.

4. Sind Sie mit diesem Vorschlag einverstanden, dann schicken Sie einfach eine SMS an das Skatteverket und gut ist es.

Daraus folgt, dass Sie normalerweise auch keinen Steuerberater benötigen. Was schon einmal bares Geld spart. Nun muss man nur noch wissen, dass alle Sozialleistungen wie Krankenversorgung, Rente usw. usf. Steuer finanziert in Schweden sind. Es gibt dem folgend hier keine Kranken-, Renten-, Pflegeversicherung wie Sie es aus Deutschland kennen. Sie zahlen hier immer „*nur*" Steuern. Was vieles einfacher macht. Das was in Deutschland monatlich oder quartalsweise wer auch immer an diverse Kassen zahlt, erfolgt hier in Form der Arbetsgivaravgift bzw. bei Einzelunternehmen in Form der Preliminärskatt, der Vorsteuer.

Praktisch sieht dies so aus, dass Ihr Arbeitgeber aus seiner Buchhaltung heraus diese anhand Ihrer Personnummer respektive alternativ übergangsweise Samordningsnummer elektronisch an das Skatteverket meldet und dann abführt. Sie selbst können jederzeit in Ihr Steuerkonto Einblick nehmen und dies verfolgen, so Sie es wünschen.

In der alt her gebrachten Papierform sieht dies konkret so aus, dass auf der Vorderseite einer DIN A4 Seite die regelmässige Umsatzsteuererklärung abgegeben wird und sich auf der Rückseite eine Tabelle für die Arbetsgivaravgift befindet. In dieser werden zeilenweise die PN der Arbeitnehmer, deren Brutto wie die sich daraus ergebenen Abgaben eingetragen und natürlich auch abgeführt. Das ist total simpel und absolut kein Aufreger. Uns kostet dies jeden Monat wirklich nur wenige Minuten. Was einmal mehr zu dieser Frage führt:

Gibt es die EU zweimal?

Auf diese Frage stossen Sie hier regelmässig, wenn Sie mit welchen rechtlichen Dingen auch immer zu tun haben. Seit etwa zehn Jahren erlebe ich in schöner Regelmässigkeit, dass Regel 0815/4711 in deutschen Landen damit erklärt wird, dass man natürlich wisse, dass diese Käse sei, aber eben die EU entschieden habe, na Sie wissen schon was ich meine. Schaut man dann hier in Schweden und fragt noch dumm, ob denn die Einheimischen auch mit dieser Regel so zu kämpfen haben, dann schauen einen die Einheimischen als ob man von einem anderen Stern kommt. Beispiele gefällig? Aber gern?

Als im Mai 2018 in der bunten Republik die **DSGVO**, die Datenschutzgrundverordnung eingeführt wurde, war überall der Teufel los und Kreti und Pleti erklärte jedem, der es wissen oder auch nicht wollte, dass das ja die EU so wolle. Derweil ging gleiches Thema hier total unaufgeregt über die Bühne. Unser Internet Provider tat uns gegenüber nur kund, *mach einfach so weiter wie bisher*. Derweil schon wenige Tage nach Inkrafttreten, deutsche Medien etwas von Nachbesserungsbedarf faselten und sich damit nur selbst in das Abseits stellten. Wie kann bitte Deutschland allein was auch immer von der EU vorgegebene ändern? Entweder gilt dann die Änderung für alle EU Staaten oder eben Deutschland macht mal wieder einen Alleingang wie eben 2015 geschehen.

Ein ganz ganz heikles Thema ist das **Waffenrecht**. Nach wie vor ist es so, dass in Schweden Jäger wie Sportschützen viel viel einfacheren Regeln unterliegen, als in Deutschland. Auch weiss hier jeder Dreikäsehoch, dass Straftäter im Regelfall nie aus den Reihen von Jägern und Sportschützen kommen. Dem folgend kann hier auch niemand nachvollziehen, wenn man vielleicht gar Messer mit mehr als sechs Zentimeter Klingenlänge in Deutschland verbieten möchte, was nebenbei bemerkt a priori **Humbug vom feinsten** ist. Dann müsste man nämlich auch Küchenmesser wie Essbesteck verbieten.

Ergo muss es die EU zwangsläufig zweimal geben.

Nämlich die eine EU in der Schweden wie die anderen nordischen Länder Mitglied sind. Diese sehen das nämlich auch alle **so schön unaufgeregt** wie Schweden und dann eine EU in der die BRD und wer auch immer Mitglied ist. Anders ist ja nicht erklärbar, dass oft ein und dieselbe EU Regelung so unterschiedlich angewendet wird.

Das setzt sich auch bei Förderprogrammen aller Art fort. Selbst mit dem Thema viele Jahre befasst, erklärte man mir in NRW, Schleswig Holstein, Mecklenburg Vorpommern, Brandenburg wie Berlin mehrfach, dass dieses und jenes Unterfangen nicht förderwürdig sei, weil eben leider die EU na Sie wissen schon… Schon vor weit über 15 Jahren stellte ich dann fest, dass das hier total anders. Besonders was die Förderung kleiner Unternehmen angehend. Fragte ich dann besagte Halb- und oft nichts Wissende in deutschen Landen wie sie diesen Unterschied erklären, dann erntete ich nur Achsel zucken oder unpassende Bemerkungen.

Legen Sie daher bitte nicht mehr alles auf die Goldwaage, was zum Thema EU wo auch immer postuliert wird. Oft sind da halt dann auch mal schnell Fake News darunter.

Die EU an sich ist wirklich nicht schlecht!

Wie sie auch nicht so neu ist. Schon Margarete I. wusste 1397 als sie die Kalmarer Union gründete, was die Vorzüge eines geeinten Europa sind. Glauben Sie nicht? Dann machen Sie doch einmal folgenden Versuch:

Legen Sie einem deutschen Politiker Ihrer Wahl egal ob SPD, Grüne, CDU …. oder eben auch gern der AfD den Text besagter Union vor, sagen nicht woher er stammt und fragen ihn, was er dazu sagt.

Sie werden staunen!

Lassen Sie ihn dann bitte ein bisschen staunen und lüften Ihr Geheimnis. Der Text der Kalmarer Union entspricht wirklich in weiten Zügen dem was, sich heute die EU auf ihre Fahnen schreibt. Wobei liebend gern in Brüssel und anderswo vergessen wird, dass ursprünglich einmal von einem Europa der Vaterländer und wirklich nie von einer EUdSSR die Rede war. Was auch erklärt, warum eben doch in Schweden manches anders ist.

Hier ist noch immer unser König Staatsoberhaupt.

Ist ein SWEXIT denkbar?

Diese Frage wird seit dem BREXIT hier regelmässig diskutiert. Ehrlich gesagt kann ich Ihnen diese Frage leider nicht beantworten. Nur mit etwas Hintergrundwissen einige Gedanken dazu äußern.

Ein SWEXIT ist insofern jederzeit möglich, wie es eben möglich war, dass die Schweden und Schwedinnen in freier Entscheidung die Einführung des Euro am 14.09. 2003 ablehnten. Ich setze als bekannt voraus, dass bekannt ist, dass in Deutschland eine derartige Abstimmung nie statt fand, wie es in der DDR weder keine Volksabstimmung über die Einführung der Deutschen Mark per 01.07.1990 noch über den Beitritt zur BRD gab[49].

Das ist eben Demokratie Made in Sweden!

Sollte es nun wann auch immer eine Entwicklung in Richtung SWEXIT geben, dann ist das definitiv **nicht** das Ende dieser Welt. Den doch etwas anderen Weg, den Schweden im Zuge der Corona Krise gingen waren genau genommen ein SWEXIT in Form einer Abstimmung mit den Füssen.

Gut möglich dass dies der Anfang einer neuen Welt ist.

---

[49] Der einzige Volksentscheid auf deutschem Boden war bis dato der Volksentscheid vom 06.04.1968 über die Verfassung der DDR. Das Grundgesetz trat 1949 genauso ohne Volksabstimmung in Kraft wie die Verfassung der DDR vom 07.10.1974.

Das nicht EU Land Norwegen nahm in den letzten 30 Jahren eine recht ansprechende Entwicklung, überholte mittlerweile vielfach Schweden und das hat wirklich nichts mit dem Öl der Norweger zu tun. Die vielen Gruben nördlich des Polarkreis befinden sich in Schweden, nicht in Norwegen wie sich die reichen Wälder in Schweden und nicht in Norwegen befinden.

Die Corona Krise offenbarte deutlich, dass die EU sowieso momentan vor einem Zerfall stehen könnte. Genau genommen nahm ja jedes EU Mitglied seinen ganz eigenen Weg, um der Krise zu begegnen. Am 19.06.2020 wies der Spezialist für Krisenvorsorge Herr Samuel Palmblad am 19.06.2020 in der Zeitung Barometern im Zuge dessen daraufhin, dass besagte Krise zeige, dass der Gedanke gegenseitiger Hilfe der EU Länder nicht funktioniere[50].

Auch gab es Schweden vor dem EU Beitritt schon viele viele Jahre und Schweden wird es nach einem ggf. geschehenen SWEXIT bzw. auseinander brechen der EU dann auch noch geben. Vollkommen dahin gestellt, ob es einen SWEXIT im Ergebnis einer Volksabstimmung geben sollte oder ob Schweden mehr oder weniger still und leise doch manchmal ganz andere Wege geht, als man es in Brüssel wie Berlin gern so hätte. Um so wichtiger ist folgendes Thema:

---

[50] Vgl. „Lagren som skulle rädda Kalmar Län", Barometern vom 19.06.2020, Seiten 4 und 5

Wählen gehen in Schweden

Als EU Bürger, der Sie nun einmal sind, haben Sie das Recht, hier an Wahlen teilzunehmen und zwar wie folgt:

In dem Moment wo Sie hier gemeldet sind und eine Personnummer haben, sind Sie Wahl berechtigt für den Kreistag bzw. die Kommune und den Landsting.

Haben Sie dann vielleicht später die schwedische Staatsbürgerschaft, dann dürfen Sie auch den Reichstag wählen.

Bezüglich der EU Wahlen werden Sie im Vorfeld hier angeschrieben und gefragt, wo Sie wählen wollen? Hier in Schweden oder in Deutschland.

Der Wahlkampf und manchmal leider Gottes auch Krampf entspricht in etwa dem, was Sie aus Deutschland kennen und ein gewisser Kurt Tucholsky schon vor bald über 100 Jahren in Form des Gedichtes „*Ein älterer aber leicht besoffener Herr*" zu Papier brachte. Tucholsky siedelte Ende der 1920er Jahre nach Schweden um.

Die Botschaft dieses Gedichtes lautet ganz schnöde: Jede Partei verspricht Ihnen nach den Wahlen den Himmel auf Erden usw. usf. Ungeachtet dessen ist es vielleicht ganz gut etwas über den hiesigen Politikbetrieb zu kennen, was natürlich zu dieser Frage führt:

Wen wählen?

Das kann ich Ihnen natürlich auch nicht sagen. Wie es vielleicht ganz ganz gut ist, einige Grundzüge schwedischer Politik zu kennen. Hat doch Schweden eine ganz ganz andere Parteienlandschaft als Deutschland. Wenn auch manche Parteien gleichen Namen wie das deutsche Pendant tragen.

Was dann aber auch wirklich das einzig Gemeinsame ist.

Schwedens Christdemokraten, die hier Kristdemokraterna heissen sind eine eher kleine Partei, mit klar an christlichen Werten ausgerichteter Programmatik.

Schwedens Sozialdemokraten, die hier Socialdemokraterna heissen, sind ursozialdemokratischen Themen einst u.a. von August Bebel und Ferdinand Lasalle begründet viel viel näher, als es seit Jahren die deutsche SPD ist. Kommen Sie daher hier wirklich bitte nie auf die Idee, einen schwedischen Sozialdemokraten mit der SPD in einen Topf werfen zu wollen. Auch wenn man jemanden warum auch immer nicht leiden kann, muss man jemanden nicht so beleidigen.

Gleiches betrifft Vergleiche aller Art zwischen CDU/CSU und hiesigen Kristdemokraterna.

Dann haben wir hier noch die Zentrumspartei, die Centerpartiet oder auch nur kurz Centern genannt. Die Centern hat ihre Wurzeln in der hiesigen Bauernschaft. Wie sie noch heute gerade auf dem Land sich hoher Beliebtheit erfreut.

Weiterhin zu nennen wären die Schwedendemokraten, die nun wirklich rein gar nichts mit der deutschen AfD gemein haben. Wenn auch sie oft von den wirklich Ewiggestrigen liebend gern mit dieser ominösen Partei verglichen werden, die einst den Euro abschaffen wollte, aber nun in den Parlamenten vertreten dank genau dieses Euro satte Diäten kassiert.

Neben den Schwedendemokraten gibt es noch die Moderaterna. Sie sind in vielen Dingen der FDP unter Genscher vergleichbar. Wie auch Kristdemokraterna, Sverigedemokraterna und Moderaterna mittlerweile auf kommunaler Ebene oft wie erfolgreich zu gleich zusammen arbeiten.

Eine vernachlässigbare Rolle spielen hier die Grünen, Miljöpartiet genannt und die Liberalen, hier Liberalerna genannt. Es ist durchaus denkbar, dass beide Parteien es auch einmal nicht mehr über die hier übliche 4% Hürde schaffen könnten. Wie Vertreter dieser beider Parteien hier oft auch gar nicht mehr ernst genommen werden.

<u>Dann gibt es hier etwas, was anderswo undenkbar ist:</u>

Minderheitsregierungen! So wird Schweden seit 2014 in nun zweiter Legislaturperiode in Folge von einer rot grünen Minderheit regiert. Interessanterweise führte nun genau diese rot grüne Minderheitsregierung unmittelbar nach dem Jahr 2015 **Grenzkontrollen** ein und kam auch noch **nicht** auf die Idee, hiesige AKW einfach mal so vom Netz zu nehmen. Auch dem grünsten der Grünen ist hier klar, was passiert, wenn man diese tun würde.

Wie Minderheitsregierungen immer Vorteile haben!

Keine Minderheitsregierung dieser Welt kann nur einen Beschluss durchsetzen, wenn sie nicht mindestens eine Partei von der Oppositionsbank dazu bekommt, mit zu machen. Die Corona Krise zeigte klar und deutlich, dass eines der Geheimnisse des erfolgreichen schwedischen Weges darin besteht, dass wir hier eine Minderheitsregierung haben. Wie es auch in allen anderen Themen jeden Tag auf das Neue zeigt, dass dieser Weg zu regieren gar nicht so schlecht ist.

Woraus folgt, dass es natürlich Ihre ureigene Sache ist, hier wählen zu gehen oder auch nicht, wie so Sie wählen gehen sollten, es einzig und allein Ihre Sache ist, wen Sie wählen. Es ist hier übrigens nicht üblich darüber zu reden, wem man seine Stimme zu geben gedenkt. Wie es generell hier nicht üblich ist, auf Deutsch gesagt jeden Käse politisch zu hinterfragen.

Das Private ist hier wirklich nicht politisch!

Weshalb vor allem jüngeren Auswanderern geraten sei, sich so vorhanden ganz ganz schnell von politischen Interpretationen aller Art zu verabschieden. Hie gilt nach wie vor, dass jemand absolut kein Nazi ist, nur weil er braune Schuhe trägt. Wie jemand auch kein Sozi ist, weil er im Winter eine rote Bommelmütze auf dem Haupt trägt. Was uns auch schon zu folgendem Thema führt.

Lassen Sie die Politik draussen!

Lassen Sie bitte wirklich hier egal was Sie wann und wo hier tuen zu gedenken, die Politik aus dem Spiel. Vollkommen egal welcher wie auch immer gearteten politischen Ansicht Sie selbst sein sollten. Es ist in Schweden nicht üblich auf Deutsch gesagt jeden Käse zuerst auf dessen politische Relevanz zu hinterfragen, um dann zu entscheiden, ob der Käse schmecken könnte oder auch nicht.

Was erklärt, warum gerade deutsche **Politversager** aller Coleur hier in schöner Regelmässigkeit scheitern. In den 1990er Jahren waren es vorwiegend Anhänger des rechten deutschen Lagers die hier was auch immer wollten[51]. In den letzten Jahren sind es zunehmend permanent links-drehende Zeitgenossinnen wie Genossen, und dann ab und an im wahrsten Sinne des Wortes den Vogel abschiessen. Oft allein deshalb weil diese kein Schwedisch können.

Wenn hier welcher Käse auch immer auf den Tisch kommt, dann wird nur gefragt, wieviel man davon essen darf. Wie während des essen noch immer ein jeder für sich selbst entscheidet, ob ihm nun dieser Käse schmeckt oder nicht. Sollte der kredenzte Käse nicht schmecken, dann nimmt man sich eben einfach einen anderen Käse und versucht nicht, den nicht schmeckenden Käse solang zu verbiegen, bis er vielleicht schmecken könnte. Was auch erklärt, warum es in Schweden weder rechte noch linke Zeitungen gibt.

Es gibt in Schweden immer nur Zeitungen!

---

51 Vgl. https://taz.de/!1490016/ download vom 13.06.2020

Dann ist es verdammt wichtig, wenn man sich hier wie auch immer politisch betätigen möchte, auch wirklich den schwedischen Politikbetrieb zu kennen. Dieser funktioniert ganz ganz anders als deutscher Politbetrieb. Schweden hat im Gegensatz zu Deutschland auch ein ganz ganz anderes Parteiensystem auf das ich bereits in groben Zügen einging. Wer obendrein hierher kommt und jede ihm nicht genehme Meinung reflexhaft in die AfD Ecke drückt, dem ist hier wirklich nicht zu helfen. Noch besser kann man selbst wirklich nicht zeigen, dass man keine Ahnung hat. Es gibt hier nämlich keine AfD und es wird auch nie eine AfD in Schweden geben.

Warum das so ist, sagt Ihnen gern der Logiker Ihrer Wahl.

Deshalb an dieser Stelle einige Klassiker, die in schöner Regelmässigkeit verständnislose Blicke Deutscher auslösen:

1. **Die Jagd** ist in Schweden total normal. Wie es auch total normal ist, Wildbret zu essen. Ebenfalls total normal, dass je nach Lage Quoten für die **Schutzjagd** festlegt. Will heissen wieviel Wölfe, Bären, Kormorane aber auch Seehunde ggf. zu schiessen sind. In unserem Orrefors gibt es bspw. sogar einen Wildschwein Warndienst. Welcher sehr erfolgreich ist. So konnten von Herbst 2019 bis Frühjahr 2020 knapp 30 Schweine zur Strecke gebracht werden, was die Anwohner anerkennend zur Kenntnis nahmen. Wie deren Fleisch verzehrt wurde.

2. Auch der Betrieb von **Atomkraftwerken** ist in Schweden total normal, wie es total normal ist, über deren Ausbau nach zu denken. Hier sind ganz speziell Grüne bspw. willens und in der Lage vollkommen unaufgeregt Themen dieser Art zu diskutieren.

3. **Elektromobilität** ist hier ebenfalls mit vielen vielen Fragezeichen versehen. Wie der Betrieb Diesel betriebener Kfz. total normal ist. Hier weiß jeder drei Käse hoch was passiert, wenn allein die Anwohner einer Strasse wie unseres Kantavägen auf E-Mobilität umschalten würden. Dann würde nämlich nicht nur in Orrefors das Licht ausgehen.

4. **Meinungs-Presse**- wie natürlich **Religionsfreiheit** sind hier total normal. Wie es hier nicht üblich ist, dass die Polizei gegen wen auch immer prügelnd vor geht.

5. Ebenfalls total normal, dass Menschen wie Parteien ganz offen für die **Wahrung** jüdisch christlicher Kultur wie den Erhalt der Monarchie eintreten.

6. Wie auch total normal ist, dass Muslime hier in Ruhe ihren religiösen Gepflogenheiten nachgehen können.

Wer also mit diesen beispielhaft genannten Themen ein Problem hat, sollte bitte wirklich nicht nach Schweden auswandern. Natürlich kann sich jeder, der möchte hier politisch engagieren. Nur ist dies gerade am Anfang wirklich wenig empfehlenswert. Sie wären nicht der Erste, der sich hier lächerlich macht. Daher meine Empfehlung die Politik bitte draussen zu lassen, wenn Sie hier Erfolg haben möchten.

Das hat nebenbei bemerkt etwas mit Logik wie Respekt zu tun. Wenn Sie irgendwo zu Gast sind, dann bestimmt auch immer der Gastgeber, was zu essen auf den Tisch kommt. So wie Sie sich nirgends gute Freunde machen, in dem Sie auf Besuch zunächst kund tun, was Sie gerade einmal nicht essen bzw. trinken, bevor gemeinsam gegessen und getrunken wird, so macht man sich hier keine Freunde, wenn man versucht deutsche Seiten in der hiesigen Politik aufziehen zu wollen und damit weiter im Text:

Das hiesige Gesundheitswesen

Wohl zu keinem anderen Thema wird in Deutschland mehr Nonsens verbreitet wie über das schwedische Gesundheitswesen. Das war schon zur Jahrtausendwende so und das ist heute immer noch so. Meist wissen angeblich diejenigen am allerbesten über unser Gesundheitswesen Bescheid, die noch nie in Schweden waren. Zunächst muss man wissen:

> Die Gesundheitsversorgung ist hier **unabhängig** des Geldbeutels für alle gleich.

Jeder im Einwohnermelderegister registrierte d.h. *folkbokförd i Sverige* hat die **gleichen Ansprüche** auf gesundheitliche Versorgung. Es spielt hier wirklich absolut keine Rolle, ob Sie ein Jahresgehalt von einer Million Euro haben oder warum auch immer doch etwas weniger verdienen. Natürlich kann jeder je nach Gusto noch eine private Zusatzkrankenversicherung abschliessen. Was aus meiner bescheidenen Sicht nicht notwendig ist.

Wenn Sie sagen wir Rückenschmerzen haben, dann kommt hier niemand auf die Idee, vielleicht erst mit der Krankenkassen darüber zu reden, wer welche Behandlungskosten übernimmt oder eben auch nicht und was davon zuzahlungspflichtig ist und was wieder auch nicht. Es gibt hier nämlich gar keine Krankenkasse, wie es auch keine Pflegekasse gibt. Was nun wiederum im Leistungskatalog steht und was nicht, das wird in Stockholm festgelegt. Aufgabe der Län mit den ihnen nachgeordneten Kreisen, die hier Kommun heissen ist es „*lediglich*" die Umsetzung in Zusammenarbeit mit der **Försäkringskassan** zu gewährleisten. Diese heisst zwar dem Namen nach Versicherungskasse, hat aber wie schon gesagt ganz ganz andere Aufgaben.

<u>Wissen muss man nun nur einige Grundregeln:</u>

Regel Nummer Eins lautet, Sie können hier nicht einfach mal so zum Arzt gehen, um sich vielleicht den Augendruck messen zu lassen, weil gerade nichts Gescheites im Fernsehen kommt. Im Umkehrschluss kommt der Arzt Ihres Vertrauens hier nie auf die Idee, aus Ihnen eine Dauerlutscher der Form zu machen, dass er Sie immer wieder bestellt, weil es ja so schöne viele Punkte abzurechnen gibt…

Hier gibt es ein festes Hausarzt Prinzip.

Jeder hier Versicherte hat einen festen Hausarzt, der in den meisten Fällen seinen Sitz in der Vårdcentral der entsprechenden Kreisstadt hat. Die Vårdcentral entspricht in Aufbau und Funktion der Poliklinik aus der DDR. Ihr einzige Aufgabe ist wirklich „*nur*" sich um die Patienten zu kümmern. Sie wird Ihnen hier nie individuelle Gesundheitsleistungen, auch in Deutschland unter dem Namen Igel bekannt anbieten oder bestrebt sein, Ihnen welchen Käse auch immer auf Ihre hoffentlich nicht vorhandenen Hühneraugen zu drücken.

Wenn Sie Ihren Hausarzt sprechen wollen, dann beginnt hier **ausser** im Notfall alles über die **1177**, die Sie entweder anrufen können oder sich über die URL <u>1177.se</u> einloggen um bspw. einen Termin online zu buchen. Abgewickelt wird alles über Ihre **Personnummer**. Anhand dieser kann jeder medizinische Leistungserbringer Einblick in Ihr Patientjournal nehmen, welches elektronisch geführt wird. Egal dabei, ob Sie gerade im Fjäll beim Wandern vom Berg stürzten, sich ein Bein brachen oder zu Hause mit einem Husten sitzen.

Haben Sie dann über die 1177 einen Termin gebucht, dann ist es wirklich sehr empfehlenswert, diesen bitte auch wahr zu nehmen. Sie können im Regelfall auch davon ausgehen, dass Sie zum Termin dran kommen. Ergo gibt es hier keine langen Wartezeiten. Wenn Sie sagen wir morgens um 07:15 einen Termin haben und nicht gerade Ihren Kopf unter dem Arm tragen, dann sind Sie oft schon um 07:30 wieder fertig und können auf dem Heimweg die Brötchen zum Frühstück mit bringen.

Im Zuge dessen kommt der Krankenschwester, hier Sjuksköterska genannt, eine sehr sehr wichtige Rolle zu. Die Sköterska ist Ihr **Lotse**. In der DDR gab es einmal die Fernsehserie *„Schwester Agnes"*. Meisterhaft von Agnes Kraus (1911 - 1995) gespielt. Auf youtube finden Sie sicher einige ihrer noch heute sehenswerten Filme. Wenn Sie nur einen dieser Filme gesehen haben, dann wissen Sie, wie hier die Sjuksköterska funktioniert. Dem folgend hat eine Sjuksköterska auch eine ganz ganz andere Ausbildung als eine Krankenschwester in Deutschland. Die Sjuksköterska ist ein halber Arzt. Daher gilt die eiserne Grundregel:

Was die Sköterska sagt, wird auch gemacht!

Deutsche Patienten staunen in schöner Regelmässigkeit immer wieder, wenn sie neu hierher kommen, dass dem wirklich so ist. Es ist aber wirklich so! Versuchen Sie daher wirklich bitte nie, mit der Sköterska deren Verordnung betreffend über was auch immer zu diskutieren. Das geht definitiv schief. Sie können hier immer mit der Sköterska über alles mögliche reden. Sagen wir die letzten Eishockeyspiele usw. usf. Aber kommen Sie bitte wirklich nie auf die Idee, ihre Verordnungen in Frage zu stellen oder gar selbst alles besser zu wissen.

Interessanterweise führt genau dies in schöner Regelmässigkeit dazu, dass hierher kommende Deutsche urplötzlich fest stellen, dass sie gar nicht soviel Medikamente benötigen, die doch der nette Herr Doktor in Deutschland immer so aufschrieb. Ein probates **Mittel gegen Kopfschmerzen** ist hier nebenbei bemerkt das Trinken von Wasser oder alternativ von Mädesüsstee. Das hängt damit zusammen, dass sehr sehr oft Kopfschmerzen gerade im Sommer auf Flüssigkeitsmangel hindeuten und schon unsere Altvorderen wussten, dass Mädesüss gegen Kopfschmerzen hilft. Da ist nämlich das darinnen, was so in manch Präparat gegen Kopfschmerzen enthalten ist.

Mädesüsstee kann man einfach selbst machen!

Ab etwa Mittsommer blüht den ganzen Juli hindurch das Mädesüss am Wegesrand und auf den Wiesen. Man muss es nur pflücken und trocknen. Schon hat man seinen Tee. Will heissen, hier gibt es viele Menschen **jenseits der 60**, die ganz **ohne** Medikamente leben.

Auch das ist Gesundheit!

Und wenn man wirklich krank ist, dann braucht man auch hier einen guten Arzt und sonst nichts. Davon haben wir hier sehr sehr viele. Doch was hat es nun mit den Mängeln auf sich?

Natürlich gibt es hier Mängel im hiesigen Gesundheitswesen. Wie man immer auch andere Themen etwas verbessern kann. Die Frage ist halt nur, wie man Mangel interpretiert?

Sicher hatten wir in den letzten Jahren einen Mangel an qualifizierten Ärzten. Dieser ist momentan so weit ich das überblicken kann ganz gut dank Einwanderung behoben worden.

Sicher haben wir nach wie vor einen hohen Bedarf an qualifiziertem mittleren medizinischen Personal. Aber auch daran wird intensiv gearbeitet, wie genau das Ihre Chance sein kann.

Sicher haben wir auf jeden Fall einen extrem hohen Mangel im Bereich e-health. Dieser Mangel ist stellte sich im Sommer 2016 in etwa so dar. Eine auf Gotland urlaubende Patientin beklagte sich bitterlich medial, dass sie am Strande in der Sonne liegend keinen online Zugriff auf ihr Patientjournal hatte. Die Arme musste Tatsache einige hundert Meter in das nächste Dorf laufen, um sich dort in ein WLAN einklinken zu können.

Das Leben in Schweden kann schon sehr hart sein.

Will heißen, wer im Glashaus sitzt, der möge bitte nicht mit Steinen werfen. Vor allem wenn diese Steine aus Deutschland kommen. Sie können immer davon ausgehen, dass jegliche „*Mängel*" unseres Gesundheitswesen auf einem viel viel höherem Niveau als in Deutschland diskutiert werden.

Eine deutschte Gesundheitsministerin namens Frau Ulla Schmidt, Sie ahnen sicher, dass sie Mitglied der SPD ist, versprach den Deutschen einst dass Deutschland per 01.01.2006 eine bundesweit verfügbare e-health Architektur haben werde, die Weltniveau ist.

Dieses Weltniveau probieren Sie am besten gleich selbst aus, in dem Sie sich bitte sofort mit Ihrer deutschen elektronischen Gesundheitskarte in Ihre deutsche elektronische Patientenakte einloggen, dann Ihren ganz persönlichen Notfalldatensatz aktualisieren, anschliessend online Ihre letzten ärztlichen Verordnungen checken, um dann gleich noch eine Videokonferenz mit Ihrem Hausarzt zu buchen.

Ach so geht nicht in Deutschland!

Ja ich weiß, in Deutschland geht so vieles nicht. Wie es noch nie so sehr sinnvoll war, wenn unten am Fichtelberg stehend Radfahrer diejenigen kritisieren, die schon lange oben mit dem Rad angekommen, im Restaurant „*Himmelsleiter*" Ihre leckere Suppe löffeln. Diese kamen bestimmt vor den Kritikern oben an, weil die Schaltung am Rad falsch eingestellt war, weil zu wenig Luft auf den Pneus und ausserdem der Sattel zu hart usw. usf.

Das hiesige Rechtssystem

Das hiesige Rechtssystem orientiert sich am sogenannten **Vernunftrecht**, welches hier schon in grauer Zeit beiderseits der Ostsee gesprochen wurde. Dieses Vernunftrecht, auch als **germanisches Recht** bekannt, ist etwas anders als heutiges deutsche Recht. Letzteres kann nach wie vor seine ursprünglichen Wurzeln im **Römischem Recht** nicht verhehlen. Dies führt speziell bei hierher ziehenden Deutschen immer wieder zu diversen Irrungen und Wirrungen, was sich am besten am Beispiel eines Hundes erklären lässt: Es war und ist schon immer **vernünftig**, dass man einen **Hund** anleint und nur dann frei laufen lässt, wenn wirklich keine Gefahr für andere wie für den Hund selbst ausgehen kann.

Deshalb gilt in ganz Schweden **Leinenzwang**.

Es ist also total unvernünftig als Deutscher hier Schnuffi einfach frei laufen zu lassen. Wenn dann nämlich der Jäger Schnuffi weidmännisch erlegt, dann haben Sie ein Problem und nicht der Jäger. Der Jäger handelte dann nämlich vernünftig, in dem er nicht in das Revier gehörendes Getier erlegte. Wie Sie unvernünftig handelten, weil Sie Ihre verdammten Köter frei im Wald laufen liessen.

Vernünftig ist es auch, sich im Winter warm anzuziehen und nicht auf die sinnige Idee zu kommen die am 21.04.1996 geborene Luisa Neubauer zu verklagen, weil diese immer wieder was von Klimaerwärmung erzählt, Sie nun Luisas Empfehlung folgten und sich nun hier im Winter bei -20°C einen Schnupfen holten, da Sie in Badehose und freiem Oberkörper mit Schnuffi Gassi waren. Im Ergebnis dessen kommen Sie dann auf die Idee, Luisa zu verklagen, was einen nie enden wollenden Rechtsstreit in Deutschland ergeben könnte.

Denn weder Sie noch Luisa werden ja schon aus rein biologischen Gründen je in der Lage sein, momentan für das Jahr 2100 und folgende getroffene Behauptungen prüfen zu können.

Ein weiteres Beispiel ist divergenter Umgang in Schweden wie Deutschland in Sachen Corona. Hier in Schweden war ausreichend, dass der Regierungschef sagte: *„Stanna hemma - Bleib zu Hause!"* Jeder der hier Schwedisch spricht, wusste was Stefan Löfven meinte. In Sachsen schaffte man es bspw. gleiches in mehreren Verordnungen aufeinanderfolgenden Verordnungen zu platzieren. Beispielhaft sei die SächsCoronaSchVO vom 03.06.2020 genannt[52]. Allein beim Lesen des Kürzel SächsCoronaSchVO stehen einem ja schon die Haare zu Berge. Erst recht, wenn man den gesamten Titel liest. Er lautet: „Verordnung des Sächsischen Staatsministeriums für Soziales und Gesellschaftlichen Zusammenhalt zum Schutz vor dem Coronavirus SARS-CoV-2 und COVID-19" und lässt bei aller ihn inne wohnenden Komplexität vollkommen offen, was eigentlich passiert, wenn sich in die Sammlung diverser SARS-CoV-2 Viren versehentlich ein SARS-CoV-1 Virus einschleichen sollte.

Denn für den Virus vom Typ Eins gilt ja die VO offensichtlich nicht.

---

[52] Vgl. https://www.coronavirus.sachsen.de/download/SMS-Corona-Schutz-Verordnung-2020-06-03.pdf download vom 13.0.2020

Wenn man dann noch den netterweise gleich mit dazu gereichten Bussgeldkatalog Sachsens[53] liest, möchte man eigentlich mit dem Freistaat Sachsen so recht nichts mehr zu tun haben. Wie sich der gelernte DDR Bürger am Rande bemerkt, nur noch fragt, warum sich ausgerechnet die Sachsen so etwas gefallen liessen. Die friedliche Revolution des Herbst 1989 nahm ja in Sachsen ihren Ausgang. Aber das ist ein anderes Thema.

Dieser Vergleich soll nur zeigen, dass in Schweden schon immer sehr sehr viel Wert darauf gelegt:

1. Dinge so einfach wie möglich zu definieren. Stanna Hemma ist nun mal kürzer wie aussagekräftiger als besagte VO aus Sachsen.

2. Dinge so immer möglich ohne Drohungen in Form von Bussgelder zu klären. Wir sind hier nämlich vernünftige Menschen, denen man nicht drohen muss.

3. Dinge so immer möglich ausser gerichtlich zu klären.

Hier geht hiesiges Selbstverständnis noch immer davon aus, dass derjenige der nicht in der Lage ist, seine Probleme ohne Anwalt zu lösen eher ein Fall für die Bereiche Soziales denn für hiesige Gerichte ist. Weshalb Sie hier auch nicht so einfach jemanden verklagen können, wie natürlich auch selbst nicht so einfach verklagt werden können. Ich gehe davon aus, dass Ihnen bekannt ist, dass es bspw. in Deutschland gleiche eine ganze Abmahnindustrie gibt.

---

[53] Vgl. https://www.coronavirus.sachsen.de/download/2020-04-15_CoronaSchutzverordnung_Bussgeldkatalog.pdf download vom 13.06.2020

Wir hatten nun hier kürzlich so einen komischen Vogel Made in Germany, der der Meinung war, gleiches hier tun zu können. Er verfasste unendlich viele Schriftsätze, um alle möglichen Leute vor den Kadi zu zerren und scheiterte schon daran, dass seine Elaborate niemand übersetzen wollte. Ganz einfach deshalb weil hiesige Dolmetscher ob soviel Unverstand nur noch ihre Hände über dem Kopf zusammenschlugen und dankend der Form ablehnten, sie hätten keine Zeit. Weshalb dieser komische Vogel noch immer nicht versteht, warum sich niemand bei Gericht so recht für ihn interessiert. Aber vielleicht verklagt er ja nun bald unser schönes Königreich Schweden bei der UNO, Amnesty International oder wo auch immer kann man dazu nur noch lakonisch sagen.

So ist auch bei Gericht der Richter immer bestrebt ist, einen Ausgleich anzustreben. Es sei denn es handelt sich um eine eindeutige Straftat. Wer hier bspw. wegen Cyber Mobbing und Stalking vor dem Kadi steht, der darf nicht darauf hoffen, dass es einen Ausgleich geben wird. Nun zu einem Thema, welches Sie unbedingt kennen müssen. Es ist nichts anderes als angewandtes schwedisches Recht und spiegelt sich in folgendem Kapitel wider.

Me Too Risiken kennen

Die im Herbst 2017 über die Welt herein gebrochene Me To Kampagne führte in Schweden zu einigen knallharten **Verwerfungen**, in deren Ergebnis recht Prominente unter die Räder kamen. Einer von ihnen ist Herr Fredrik Virtanen, der andere Herr Benny Fredriksson. Letzterer weilt leider nicht mehr unter uns. Während Herr Virtanen „*nur*" unter Druck geriet, hielt Herr Fredriksson genau diesem dem Druck nicht stand und beging am 17.03.2018 Selbstmord. Heute weiss die Welt, dass an beiden Anschuldigungen nichts dran gewesen ist und sich „*nur*" mal jemand eben schnell profilieren wollte[54].

Frau Cissi Walin wurde Ende 2019 wegen grober Verleumdung von Herrn Fredrik Virtanen rechtskräftig verurteilt[55]. Am 12.06.2020 wurde bekannt, dass der Frau Wallin betreuende Verlag ihre Autobiografie stoppte, weil man seitens des Verlags zu der Einsicht kam, dass das Risiko sehr gross sei, dass Frau Walin bei Veröffentlichung nun auch noch in den Knast einrücken könnte[56]. So wirkt MeToo im Sommer 2020 noch gehörig nach.

---

[54] Vgl. https://fredrikvirtanen.se/jullasning-historien-om-hur-benny-fredriksson-drevs-i-doden-av-kollegor-politiker-och-medier/ download vom 13.06.2020

[55] Vgl. https://www.expressen.se/nyheter/cissi-wallins-dom-efter-ratte-gangen-om-fortal/ download vom 13.06.2020

[56] Vgl. https://www.svt.se/kultur/bokforlag-bryter-med-cissi-wallin download vom 13.06.2020

Im Ergebnis dessen hat sich hier eine Art **berechtigte Vorsicht** des männlichen Geschlechts gegenüber den Damen dieser Welt heraus gebildet, die in Teilen recht merkwürdige Auswüchse mit sich bringt. Eine heikle Frage ist momentan: Wie verhält sich ein Herr, wenn er mit einer Dame allein an einer Fahrstuhltür steht? Sekundär ob dem Herren die Dame bekannt ist oder nicht.

Auch Sie können als Mann diese Situation nur so lösen, in dem Sie die Dame bitten, doch bitte allein Fahrstuhl zu fahren. Sie wissen ja wirklich nie, was der Dame unterwegs so einfallen könnte. Wenn die nämlich oben aussteigt und behauptet, sie hätten sie begrapscht, dann haben Sie als Mann das Problem nicht die Frau.

Merken Sie sich das bitte!

So sind im sogenannten SfI Haus in Nybro immer recht spannende Szenen zu beobachten. Dort treffen sich jeden Morgen die SfI Teilnehmer, um gemeinsam nach oben in die Klassenräume zu gelangen. Vor MeToo war es so, dass man dazu der Einfachheit halber den Fahrstuhl nahm. Heute ist es so, dass während sie in den Lift steigt, er kund tut, mittels Treppen steigen etwas für seine Gesundheit tun zu wollen. Selbst erklärend warum er nicht mit den Damen in den Lift steigt.

Gleiches betrifft diese sinnigen neumodischen Umarmungen zu jeder passenden wie unpassenden Gelegenheit. Wenn Sie als Mann nicht zu 100% wissen, wer Ihnen da gerade die Arme entgegen reckt, dann lassen Sie das bitte. Sie wären nicht der erste, der auf solch Finte herein fiel. Das geht nämlich ganz ganz schnell.
Sie reckt Ihnen freudig lächelnd ihre Arme entgegen.

Sie fallen hinein und haben anschliessend eine Anzeige am Hacken weil Sie versehentlich nicht aufpassten und wirklich ausversehen beim umarmen den BH Verschluss der Dame an deren Rücken berührten.

Das reicht hier momentan aus, um vor den Kadi zu gehen!

Problematisch kann es werden, wenn Sie als Mann allein warum auch immer allein einer Polizistin gegen über stehen. Ehrlich gesagt, ich wüsste dann auch nicht, wie ich mich zu verhalten hätte, um selbst auf Nummer sicher zu gehen. Vielleicht ist es das einfachste dann die Dame zu bitten, einen neutralen Zeugen oder noch einen männlichen Kollegen hin zu ziehen.

Im Zuge dessen sei noch ein Wort zum **Samtyckeslagen** gesagt. Ein Gesetz, dessen Bezeichnung man schwer übersetzen kann und welches es anderswo auf dieser Welt auch nicht gibt. Seit Mai 2018 hat Schweden aber solch ein Gesetz[57]. Grundgedanke des Gesetze ist es, dass Sex immer freiwillig zu erfolgen hat und alles andere dem folgend strafbar ist. Laut Samtyckeslagen ist zu jeglicher wie auch immer gearteten sexuellen Handlung die Zustimmung desjenigen erforderlich mit dem diese praktiziert werden soll. Selbst die kleinste Berührung kann als *„oaktsamt sexuellt övergrepp"* - *„unachtsamer sexueller Übergriff"* gewertet werden, welche mit einer Freiheitsstrafe von bis zu vier Jahren honoriert werden kann. Also nicht ganz ohne ist.

---

[57] Vgl. https://www.svt.se/nyheter/inrikes/den-nya-samtyckeslagen-det-har-sager-den download vom 12.07.2019

Während sich nun anderswo in dieser Welt Menschen über dieses Gesetz amüsieren, erhitzt es im Sommer 2019 in Schweden die Gemüter. In einem Präzedenzfall kommt Anwalt Jörgen Frisk zu der Schlussfolgerung, dass im Ergebnis dessen **Unschuldige verurteilt werden können**[58]. Ist doch die Beweisführung quasi unmöglich. Es sei denn Sie bestellen jedes Mal vor dem Sex einen Notar…

Seit Einführung des Gesetzes wurden insgesamt sechs Männer diesbezüglich verurteilt[59]. Was in einer zunehmend Frauen dominieren Welt nicht weiter verwundern dürfte und auch die sogenannte unfreiwillige Einsamkeit erklärt, auf die ich gleich zu sprechen kommen werde.

Allein deshalb ist es aus meiner bescheidenen Sicht sehr sehr wichtig, als Mann die MeToo Risiken zu kennen, die hier in Schweden lauern können. Wohl gemerkt können nicht müssen. Doch nun zu einem weiteren wichtigem Thema:

---

[58] Vgl. https://www.svt.se/nyheter/lokalt/vasterbotten/forsvarsadvoka-ten-om-nya-samtyckeslagen-oskyldiga-kommer-att-domas download vom 12.07.2019

[59] Vgl. https://www.aftonbladet.se/nyheter/a/LAardP/ett-ar-med-sam-tyckeslagen-sex-man-har-domts-for-oaktsam-valdtakt download vom 12.07.2019

Was ist MSB?

Das Kürzel MSB steht für *Myndigheten för Samhällsskydd o Beredskap*, sprich Behörde für Zivilschutz und Bereitschaft. Aufgabe dieser relativ neuen Behörde ist es, landesweit alles in Sachen Krisenvorsorge zu organisieren. Im Zuge dessen entwickelte die MSB sehr viele Aktivitäten. Seit etwa Sommer 2016 begann man hier in Schweden die Menschen im Land medial diesbezüglich zu sensibilisieren. Wie mir natürlich bekannt ist, dass Deutschland momentan nicht über so eine Einrichtung verfügt.

Die Waldbrände des Sommer 2018 zeigten erstmals sehr konkret, dass es auch gut so ist, dass Schweden eine solche Institution hat. Wie MSB natürlich im Verlauf der Corona Krise das Ihrige dazu beitrug, dass die Situation im Lande immer im Griff blieb. Wie es sehr sehr wichtig ist, zu wissen, was Sie ganz persönlich für Ihre ganz individuelle Krisenvorsorge tun können wie auch müssen. Müssen deshalb weil jeder wie auch immer geartete Gedanke in Richtung Krisenvorsorge hier immer davon ausgeht, dass jeder im Land lebende Mensch unabhängig seiner Staatsbürgerschaft die verdammte Pflicht hat, sich **mindestens sieben Tage** im Krisenfall **selbst versorgen** zu können. Wie mir natürlich klar ist, dass im Zuge der Diskussion darüber oft in deutschen Landen reflexhaft linksdrehende Lampen angehen, die gleich Wunder etwas wittern. Will heissen:

Prepper sind hier total normal!

Nicht preppen wirklich die Ausnahme!

Allein deshalb weil hier Klimaerwärmung hin wie her mal schnell eben im Winter mehrere Tage alles dicht sein kann, der Strom ausfällt wie nur mit Ketten getriebene Fahrzeuge eine Möglichkeit haben zu fahren. Was auch gleich zur Sinnhaftigkeit der Frage führt, einen Pickup fahren zu müssen. Denn auch diese Dinger bleiben irgendwann im Schnee stecken. Wie in weiten Teilen des Landes ein ganz normaler SUV vollkommen ausreichend ist, um auch im Winter von A nach B zu gelangen oder eben auch einfach einmal zu Hause zu bleiben. Was gleich bedeutend auch signalisieren soll, dass Preppen hier ganz anders realisiert wird, als gemeinhin anderswo verstanden.

Die wahren Ereignisse der Bewältigung der Corona Krise Made in Sweden, die noch immer nicht in Deutschland bekannt, erklären sich in weiten Teilen dadurch, dass die Menschen hier mental auf Krisen aller Art vorbereitet sind. Die Krise, in diesem Fall Corona nicht urplötzlich über einen her fiel sondern Sven Svensson der Bruder des der Welt bekannten Max Mustermann ganz genau weiß, dass so etwas jeden Tag passieren kann. Weshalb es auch kein Aufreger ist, wenn im Umfeld schwedischer AKW regelmässig entsprechende Übungen statt finden, es in den Wäldern Lagerhallen voller Löschgerät gibt, wie sogar unser kleines Orrefors über einen eigenen Feldflugplatz verfügt. Das alles hat nichts mit Panik zu tun sondern rationalem logischen Denken, welches anderswo auf dieser Welt nicht mehr so verbreitet ist. Hier in Orrefors mitten in der schwedischen Pampa kann eben immer ein leichtmotoriges Flugzeug starten und landen, wie wir gleich mehrere Plätze haben, die sich als Hubschrauber-landeplätze eignen. Denn wenn hier im Südosten, auch als Schwedens Eisschrank bekannt, einmal richtig Schnee fällt, bleibt halt manchmal nur der Luftweg übrig.

Wie es natürlich auch absolut üblich ist, einiges Grundwissen über die jeweilige Krisberedskap wie sie hier heisst zu haben. Oberster Grundsatz dabei ist immer, dass der jeweilige Landkreis auf Knopfdruck eine Bereitschaftsorganisation bilden kann. Das umschalten ordnet der jeweilige Landrat an. In dem Moment wo dieser Krisberedskap ausruft, ändert sich das gesamte öffentliche Leben, wenn auch oft kaum nach aussen sichtbar. **Krisberedskap** hat auch immer etwas mit **Tarnung** zu tun. Wie Krisberedskap partiell ausgerufen werden kann, was üblicher Praxis entspricht. Im Sommer 2018 hatten wir bspw. Beredskap in Sachen Waldbrandverhütung und im Frühjahr 2020 in Sachen Corona. Dem folgend waren über den Sommer 2018 Löschkräfte in permanenter Bereitschaft wie Anfang 2020 medizinisches Personal gefragt und nicht umgekehrt.

In Sachen Krisberedskap können Sie als hier lebender Deutscher genau genommen nichts falsch machen. Sie müssen sich nur an die Anordnungen halten. Was natürlich voraus setzt, dass man auch Schwedisch kann. Allein deshalb weil im Gefahrenfall hier wirklich niemand Zeit die Formulierung „*Det brinner*" in die hier anerkannten Minderheiten- wie vielleicht noch 20 weitere Sprachen zu übersetzen. Ausserdem sieht man ja, wenn es brennt. Oder zumindest riecht man es. Sieht man es nicht mehr und riecht es auch nicht, ist man übrigens tot! Weshalb sich dann erst recht niemand um Sie kümmern wird. Im Krisenfall steht hier noch immer der Schutz des Lebens im Vordergrund. Ggf. Sprach bedingte Kollateralschäden werden bearbeitet, wenn die Gefahr vorbei ist.

Was wirklich hier heissen kann, dass Sie niemand beachtet, wenn Sie sagen wir bei einem Waldbrand wild mit den Armen rudernd unverständliches Zeuges auf Deutsch schreien sollten. Einfach deshalb weil die meisten Leute hier kein Deutsch können. Im Zuge dessen müssen Sie nun wirklich absolut zwingend zwei Begriffe kennen. Diese sind **Krisberedskap** und **Totalförsvar**. Krisberedskap heisst Krisenbereitschaft und Totalförsvar totale Verteidigung. Es heisst hier übrigens auch dann noch totale Verteidigung, wenn wer auch immer was auch immer sofort in welche Richtung auch immer zu interpretieren beginnen sollte. Der totale Krieg der verdammten Nazis war übrigens etwas ganz ganz anders. Er hat mit totaler Verteidigung rein gaaar nichts zu tun!

Was ist nun Krisberedskap genau?

Krisenbereitschaft umfasst alles, was Mann / Frau wissen muss, um sich auf Krisen vorzubereiten zu sein. Dieser Begriff wird leider allzu oft reflexhaft mit Krieg in Verbindung gebracht. Hat aber damit in 99,999% der Fälle wirklich nichts zu tun. Allein auf Grund geografischer Lage Schwedens kann es hier immer witterungsbedingt zu Krisen kommen.

Die Krisberedskap ist mehrstufig organisiert. Die **unterste** Stufe sind **Sie**. Ihre Aufgabe als hier dann Lebender besteht darin, bitte selbst dafür zu sorgen, dass Sie hinreichend viele Vorräte im Haus haben, um längere Zeit bis zu einigen Wochen aber mindestens einer Woche ohne Versorgung von aussen leben zu können. Man geht davon aus, dass das etwa die Zeit ist, bis man landesweit auf den Krisenfall komplett umschaltete. Dazu gehört in erster Linie ein entsprechender Wasservorrat.

Der Mensch kann durchaus einige Tage ohne feste Nahrung auskommen aber nur einige Stunden ohne Wasser. Wasserbevorratung ist gar nicht so schwer, wenn man einige Grundkenntnisse des Überlebenstraining hat. Kommt es doch nie darauf an, unendlich viele Wasserflaschen zu Hause zu haben, sondern zu wissen, wie man Wasser auf natürlichem Weg gewinnen kann. Schweden ist ein sehr sehr Wasser reiches Land wie man immer davon ausgehen kann, dass das Wasser in dem hier Fische leben nicht so ungesund sein kann. So man sich mit einfachen Mitteln einen Wasserfilter bauen kann. In jedem halbwegs gutem Buch über Aquaristik finden Sie entsprechende Anleitungen. Über bspw. Kies gefiltertes Wasser können Sie genauso gut für Fische wie für sich selbst nutzen. Solange die Fische im Aquarium leben, können sie es auch im Notfall trinken. Was im Umkehrschluss nichts anderes heisst, als dass ein 200 Liter Aquarium immer auch ein sehr guter Wasservorrat ist. Wenn Sie dann noch Hunger haben sollten, können Sie natürlich auch noch die Fische essen. Ob Sie davon satt werden, steht auf einem anderen Blatt. Wie es im Winter bei Schnee erst recht einfach ist, Wasser zu gewinnen. Neben Wasser gibt es natürlich noch mehr Dinge zu berücksichtigen, wie ich um Nachsicht bitte, wenn ich hier nicht näher darauf eingehe. Es gibt hinreichend viele Quellen, wo man sich diesbezüglich informieren kann. Im „Handbuch militärisches Grundwissen" der DDR finden Sie bspw. viele spannende Tips, die auch heute noch ihre Gültigkeit haben. Es kann als pdf herunter geladen werden[60].

---

[60] Vgl. https://de.scribd.com/document/258519860/Handbuch-Militarisches-Grundwissen-1984 download vom 12.06.2020

Im Krisenfall inkl. Waldbrand, Hochwasser usw. usf. werden nach Bedarf die **Hemvärnet**, das **Lottakåren** wie die **freiwillige Feuerwehr** aktiviert. Die Hemvärnet ist eine freiwilligen Organisation, die es in Deutschland nicht gibt. Sie entstand Anfang der 1940er Jahre und ist bewaffnet. Typische Einsatzgebiete der Hemvärnet sind bspw. Hochwasserschutz, Übernahme von Transportaufgaben bei extremen Wetter oder aber auch die Bewachung von Objekten. Die Hemvärnet ist Bestandteil der schwedischen Streitkräfte[61].

Das **Svenska Lottakåren** ist eine rein weiblich basierende Organisation, die schon Ende der 1920er Jahre entstand und welches in Krisenfällen zum Einsatz kommt. im Unterschied zur Hemvärnet ist das Lottakåren unbewaffnet und damit auch kein Teil der Försvarsmakten, der schwedischen Streitkräfte. Typische Aufgaben der Damen des Lottakår sind Sanitäts- wie beliebige andere logistische Dienste einschließlich der Bedienung einer Gulaschkanone, auch unter der Bezeichnung Feldküche bekannt. Beide Hemvärnet und Lottakår waren bspw. im Sommer 2018 in der Brandbekämpfung im Einsatz. Die Parlamentsabgeordnete Frau Paula Bieler (Schwedendemokraten) zog ohne Diskussion ihre Uniform an, um in einem Stab der Hemvärnet Dienst zu tun.

---

[61] Vgl. https://www.forsvarsmakten.se/sv/var-verksamhet/det-har-gor-forsvarsmakten/hemvarnet/ download vom 12.05.2020

Kommen Sie nun hier bitte wirklich **nie** auf die Idee, abfälligen Bemerkungen oder dummen Witze über Armee, Hemvärnet oder gar die Lottas zu machen, wie die Damen gleichnamigen Korps auch einfach nur genannt werden, geschweige denn, diese an ihren Handlungen zu hindern. Wer hierher kommt und denkt, er kann mal eben schnell ein paar Gefechts- bzw. Einsatzfahrzeuge abfackeln, der darf sich dann nicht wundern, wenn er bzw. natürlich auch sie eins, zwei, fix ein 1A Zimmer mit schwedischen Gardinen mitten in Schweden bekommt. Bei Dingen dieser Art verstehen hier im Einsatz befindliche Kräfte absolut keinen Spass.

Wie sie auch keinen Spass verstehen, wenn jemand vor Selbstbewusstsein strotzend wie von rein gar nichts eine Ahnung auf hiesigen Übungsplätzen Rad fährt oder Pilze sucht. Wir haben hier in der Nähe einen Übungsplatz von dem die Regionalpresse immer wieder berichtet, dass es zu Zwischenfällen dieser Art kommt, wie die Verpflegung in hiesigen Arrestzellen doch nicht so das berühmte gelbe vom Ei sein dürfte. Auch *„nur mal so"* herum crossen auf dem Übungsplatz mit dem eigen SUV bzw. Pickup kann im schlimmsten Fall 1A Löcher in der Karosse ergeben. Schwedische Schützen sind erfahrungsgemäss sehr gute Schützen! Nun müssen Sie nur noch dies wissen:

Auch Sie können im Krisenfall einberufen werden!

Und zwar bis zu einem Alter von **70** Lebensjahren unabhängig, davon ob Sie schon schwedischer Staatsbürger sind oder noch nicht. Diese Pflicht gilt für alle hier permanent lebenden Menschen. Sollten Sie also im Krisenfall einberufen werden, dann machen Sie bitte keine Sperenzchen. Das kommt hier nie gut an.

Das nicht befolgen der Einberufung ist eine Straftat und wird entsprechend geahndet. Auch können Sie hier immer sehr sehr sicher davon ausgehen, dass so etwas wirklich nur in Ausnahmefällen erfolgen wird. Im Gegenzug die hier tätigen Einsatzkräfte ihnen nie den Kopf abreissen werden, wenn Sie von sich aus helfen kommen. Während der schweren Waldbrände im Sommer 2018 gab es ein in Jämtland lebendes deutsches Paar, was mit jammern nie so recht fertig wurde. Es kam leider kein einziges Mal auf die Idee, selbst mit Hand anzulegen, während die Löschkräfte wenige hundert Meter weiter schwitzten, was das Zeug hielt. Sie wunderten sich dann, dass niemand mehr im Ort mit ihnen sprach. Kurz darauf zogen sie aus Jämtland weg. Warum wohl?

Was hat es nun mit Totalförsvar auf sich?

Totalförsvar heisst auf Deutsch **Totale Verteidigung,** hat aber nichts im entferntesten mit anderen wie auch immer gearteten Totalitäten zu tun. Totalförsvar heisst in erster Linie, dass in Schweden per Gesetz eine **totale Verteidigungspflicht** gilt. Sie gilt für alle in Schweden wohnenden Menschen unabhängig ihrer Staatsbürgerschaft, also auch für deutsche Auswanderer wie Einwanderer anderer Länder. Konkret gibt es drei Typen totaler Verteidigungspflicht:

- Die Wehrpflicht in der schwedischen Armee,

- Die Zivildienstpflicht im Rahmen von Tätigkeiten, die die Regierung beschloss.

- Die allgemeine Dienstpflicht zu Tätigkeiten aller Art, die der totalen Verteidigung dienlich sind.

Mehr dazu finden Sie in der 2018 heraus gegebenen Broschüre „*Om krisen eller kriget kommer*" bzw. auf den URL der Myndighet för Samhällsskydd o beredskap, www.msb.se oder https://www.dinsakerhet.se/ oder einfach Ihrem netten schwedischen Nachbarn. Wie sich an diesem simplen Beispiel einmal mehr zeigt, dass die Beherrschung der schwedischen Sprache wirklich nur denen schadet, die kein Schwedisch können.

Sollten Sie nun mit dem Thema „*Krisenbereitschaft*" ein Problem haben, dann wandern Sie **bitte nie** nach Schweden aus. Es ist hier vollkommen normal, dass dieses Thema professionell und Ideologie frei diskutiert wird. Wie Krisenbereitschaft einfach zum täglichen Leben hier dazu gehört. Bis dato schadete Krisenbereitschaft immer nur den Menschen im Lande, die selbst keine hatten.

Was sind VMA & Hesa Fredrik?

Eine **VMA** ist eine *Viktigt Meddelande till Allmänheten* (eine wichtige Mitteilung für die Allgemeinheit)[62]. Sie dient dazu, die Einwohner Schwedens vor Gefahren zu warnen. Sie wird bei Bedarf über das svt.se, Sverige Radio aber auch per SMS oder Sirene bekannt gegeben.

Die massiven Waldbrände des Sommer 2018 zeigten einmal mehr, dass die Beherrschung der **schwedischen** Sprache lebensnotwendig sein kann. Wird doch eine VMA üblicherweise in Schwedisch publiziert.

---

[62] Vgl. https://www.krisinformation.se/detta-gor-samhallet/vad-ar-en-kris/vma-sa-varnas-allmanheten download vom 21.06.2018

Den in einer VMA enthaltenen Weisungen **ist** übrigens ohne Widerspruch **Folge zu leisten**. Dies betraf bspw. die Evakuierung von Dörfern im Zuge der Waldbrände des Jahres 2018. Oder anders ausgedrückt, sich als Auswanderer einer VMA verweigern ist grob fahrlässig und kann im Extremfall das eigene Leben kosten. Noch fahrlässiger ist es, sich über ein ausgesprochenes Feuerverbot hinweg zu setzen, um den Gill anzumachen. Auch das gibt es in schöner Regelmässigkeit.

Hesa Fredrik heisst in Schweden die Methode mittels Signaltönen über Sirenen VMA zu publizieren. Sie finden die aktuell geltenden Signalfolgen unter der URL msb.se. Auch hier gilt, den Weisungen einer mittels Hesa Fredrik verbreiteten VMA ist absolut und bedingungslos Folge zu leisten. Soweit einige Ausführungen zu Ihrer Orientierung in Schweden. Kommen wir nun zu einem Thema, was man kennen muss, wenn auch ich selbst noch nie damit zu tun hatte. Hesa Fredrik wird regelmässig geprobt. Wie die Proben rechtzeitig in den Medien als Proben avisiert.

Und was Kronofogden?

Kronofogden ist alter Sitte folgend der *Vogt der schwedischen Krone*. Er hat die gleiche Aufgabe die ein Vogt einst auch in deutschen Landen hatte. Die Existenz des Kronofogden ist bis in das 13.Jahrhundert zurück belegt. Der Überlieferung nach wurde um 1280 das *Alsnö stadga* erlassen, ein sehr sehr frühes Stadtrecht. In ihm wurde u.a. geregelt, wie mit Steuern umzugehen ist. Im Zuge dessen wurde die Funktion des *Rättare* eingeführt. Der Rättare ist kein Retter sondern eine früh mittelalterliche Bezeichnung für Fogde bzw. Voigt oder auch Vogt. Wobei er auch immer irgendwie ein Retter war. Seine Aufgabe war es und ist es heute immer noch, **den Gläubiger zu retten**. Hat doch dieser einen originären Anspruch darauf, dass der Schuldner seine Schuld begleicht. Ist doch leider nicht jeder so drauf, wie derjenige Waldbauer welcher der Sage nach seine Schuld gegenüber Rübezahl pünktlich auf Heller und Pfennig beglich. Deshalb gibt es noch heute hier den Kronofogden. Diesem obliegt es noch heute, sich um säumige Zahler zu kümmern. Nun muss man nur noch wissen, dass **Kronofogden** in Schweden eine **Behörde** ist, was ja bekanntlich weder Schufa noch Creditreform ist.

Aber eben vieles leichter macht!

Es ist also ein himmelweiter Unterschied, ob bspw. die Creditreform was auch immer über Sie behauptet oder Sie beim Kronofogden in der Kreide stehen. Allein deshalb ist es ein **himmelweiter Unterschied**, ob Sie in Deutschland wo auch immer einen Eintrag haben oder hier beim Kronofogden bekannt sind wie ein bunter Hund.

Dies erklärt sich aus der Zahlungsmoral!

Einen Eintrag bei Kronofogden haben, ist ehrenrührig.

Ehrenrührig ist genau das, was heute viele Menschen, vorwiegend der jüngeren Generation nicht mehr kennen und schwedische TV Sendungen wie bspw. *Lyxfällan* erklärt. In dieser wird immer wieder von Fällen berichtet, wie Menschen Schulden machen. Wobei das Schulden machen auch in Schweden absolut leicht ist.

Sie wieder los zu werden um so schwerer!

Allein deshalb ist ein Eintrag beim Kronofogden nicht lustig. Auch darin spiegelt sich unterschiedliches Rechtsverständnis zwischen Deutschland und Schweden wider. Dem Vernunftrecht folgend ist es immer recht vernünftig seine Rechnungen zu bezahlen. Gleiches gilt für Kreditraten oder welche anderen Zahlungsverpflichtungen auch immer. Es bleibt auch dann vernünftig, wenn deutsche Traumtänzer dies ggf. anders sehen.

Um das Jahr 2017 herum sprach mich eine in Värmland lebende Deutsche an, ob ich ihr diesbezüglich helfen könne. Sie war so hoch „*intelligent*", dass Sie hierher ging, ein Haus mietete, aber ihre Miete nicht bezahlte. Eins, zwei fix hatte sie einen Eintrag beim Vogt der Krone. Helfen konnte ich ihr nicht, wie auch? Sollte ich etwa ihre Schulden bezahlen?

Damit schaffte sie etwas, was nicht jedem Auswanderer „ver*gönnt*" ist. Noch kein ganzes Jahr hier, hatte sie eine satte Anmärkningar beim Kronofogden. Sie wird ihr spätestens dann auf die Füsse fallen, wenn sie die hiesige Staatsbürgerschaft beantragen sollte. Sie fällt ihr auf jeden Fall schon heute auf die Füsse.

Denn in das Register von Kronofogden kann hier jeder Einblick nehmen und auch das ist gut so. Jeder Arbeitgeber, Handwerker, Lieferant, Vermieter etc. kann sich so bevor er nur einen Handschlag für Sie tut, von Ihrer Zahlungsmoral überzeugen. Wäre nur zu klären, wie man zu so einem schönen Eintrag beim Kronofogden kommt?

Dies geht ganz einfach so:

- Wenn Sie hier eine Rechnung erhalten, dann steht da immer ein *Förfallodatum* drauf. Dies heißt definitiv nicht, dass dann die Rechnung verfällt, sondern, dass Sie bis dahin bitte bezahlen sollen.

- Haben Sie das Förfallodatum, sprich die Zahlungsfrist überschritten, dann geht in Schweden immer automatisch das Mahnverfahren los, was im Regelfall mit erheblichen Kosten für Sie zu tun hat. In Schweden ist es nicht üblich, dass der Anbieter den Zahlungs-pflichtigen bettelt, dass er doch bitte endlich bezahlen möchte. In Schweden geht ein Mahnverfahren in 99% der Fälle sofort bei der ersten Mahnung an ein Inkasso-büro.

- Kommen Sie dann den Forderungen des Inkassobüros nicht nach, dann können Sie den Rest Ihres Vermögens darauf verwetten, dass Ihr Eintrag beim Kronofogden der nächste ist.

- Haben Sie es geschafft, nun endlich diesen Eintrag, die Anmärkning bzw. Betalningsanmärkning beim Kronofogden zu haben, dann sollten Sie a) schleunigst zu sehen, wie Sie den Immer noch offenen Betrag samt Zinsen und Gebühren ausgleichen und idealerweise b) bitte wieder **zurück** nach Deutschland gehen.

Bleibt die erste Frage: Gibt es Ausnahmen?

Ja, die gibt es! Ein Eintrag beim Kronofogden darf nur erfolgen, wenn die Rechnung rechtskräftig ist. Jede Rechnung wird in Schweden **automatisch rechtskräftig**, wenn Sie nicht dagegen Widerspruch einlegen. Auch hier greift Vernunftrecht. Es ist sehr vernünftig, ggf. eine Rechnung sofort zu reklamieren und nicht erst, wenn die erste Mahnung kommt.

Widerspruch sollten Sie daher bitte immer sofort und vor allem vor Ablauf der Zahlungsfrist einlegen. Nur dann wird dies gemeinhin akzeptiert. Ich kann bspw. im Jahr 2017 nicht mehr Widerspruch für die Rechnung über eine Waschmaschine einlegen, die ich 2012 kaufte und natürlich schon längst bezahlte.

Bleibt die zweite Frage: Können Sie Kronofogden in Anspruch nehmen?

Aber natürlich! Gerade wenn man hier selbstständig tätig ist, kann es schon vorkommen, dass man säumige Zahler hat. Dann haben Sie natürlich die gleichen Rechte wie jeder andere hier auch und damit zu einen hoch interessanten Thema:

Mysterium Personnummer enträtselt

Nachdem mehrfach der Begriff der Personnummer fiel,
möchte ich ganz bewusst erst hier weiter auf dieses Ihr
zukünftiges Leben in Schweden bestimmende Thema
eingehen. Schweden führte dieses System schon 1947 ein.
Dahinter steht der Gedanke im Sinne der Vereinfachung
jedem Bürger eine Nummer zu zu teilen, über die er
einfach identifizierbar ist. Gleiches System hatte die DDR.
In dieser gab es die Personenkennzahl oder nur kurz PKZ
genannt. In der BRD gab es seit den 1950er Jahren immer
wieder Versuche so etwas einführen zu wollen. Sie
scheiterten bis dato alle. Was zu folgendem praktischen
Effekt führt:

> In dem Moment wo Sie hier sesshaft werden
> wollen, besteht die Notwendigkeit Sie als Person
> verwaltungstechnisch aus dem deutschen n:m
> basierten System in das schwedische 1:n System zu
> migrieren. Erfahrungsgemäss geht dabei immer
> etwas schief.

Das deutsche n:m System besteht aus diversen Nummern,
die Sie in Deutschland beim Finanzamt, der Krankenkasse,
Rentenkasse usw. usf. haben, während es hier immer nur
eine Nummer, Ihre Personnummer gibt. An diese PN ist
hier wirklich alles gebunden: Ihr Job, Ihre
Krankenversicherung, Ihre Rentenversicherung, Ihre
Steuern, Ihre ggf. vorhandenen Kredite, Ihr Auto, Ihr
Zeitungsabo. Schlicht weg alles, was Sie hier tun, geht über
die PN. Einem schwedischen online Händler genügt bspw.
Ihre PN, um alles von Bestellung bis zur Lieferung
abwickeln zu können. Auch Rabattsysteme wie sie bspw.
ICA nutzt, werden mittels PN administriert.

Da nun einmal die PN in Schweden eine so heraus ragende Rolle hat, stellt der schwedische Staat sehr hohe Anforderungen an die Zuteilung derselben. Wie genau dieses Thema immer wieder unter Deutschen sehr kontrovers diskutiert wird. Dabei ist es ganz ganz einfach:

Wenn Sie beabsichtigen mindestens 12 Monate in Schweden am Stück zu leben, dann haben Sie sogar die Pflicht, hier eine PN zu beantragen[63].

Soweit das, was hier im Gesetz steht. Im Gesetz steht weiterhin, dass man ehrlich sein muss. Ich sage es deshalb, weil sich hier der Kreis zum Thema *warum zweigleisig fahren schief geht* schliesst. Das schwedische Rechtsverständnis geht davon aus, dass Sie nach Schweden ziehen, was auf Schwedisch heisst „*Flytta till Sverige*". Diese Formulierung ist deshalb so verdammt wichtig, weil es hiesigem Rechtsverständnis folgend keine Nebenwohnung gibt.

Sie haben in Schweden immer nur einen einzigen Wohnort!

Daraus folgt zwingend es geht nicht, dass Sie weiterhin in Deutschland gemeldet sind und hier einen Wohnort haben, respektive eine PN beantragen können.

Das ist gegen das Gesetz!

---

[63] Vgl. https://www.skatteverket.se/privat/folkbokforing/flyttatillsverige.4.76a43be412206334b89800018617.html?q=Flytta+till+Sverige download vom 13.06.2020

Was sofort die Frage aufwirft, was macht nun ein Schwede, wenn er irgendwo im Land noch ein Ferienhaus hat? In Deutschland wird ja so etwas als Nebenwohnung behandelt und dann oft auch Zweitwohnungssteuer fällig. So etwas gibt es hier nicht! Sie können natürlich sagen wir in Kalmar ein Haus und auf Öland ein Ferienhaus haben. Dann müssen Sie sich entscheiden, welches Ihr Wohnsitz ist. Nehmen wir an, es ist Kalmar. Dann wird Ihre PN mit der Adresse Ihres Wohnsitzes in Kalmar verbunden und fertig. Gleichzeitig wird im hiesigen Katasteramt vermerkt, dass Sie in Kalmar wohnend noch Eigentümer eines Ferienhaus auf Öland sind.

Und gut ist es!

Dies führt in logischer Konsequenz dazu, dass Sie hier nur eine PN beantragen können, wenn Sie in Deutschland abgemeldet sind. Das verstehen viele Deutsche nicht bzw. wollen es oft auch nicht verstehen. Es ist aber so!

Es gibt wirklich nur hopp oder top!

Was natürlich sehr oft auf den ersten Blick gar nicht so einfach realisierbar scheint. Da dies auch schwedischen Behörden bekannt ist, führte man zusätzlich die Samordningsnummer[64] ein. Sie ist nichts anderes als eine Identitätsbezeichnung für Menschen, die keine PN haben und was auch immer mit Schweden zu tun haben.

---

[64] Vgl. https://www.skatteverket.se/privat/skatter/internationellt/bosattutomlands/samordningsnummer.
4.53a97fe91163dfce2da80001279.html download vom 13.06.2020

Der Klassiker ist schon lange die Arbeitsaufnahme. Nehmen wir an, Sie bewerben sich von Deutschland aus und wundern sich, dass Sie nie Antwort bekommen. Dann kann dies mit fehlender PN bzw. SN zusammen hängen. Denn Sie kann hier niemand einstellen, wenn Sie nicht eines von beiden haben.

Nun sind Sie schlau und beantragen in weiser Voraussicht beim Skatteverket einfach so eine SN. Als Grund geben Sie an, in Schweden arbeiten zu wollen. Dann haben Sie erfahrungsgemäss recht schnell Ihre SN. Nun suchen Sie sich einen Job. Ihr potentieller Arbeitgeber kann Sie einstellen, da Sie ja nun eine SN haben.

Parallel dazu suchen Sie sich eine Wohnung, kaufen ein Haus oder was auch immer. Beginnen also hier sesshaft zu werden. Sind aber weiterhin in Deutschland gemeldet. Nun folgt der letzte Schritt. Sie melden sich in Deutschland ab und beantragen eine PN beim Skatteverket. Damit erfüllen Sie automatisch alle Bedingungen, die hier erfüllt sein müssen:

1. Sie können sich selbst versorgen, da Sie ja einen Job haben.

2. Sie meldeten sich in Deutschland ab.

3. Sie haben hier einen neuen Wohnort.

Also rein logisch formal betrachtet total simpel! Und genau damit haben mittlerweile viele Deutsche ein riesengrosses Problem. Oft schon von kleinauf darauf konditioniert genau das Gegenteil von dem zu tun, was die nette Dame vom Amt gern so hätte, geht es dann hier schief.

Was nun, wenn Sie keinen Job in Schweden haben? Dann können Sie nicht hierher ziehen. Gibt es doch mittlerweile EU weit Übereinstimmung darin, Migration in Sozialsysteme verhindert werden soll und mittlerweile auch wird. Ganz praktisch heisst das, wenn Sie in Deutschland auf HartzIV sind, werden Sie hier eher keine PN bekommen. Wenn Sie in Deutschland arbeitslos sind und ggf. ALG I vom Amt beziehen, können Sie natürlich hier Arbeit suchen. Was aber nicht zwingend heissen muss, dass Sie dann automatisch eine PN bekommen. Auch dies erfolgt zweckmässigerweise über Beantragung einer SN.

Im Zuge dessen gilt, dass eine SN üblicherweise für sechs Monate bewilligt wird und ein weiteres Mal um sechs Monate verlängert werden kann. Wie der hiesige Gesetz-geber davon ausgeht, dass Sie ja dann länger als 12 Monate im Land sind und sowieso eine PN beantragen müssen wie diese dann im Regelfall ja auch bekommen. Wie sich auch immer innerhalb von einem Jahr schon klären sollte, ob man hier einen Job hat oder nicht. Wer nach 12 Monaten hier keinen Job fand, der wird diesen auch nach 18, 36 oder 72 Monaten nicht gefunden haben.

So ist es am einfachsten als allerersten Schritt wenn Sie wirklich hierher möchten, eine SN zu beantragen. Dies können Sie von Ihrem momentanen Wohnsitz in Deutschland online beim Skatteverket tun. Wenn Sie bereits Rentner sind, dann benötigen Sie die SN nicht. Dann melden Sie sich in Deutschland ab und hier an.

Sind Sie selbstständig tätig bzw. wollen selbstständig tätig werden in Schweden, dann gibt es mehrere Wege eine PN zu beantragen. Die unkompliziertes Form besteht darin, hier gleich von Beginn an die Unternehmensform AB zu wählen. Das Kürzel AB steht für Aktiebolag, also Aktiengesellschaft. Eine AB zu gründen ist in Schweden recht einfach wie die übliche Rechtsform in der hier Selbständige tätig sind. Wie Sie gleich sehen werden, dass besonders für Einwanderer eine AB so ihr Vorzüge hat.

Warum ist das so?

In dem Moment wo Sie als Einzelperson eine AB sagen wir die Sven Svensson AB gründen, dann können Sie als Privatperson Sven Svensson mit der Sven Svensson AB Verträge aller Art schliessen. Sprich Sie können sich selbst im eigenen Unternehmen anstellen. Just in dem Moment wo Sie sich selbst anstellen, erfüllen Sie hier immer alle Bedingungen für eine Personnummer so Sie natürlich auch hierher zogen.

Praktischerweise empfiehlt sich, die AB von Deutschland aus unter Nutzung einer SN zu gründen, dann hierher zu ziehen, um dann die PN zu beantragen. Dadurch haben Sie hiesigem Verständnis folgend alles schön getrennt. Sie melden zuerst Ihre AB beim Bolagsverket an. Beantragen danach eine SN, um sich selbst anstellen zu können, ziehen Schluss endlich endgültig hierher, um dann Ihre PN zu beantragen.

Das ist ganz ganz einfach!

Wer nun lieber von Berlin in den Vorort Erkner über Paris, Rom und Moskau fährt, der kann natürlich auch den komplizierteren Weg wählen.

Sehen Sie mir bitte nach, dass ich aus Zeitgründen auf alle möglichen wie unmöglichen aber auch manchmal sinnlosen Varianten eingehe, wie man eine PN beantragen kann. Die wirklich mit Verlaub dämlichste Idee hatte jemand, der hierher kam, eine PN beantragte und als Nachweis selbstständiger Tätigkeit seinen Eintrag im deutschen Handelsregister vorlegte. Er verstand nicht, warum das Skatteverket dankend ablehnte. Vielleicht geht so etwas in Nordkorea? In Schweden geht so etwas jedenfalls nicht. Wenn Sie als Selbstständiger eine PN beantragen möchten, dann sollten Sie bitte a) auch hier wirklich wohnen und b) bitte auch Ihr Unternehmen hier im Land betreiben wie natürlich auch Steuern hier zahlen. Was auch gleich erklärt, dass es eine regelrechte Schnapsidee ist, im Vereinigten Königreich eine Ltd. zu betreibend aus Deutschland hierher ziehen wollend, eine PN zu beantragen.

Unsinn dieser Art können Sie sich wirklich sparen!

<u>Drum merke bitte:</u>

Entweder Arbeitsvertrag bei wem auch immer, sagen wir der Nybro Kommun oder selbstständig als Chef der eigenen AB fest angestellt tätig oder Rentner. Alles andere wie auch immer geartete bringt immer Stress! Stress den nennen wir ihn Mäxchen Gernegross nie verstehen wollte. MG auch alternativ Maschinengewehr hier genannt, weil er immer so schnell und vor allem viel dummes Zeugs redete, versuchte an allen hiesigen Regeln vorbei sich hier zu etablieren. Mit dem einzigen Ergebnis, dass MG so schnell soviel Menschen behördlicherseits hier kennen lernte, die ich nicht seit 1998 kennen lernte. Doch nun zu dieser Frage:

Wie ist das mit der Krankenversicherung?

Auch wieder ganz ganz einfach! In dem Moment wo Sie hier einen Arbeitsvertrag haben, sind Sie hier auch Kranken versichert. Besagten Vertrag haben Sie ja als Arbeitnehmer bei wem auch immer wie als Chef der eigenen AB. D.h. Sie können in aller Ruhe Ihre deutsche Krankenversicherung kündigen, um sich dann hier bei der **Försäkringskassan anzumelden**.

Vergessen Sie das bitte nie!

Ungeachtet erfolgter Zuteilung der PN müssen Sie sich unbedingt bei der Försäkringskassan anmelden. Diese sagt Ihnen welches Formular Sie seitens Ihrer deutschen Kasse benötigen.

Sind Sie Rentner, dann ist dies etwas anders. Üblicherweise bleiben Sie in Deutschland versichert. Wie sich dies genau verhält, sagt Ihnen immer das Skatteverket. Wie immer auch das Skatteverket bei allen anderen deutschen Sonderlocken Ihr erster Anlaufpunkt diesbezüglich ist oder natürlich alternativ die Försäkringskassan.

Als Grundregel gilt, solange Sie hier nicht einzahlen bzw. einzahlten bleiben Sie in Deutschland krankenversichert. In dem Moment wo Sie hier in Form monatlicher Arbeitgeberabgabe in das hiesige Steuersystem einzahlen, sind Sie hier krankenversichert. Die **einzige Ausnahme** wo Sie hier ebenfalls krankenversichert sind, ist die Tätigkeit als Einzelunternehmer, hier enskild företag genannt. Der enskild företagare, der Einzelunternehmer gibt monatlich bzw. quartalsweise seine Steuererklärung ab. Das was bei einem Arbeitnehmer, egal ob Chef einer AB oder „*nur*" deren Pförtner die Arbetsgivareavgift, die Arbeitgeberabgabe ist, ist bei diesem die Preliminärskatt.

Die Preliminärskatt ist das, was man in Deutschland auch Vorsteuer nennt. Zuviel gezahltes wird dann im Rahmen des Steuerausgleiches im nächsten Jahr zurück gezahlt. Zuwenig gezahltes wird dann nach gezahlt. Wäre nun nur noch zu klären:

Wie ist das mit der Rentenversicherung?

Anhand Ihrer monatlichen Arbeitgeberabgaben für die Pensionsmyndigheten Ihr Rentenkonto. In dem Moment wo Sie nur einen einzigen Öre Abgaben in Schweden zahlten, haben Sie Anspruch auf eine Rente aus Schweden. Sollten Sie wieder zurück nach Deutschland gehen, dann geht Ihnen natürlich diese Rente nicht verloren.

Nun müssen Sie nur noch wissen, dass es in Schweden genau die Grundrente, über die in Deutschland laufend gestritten wird, schon lange gibt. Sie heisst hier Garanti-pension[65]. Auf diese haben Sie anteilig anhand der Jahre, die Sie hier folkbokförd waren bzw. sind Anspruch.

Die Garantiepension ist Bestandteil der allgemeinen Rente, der allmän pension[66]. Beide werden staatlicherseits garantiert. Wie Sie immer bzw. Ihr Arbeitgeber die Möglichkeit haben zusätzlich etwas für die Rente anzusparen.

D.h. ein Teil Ihrer monatlich zu zahlenden Steuern geht in die Rente, wie ein Teil dazu dient Sie bei Bedarf gesundheitlich versorgen zu können. Womit sich einmal mehr der Kreis zur Personnummer schliesst und erklärt, warum vieles für deutsche Rentner dann doch etwas anders in Schweden ist, als für Menschen, die hier während Ihres Arbeitslebens einzahlten.

---

[65] Vgl. https://www.pensionsmyndigheten.se/forsta-din-pension/sa-fungerar-pensionen/garantipension-om-du-har-lag-pension download vom 17.06.2020

[66] Vgl. https://www.pensionsmyndigheten.se/forsta-din-pension/sa-fungerar-pensionen/allman-pension download vom 17.06.2020

Des Deutschen liebstes Kind

Das Auto ist noch immer des Deutschen liebstes Kind wie in Schweden einfach lebensnotwendig. Daher sei ihm dieses Kapitel gewidmet. In dem Moment wo Sie Ihren Wohnsitz nun in Schweden haben, Ihre Personnummer erhielten, sind Sie lt. Gesetz verpflichtet Ihr Auto so schnell wie möglich um zu melden. Dies erfolgt über Transportstyrelsen. Auf deren Homepage finden Sie immer die jeweils dazu notwendigen aktuellen Informationen.

Bitte nehmen Sie dieses Thema ernst!

Schieben Sie es bitte auch nicht auf die lange Bank. Bei keinem anderen Thema können Sie sich so elegant gleich mehrfach in die Nesseln setzen wie bei diesem. Übliche Praxis ist, dass Sie kreditierte oder geleaste Kfz. nicht ummelden können. Transportstyrelsen geht immer davon aus, dass das Kfz. auch wirklich Ihr Eigentum ist.

Dann muss man noch wissen, dass nach erfolgter Ummeldung noch der eine oder andere Stolperstein auf Sie warten könnte. Viele schwedische Autohäuser tun sich schwer, selbst importierte Kfz., das ist ja dann Ihr Auto, in Zahlung zu nehmen. Auch ist es gut, im Vorfeld zu schauen, welche Marken vor Ort gefahren werden und nicht, was Ihnen deutsche Automobilhersteller versprechen. Nicht nur die eigene Erfahrung zeigt, dass die deutschen Stammhäuser es oft hier in Schweden nicht so sehr ernst in Sachen Service nehmen. Wie je weiter Sie nach Norden gehen sollten, die Dichte deutscher Marken abnehmend ist.

Wenn Sie dagegen einer Marke den Vorzug geben, die an Ihrem zukünftigen Wohnort viel gefahren wird, kann das Ersatzteile betreffend manchmal ein ganz guter Weg sein. D.h. nicht zwingend, dass Sie auch Volvo fahren sollen. Bei uns um Nybro herum ist es so, dass neben Volvo Renault und Dacia doch recht viel gefahren wird. Dem folgend gerade in einem harten Winter die Wahrscheinlichkeit sehr hoch ist, dass ein dringend benötigtes Ersatzteil für Ihren Volvo, Renault oder Dacia in Nybro sofort verfügbar ist. Wie eher nicht anzunehmen ist, dass Sie gleiches für Ihren schicken Aston Martin erwarten können.

Diesbezüglich sticht sehr sehr oft
Praktikabilität Exklusivität.

Dann ist natürlich immer die Frage, welches Auto soll es denn bitte schön sein? Da wir hier schon wirklich mit verschiedenen PKW unterwegs waren an dieser Stelle zusammengefasst einige allgemeine Regeln:

- Sie brauchen oft wirklich keinen Allradantrieb.

- Was Sie hier immer brauchen das sind sehr sehr gute Reifen im Sommer wie im Winter.

- Hinreichend viel Bodenfreiheit wie ein leistungsstarker Motor können hier viele erleichtern.

- Ein kleines Auto mit Anhängerkupplung und Hänger ist oft sinnvoller als ein grosser Pickup.

- Denken Sie bitte auch immer an die Beleuchtung. Sie kann nie leistungsstark genug sein.

Als Fazit kann gesagt werden, dass man hier Regelfall mit einem SUV gut angezogen ist. Auch hier hilft eine Reko vor endgültiger Auswanderung sehr. Schauen Sie einfach, was die Leute Ihrer Gegend für Autos fahren und entscheiden dann.

Das Auto ist in Schweden kein Status Symbol!

Ein Wort sei noch zum Thema Elektromobilität gestattet. Diesbezüglich gilt, dass nichts so heiß gegessen wird, wie es gekocht wurde. Selbst redend machte Schweden den Hype 2017/2018 dieses Thema betreffend medial mit. Wie recht schnell hiesige Medien als erste heraus fanden, dass einmal mehr frei nach Goethe gilt, dass grau alle Theorie und grün des Lebens blühender Baum ist. Denn:

Elektromobilität funktioniert hier nicht!

Schweden ist auf Grund dessen, dass hier schon immer wenig Menschen auf viel Raum leben nie in der Lage, dieses Thema sinnvoll zu lösen, solang die Automobilhersteller nicht eine Lösung bezüglich der Batterien auf den Tisch legen.

Warum soll man bspw. einen Hybrid fahren, wenn man auch mit einem ganz normalen Verbrennungsmotor von A nach B gelangt? Ist doch die viel gepriesene Kraftstoffersparnis nicht das Papier wert auf dem sie geschrieben ist. Sie ist immer mit einem teuren Anschaffungspreis verbunden, geht über mehr Material und damit immer auch Gewicht im Fahrzeug einher und endet im latenten Risiko, dass mal eben schnell des nachts die Akkus in der Garage zu brennen beginnen.

Wenn Sie heute den Mehrpreis den Sie für einen Hybrid bezahlen in einen leistungsstarken Verbrenner investieren, haben Sie immer mehr gekonnt. Wie momentan der Nutzung reiner Elektroautos knallharte Grenzen gesetzt sind. Diese sind einerseits der vergleichsweise sehr hohe Preis. Hier ist es auch immer gut, die Kosten für Installation einer Ladestation am Haus mit einzubeziehen. Haben Sie keine Ladestation am Haus, dann kommen Sie hier mit so einem Teil nie so sehr weit. Befinden sich doch die nächsten Ladestationen oft einige Kilometer entfernt in der nächsten Stadt. Dann ist nach wie vor die geringe Reichweite der E-Autos ein echtes Problem. Wenn Sie hier einmal richtig unterwegs sind, dann kommen schon schnell mal 100 oder gar 200 km zusammen.

Andere Energiequellen wie Gas aller Art sind in Schweden möglich. In letzter Zeit wird nach einiger Zeit der Pause wieder verstärkt in den Ausbau von Gastankstellen investiert. Die Zukunft wird zeigen, welcher Antrieb sich Schluss endlich durchsetzen wird. Ich persönlich sehe nach wie vor Elektromobilität sehr kritisch. Ich bin aber auch kein Politiker sondern von Haus aus gelernter Elektriker. Während meiner Lehrzeit in den 1970er Jahren war in Ost und West Konsens, dass E-Antriebe nur für Schienen gebundene Fahrzeuge Sinn haben. Was erklärt, warum bei der Deutschen Bundesbahn der BRD wie die Deutschen Reichsbahn der DDR doch recht viele E-Loks fuhren. Wie schon in den 1920er Jahren in Berlin Ingenieure von AEG und Siemens wussten, dass E-Autos echte Grenzen gesetzt sind. So etwas lernte übrigens damals in den 1970ern der angehende Elektriker im Lehrfach „*Elektrische Maschinen*". Was heute junge Menschen lernen erschliesst sich mir oft nicht. Wie ich nur noch staune, dass man so blind sein kann, das Pferd E-Mobilität reiten zu wollen.

Führerschein tauschen

Ein ebenso heftig und liebend gern auf Deutsch gesagt bis zum erbrechen diskutiertes Thema ist die Frage des Führerscheintausch. Diese hat für mich in erster Linie rein gar nichts damit zu tun, ob man dies muss, sondern wie sinnvoll es ist. Wenn Sie sich die Frage stellen, wie sinnvoll dies ist, dann kommen Sie sehr schnell zu dem Schluss, dass es **immer sehr sehr sinnvoll** ist, den Lappen zu **tauschen**. Der Tausch erfolgt über Transportstyrelsen. Auch dieses Prozedere ist dort sehr gut online beschrieben. Weshalb ich hier nicht weiter darauf eingehe. Denn lesen können Sie ja auch ohne mich. Wichtiger die Frage, warum ist es sinnvoll zu tauschen:

1. Der schwedische Führerschein, hier Körkort genannt, ist gleichzeitig Ihr schwedischer Personalausweis. Sie brauchen als keine ID Kort. Können also auch nie eine ID Kort verlieren.

2. Da Sie ja dann mit schwedischem Kennzeichen unterwegs sind, sind Polizeikontrollen immer einfacher, wenn Sie eine schwedische Körkort haben. Geht einfach schneller!

3. Wenig bekannt dafür um so wichtiger zu wissen, dass in dem Moment wo Sie beruflich einen Führerschein benötigen mittlerweile nur noch die Körkort anerkannt wird.

Letzteres zeigt einmal mehr die Unterschiedlichkeit hiesigen Rechtsverständnisses. Es ist hier einfach für jeden potentiellen Arbeit- bzw. Auftraggeber vernünftig, dass dessen Arbeitnehmer bzw. Auftragnehmer mit gültigen hiesigen Papieren unterwegs sind.

Absolut sekundär nun, ob man warum auch immer hier in
Schweden mit einem deutschen Führerschein herum
fahren kann. Man kann sich übrigens auch einen Knopf an
seine Wange nähen und ein Klavier daran hängen. Dann
weiß man wie schwer Musik ist. Nehmen wir nur einmal
an, Sie möchten im Bereich ambulante Pflege arbeiten, Ihr
Arbeitgeber möchte im Zuge Ihrer Einstellung eine
Körkort sehen und Sie legen Ihren Lappen hin. Wenn der
sie dann wegen des Lappens nicht einstellt, ist es wirklich
Jacke wie Hose, ob Ihnen das höchste Gericht dieser Welt
bestätigen wird, nachdem Sie unendlich viel für Anwalts-
kosten blechten, dass Sie im Recht sind. Den Job haben Sie
deshalb ja auch nicht bekommen. Wie jede Menge Geld an
Anwälte gezahlt.

Mäxchen Gernegross musste übrigens diese herbe
Erfahrung im Sommer 2019 auf etwas ganz andere Art
machen. Er bewarb sich bei mehreren Speditionen als
Kraftfahrer und diese lachten ihn mehr oder weniger
durch die Bank weg einfach aus. Er hatte einem deutschen
Lappen, bekam also keinen Job. Während dessen ihn
Einwanderer anderer Länder Herkunft mittlerweile schon
lange im Fahrerhaus sitzend immer freundlich im vorbei
fahren zu winken. Was wiederum sehr sehr viel mit Logik
zu tun hat.

Der schwedische Arbeitsmarkt

Der schwedische Arbeitsmarkt ist wirklich nur in sehr wenigen Bereichen mit dem deutschen Arbeitsmarkt vergleichbar. Dies zeigt sich allein daran, dass hier noch immer Arbeitnehmer die älter als **50** Lebensjahre eine **reale Chance** auf dem Arbeitsmarkt haben und noch lange nicht zum alten Eisen gehören. Gerade für die Generation 50+ gibt es mittlerweile in allen möglichen Berufsgruppen Netzwerke, wo man sich gegenseitig hilft, einen neuen oder alternativ wieder einen Job zu finden.

Auch ist hier bei weitem der **Gockellauf** nicht so verbreitet wie in Deutschland. Dies beginnt beim Dresscode, welcher hier immer von praktischen Gedanken und nie dem letzten Schrei der Herren- und Damenaustatter dieser Welt geprägt ist. Wundern Sie sich also bitte hier nie, wenn Sie im Vorstellungsgespräch die einzige aufgebrodelte Person sind. Gehen Sie aber bitte sofort davon aus, dass Sie genau diesen nicht bekommen werden. Besagte Praktikabilität des Dresscode geht immer einher mit einer gewissen Portion Lässigkeit. Sehr sehr weit verbreitet ist dagegen in Schweden Branchen übergreifend einfach **mit Kompetenz** zu **überzeugen**.

Dann muss man nur noch wissen, dass viele Berufe hier nicht als Arbeitnehmer sondern als Selbstständiger ausgeübt werden. Wie noch immer die Regel gilt, je näher sie am Ursprung der Wertschöpfung tätig sind, desto sichrerer ist hier egal ob als Arbeitnehmer oder als selbstständig tätiger Auftragnehmer Ihr Job.

Als Volvo im Frühjahr 2020 im Zuge der Corona Krise feuerte, was das Zeug hielt, flogen als erstes die ganzen ach so schönen Consulter auf die Strasse[67]. Während die Facharbeiter am Band die Sache recht gelassen wie vielleicht auch mit einem leichten Grinsen im Gesicht sahen. Auch Handwerk hat nach wie vor hier gerade in Krisenzeiten goldenen Boden.

Die Zeitung Barometern berichtete am 15.06.2020 auf Seite 16 davon, dass in Schweden vier von fünf Jobs in sogenannten Kleinunterunternehmen (Småföretag) gibt. Ein Småföretag ist ein Unternehmen mit max. 49 Angestellten. Wovon wiederum nahezu 100% aller hiesigen Kleinunternehmen maximal neun Mitarbeiter haben. Nur ein wirklich verschwindender Teil hat zwischen 10 und 49 Mitarbeiter[68]. Wenn man das weiß, dann ist selbst erklärend, warum es ganze Berufsgruppen hier einfach nicht gibt. Schwedische Unternehmen respektive Ihr potentieller Arbeitgeber dann halt auch immer ein Problem damit hat, wenn Sie mit einem Job gelaufen kommen, den es hier nicht gibt.

Viel mehr sind hier Allrounder gefragt!

Gerade in den vielen vielen kleinen Unternehmen mit bis zu neun Mitarbeitern ist es vollkommen normal, dass jeder Mitarbeiter egal ob „*nur*" in Anstellung oder Teilhaber täglich immer in mehreren Rollen agiert. Aber eben auch mehrere Sprachen sprechen kann.

---

[67] Vgl. https://www.di.se/nyheter/volvo-cars-varslar-1300-anstallda-storsta-jobbsmallen-sedan-finanskrisen/ download vom 15.06.2020

[68] Vgl. https://tillvaxtverket.se/statistik/foretagande/basfakta-om-foretag.html download vom 15.06.2020

Je nach Lage des Unternehmens ist es total normal, dass neben Englisch dort immer auch Dänisch, Norwegisch, Finnisch oder Samisch gesprochen bzw. zumindest verstanden wird. Wie man von Ihnen immer auch nach einiger Zeit gleiches erwarten wird.

Nun nehmen wir bspw. einmal an, Sie waren vor Ihrer Auswanderung in einer deutschen Agentur tätig und können besonders gut HTML-5 Banner für Affiliate Werbung basteln. Dann wird das hier niemanden vom Hocker reissen. Weil man nur wegen eines HTML-5 Banner hier ausser in Ausnahmen niemanden einstellen wird. Ihre Chancen steigen aber augenblicklich, wenn Sie noch irgend etwas anderes sinnvolles können. Sagen wir wenn Sie besagte Banne für ein Restaurant basteln wollnem auch noch gut kochen können.

Dann spielt natürlich immer auch die geografische Lage Ihres zukünftigen Traumortes in Schweden eine Rolle. Wenn Sie sagen wir unbedingt nach Lappland gehen müssen, dann gilt wie immer im Leben, *wer das eine will, muss das andere auch mögen.* Alles in allem kann gesagt werden, dass der schwedische Arbeitsmarkt noch immer sehr sehr Boden ständig ist. Weshalb auch Landwirtschaft egal welcher Ausprägung Ihre Chance sein kann. Gerade in dieser wird sich in den nächsten Jahren noch viel im Land bewegen.

Abraten kann ich davon in der Tourismuswirtschaft was auch immer tun zu wollen oder gar obendrein Tourismusfachwirt extra deshalb werden zu wollen. Während nach wie vor das hiesige Gesundheitswesen massiv Arbeitskräfte sucht, zeigt die Corona Krise was schon alle vorher wussten. Schwedens Tourismuswirtschaft hat einfach seit Jahren schon ein Überangebot. Ehrlich soviel Urlaub können auch Sie nicht machen, dass hier alles ausgelastet wäre. Doch nun zu diesem spannenden Thema. Einer Frage die vieles hier erklärt.

Anerkennung deutscher Abschlüsse

Die Anerkennung in Deutschland erworbener Abschlüsse ist frei nach Fontane ein wirklich sehr weites Feld. Sie ist ja nicht einmal in Deutschland einheitlich geregelt, was der Streit um das Berliner Abitur deutlich zeigt[69]. Erster Anlaufpunkt ist für Sie der hiesige Universitets- och högskolerådet[70]. Je nach Beruf kann es aber auch sein, dass Sie andere Instanzen bemühen müssen. Dies ist bspw. bei Gesundheitsberufen oder dem Elektrohandwerk der Fall. Ein potentieller Arbeitgeber, der an wirklich daran interessiert ist, Sie einzustellen, sagt Ihnen immer automatisch, was Sie diesbezüglich tuen müssen bzw. welche schwedische Zusatzqualifikationen ggf. noch notwendig sind. Bspw. im Transportgewerbe ist einiges anders als in Deutschland usw. usf.

Andersherum bedeutet eine erfolgreiche Anerkennung noch lange nicht, dass Sie dann auch einen Job bekommen. Gehen Sie bitte immer davon aus, dass es hier **einige Berufe** schlicht weg einfach **nicht gibt**. Dies betrifft vor allem handwerkliche Berufe. Ein Snickare ist hier Tischler, Dachdecker, Zimmermann und Schreiner in einer Person. Er kann sogar Bootsbauer sein. Ähnliches ist in vielen vielen anderen Branchen zu finden. Fragen Sie bitte speziell diesbezüglich nie *warum*. Fragen Sie sich viel mehr *wie* sich dann hier in das Berufsleben einbringen wollen. Was auch erklärt, warum manchmal zeitweise „*niedere Tätigkeit*" der Schlüssel zum Erfolg ist.

---

[69] Vgl. https://www.tagesspiegel.de/wissen/streit-um-qualitaet-von-schulabschluessen-was-das-berliner-abitur-wert-ist/14968282.html download vom 04.07.2018

[70] Vgl. https://www.uhr.se/bedomning-av-utlandsk-utbildning/ download vom 04.07.2018

Jobsuche - Warum Iker gewinnen?

Die Jobsuche in Schweden ist ausser wenn Sie Rentner sind, neben der Sprache das A und O in Schweden. Haben Sie einen Job, dann löst sich alles andere von allein. Die Jobsuche hat nicht nur in Schweden sehr sehr viel mit Logik zu tun. Womit wir auch schon bei den Ikern wären. Iker sind für mich Menschen, die Berufe haben bzw. erlernen, die auf Iker enden. Der Elektriker, wie der Mechaniker sind zwei Beispiele. Weitere Beispiele sind der Mathematiker, der Chemiker, der Informatiker usw. usf.

Sie sind für mich genau das Gegenteil der Wirtsberufe. Allen voran der Tourismusfachwirt noch vor dem Betriebswirt und dem Gastwirt zu nennen. Das sind zwar immer auch recht nette Leute, aber in neun von zehn Fällen gescheiterte Existenzen. Sie folgen dem uralten Spruch:

Wer nichts wird, wird Wirt!

Den Wirten Art verwandt sind für mich die Logenberufe. Damit meine ich definitiv nicht die Logen der Freimaurer sondern Berufe, die auf Loge enden. Beispielhaft seien genannt der Psychologe, der Podologe, wie der Logopäde aber auch Pädagoge obwohl dort das Wort Loge etwas versteckt im Wortstamm verborgen ist. Was vielleicht auch das eigentliche Geheimnis der Pädagogik ist. Übertrieben ausgedrückt ist es keine so gute Idee, in Deutschland Logopädie zu studieren, um dann hier ohne ein Wort Schwedisch zu können, als Logopäde tätig sein zu wollen. Lachen Sie nicht, auch das gab es hier schon. Als sogenannter Sprachheilkundiger sollte man nämlich schon die Sprache beherrschen in der man was auch immer heilen möchte. Wäre nun zu klären:

Jobsuche - Wie bewerben?

Die eigene wie die Erfahrung vieler anderer potentieller Auswanderer zeigt, dass eine Bewerbung aus Deutschland meist vergebene Liebesmüh ist. Oft beschweren sich dann Mitglieder meiner Facebook Gruppe, dass sie nicht einmal eine Antwort bekommen.

Was total normal ist!

Erstens wird Ihnen nie ein schwedischer Arbeitgeber direkt sagen, dass Sie abgelehnt sind, zweitens fragt er sich, warum er das auch tun solle. Es ist ja für ihn sinnlos vertane Zeit. Wie man ja hier nie weiß, ob man nicht vielleicht doch noch zueinander kommen könnte. Wenn Sie also nichts hören, dann wissen Sie, dass Ihre schöne Bewerbung gerade ein Schuss in den Ofen war.

Machen Sie sich nichts daraus!

Lernen Sie einfach weiter Schwedisch, besorgen sich beim Skatteverket eine Samordningsnummer und gehen Sie hier mal Klinken putzen. Ja! Sie lesen vollkommen richtig! Gehen Sie hier bitte Klinken putzen, wenn Sie hier arbeiten möchten. Dann bekommen Sie zwar auch in neun von zehn Fällen eine Absage. Wenn Ihnen aber nicht gerade Ihr Daumen mitten in der Hand wuchs, wie man hier zu sagen pflegt, haben Sie den einen noch offenen Fall betreffend Ihren Job. Wie das ja auch vollkommen ausreichend ist.

Sie wollten ja nur einen und nicht zehn Jobs!

Doch nun zu dieser spannenden Frage:

Selbstständig oder Arbeitnehmer?

Wie schon eingangs zum Thema Corona angedeutet können wir hier in Schweden noch immer selbst denken wie wir auch kein Nanny Staat sind. Selbst denken hat immer auch etwas mit selbstständig tätig tun. Was erklärt warum in Schweden noch immer viele viele Tätigkeiten auf selbstständiger Basis realisiert werden, während diese anderswo als Arbeitnehmer realisiert werden. Nicht nur die eigene sondern die Erfahrung vieler vieler erfolgreicher deutscher Einwanderer zeigt immer wieder, dass es hier viel viel einfacher ist auf selbstständiger Basis Fuss zu fassen, als als Arbeitnehmer. Als Faustregel kann gelten:

> Wenn Sie nur die Hälfte der Zeit, die Sie für Jobsuche vergebens nutzen als Selbstständiger nutzen, um Aufträge zu generieren, müssen Sie nie Betriebswirtschaft studiert haben, um das Ergebnis auf Ihrem Konto richtig interpretieren zu können.

Dies erklärt simpel, warum selbstständig tätige Logiker egal welcher Fraktion zugehörig hier immer ihre Nase vorn haben, während die oft nie logisch denkende Fraktion der Logenberufe in Schweden in schöner Regelmässigkeit den kürzeren zieht. Dies beginnt bei der Beantragung der PN und zieht sich wie ein roter Faden durch alle Lebensbereiche.

Dank der Corona Krise kann man nur sagen, zeigte sich nun endlich auch für die letzten diesbezüglich Ungläubigen, dass dem wirklich so ist. Unendlich viele Tourismusanbieter gingen in Schweden Wasser saufen. Während Handwerker aller Branchen volle Auftragsbücher hatten.

Das dritte Jahr in Folge war es nun schon so, dass wir schon im Januar mit unserem Haus- und Hofhandwerker vor Ort besprachen, was dieses Jahr auf der Tagesordnung stehen wird. Das war noch vor fünf Jahren anders. Wenn Sie also hierher gehen möchten, dann sollten Sie bitte den Gedanken selbstständig hier tätig zu sein in das Auge fassen.

Wenn Sie als Arbeitnehmer hier leben wollen oder auch *„nur"* als Arbeitnehmer dies hier können, weil Sie bspw. einen Gesundheitsberuf haben, die bis auf wirklich wenige Ausnahmen immer in Anstellung ausgeübt werden, dann sollten Sie wissen, dass auch hier vor dem Erfolg die Mühen der Ebene zu überwinden sind. Wirklich es interessiert hier niemanden, ob Sie in Deutschland einen Master machten oder gar als MoD, Master of Desaster oder was auch immer tätig waren. Auch Sie werden als Arbeitnehmer egal welchen Alters immer sehr weit unten auf der Karriereleiter anfangen. Wer bspw. hier als Kran-kenschwester arbeiten möchte, fängt immer erst als Unter-schwester an. Sind Sie mental bereit, dies tun zu wollen, werden Sie hier sehr viel Erfolg haben. Sind Sie nicht be-reit, sich selbst soweit zu *„erniedrigen"*, dann kommen Sie bitte nicht hierher. Bleiben Sie bitte da wo Sie sind und schenken dieses bescheidene Buch jetzt bitte jemanden, der wirklich hier arbeiten möchte.

Wie sich hier immer zeigt, dass derjenige der bereit war, sich *„selbst zu erniedrigen"* meist schon nach kurzer Zeit, diese Phase überwand und weiter oben auf der nach oben offenen Karriereleiter steht. Da es hier meist keine Probezeit im deutschen Sinne gibt, löst man dieses Thema hier so und dazu muss man dies unbedingt wissen:

Was sind Vikarie?

In Schweden ist es nicht nur im Gesundheitswesen üblich viel mit Vikarie zu erledigen. Ein Vikarie ist so etwas ähnliches wie eine Probezeit in Deutschland. Es funktioniert aber ganz anders. Ein Vikarie ist in Schweden eine im Personalpool der Organisation tätige Arbeitskraft, die bei Bedarf geholt wird. Bei Bedarf heisst konkret, Ihr monatliches Festgehalt beträgt jeden Monat exakt 0,00 Kronen.

Was natürlich abschreckend klingt!

Sich wie folgt auflöst. Wer als Vikarie gut arbeitet hat nie das Problem, dass sein Gehalt 0,00 Kronen beträgt. Da er regelmässig geholt wird, ist das Gehalt immer > 0,00 Kronen. Machmal auch weit über dem der fest angestellten Kräfte, da die Stundensätze der Vikarie höher als die fest Angestellter sind. Wer wirklich nicht geholt wird, mendelt sich quasi selbst heraus.

Das ist dann halt natürliche Auslese!

Also keine Angst vor dem Vikariat. Es ist eine weit bessere Sache als die deutsche Probezeit. Wäre nur noch zu klären, wie erfolgt der Übergang in die Festanstellung?

Wenn Sie gut als Vikarie sind, fragt Sie recht schnell hier der Arbeitgeber, ob Sie nicht doch lieber in Festanstellung arbeiten möchten. Sie können natürlich immer auch selbst fragen, ab wann dies möglich sein wird. Es gibt aber auch Vikarie, die Jahre lang freiwillig als Vikarie arbeiten. Auch das ist möglich.

Wie Sie hier nie jemand als Vikarie kündigen wird!

So etwas tun echte Schweden nicht. Die Kündigung eines Vikarie wird hier so realisiert, dass man den Vikarie auf Grund heraus ragender Arbeitsleistung einfach nicht mehr holt. Wer sich also allzu prasslig auf Arbeit anstellt, der sollte spätestens nach dem dritten Monat kapiert haben, warum niemand mehr anruft. Wäre nun noch zu klären:

Warum es keine Überstunden gibt?

Wer die Antwort auf genau diese Frage in Schweden weiß, ist immer im Vorteil. Er hat die reale Chance sehr sehr schnell eine Festanstellung bzw. als Selbstständiger stabile Aufträge zu bekommen. Denn egal in welcher Rolle handelnd gilt im ganzen Lande:

Dienst ist Dienst und Schnaps ist Schnaps!

Der normale schwedische Arbeitstag, Schichtarbeiter ausgenommen, beginnt morgens je nach Unternehmen zwischen 07:00 und 08:00. Parallel dazu nehmen die Behörden ihre Arbeit auf. Wie alles weitere diesbezüglich beschriebene Zeit versetzt für Schichtarbeiter gilt. Dann wird bis gegen 09:00 - 09:30 voll durch gearbeitet. Es folgt die Frühstückspause, gegen 12:00 die Lunchpause und irgendwann zwischen 15:00 und 16:00 herum ist dann auch Feierabend.

Das ist ein eisernes Gesetz!

Wer nun die deutsche Arbeitswelt kennt, der weiß, dass dort permanent Überstunden angesagt sind. Überstunden sind so eine Art Statussymbol geworden, welches man wie eine Monstranz vor sich her trägt, um die eigene Wichtigkeit zu unterstreichen. Ich hatte mal eine Kollegin, die verließ nie vor 21:00 ihr Büro. Im Regelfall werden aber schon immer mit Überstunden immer nur andere Defizite übertüncht. Besagte Kollegin war total Beziehungsunfähig. Egal ob mit einem Mann, einer Frau oder welchem Geschlecht auch immer. Sie kam mit niemanden so recht klar und so wurde ihr Büro ihr zu Hause. Wobei sie immer sehr gute Arbeit leistete. Aber egal und damit zurück zum Thema.

In Schweden gilt nun, dass derjenigen der Überstunden macht, sein Pensum nicht schafft. Also auf Deutsch gesagt faul ist. Wie auch hier mit faulen Menschen eher selten jemand zusammen arbeiten möchte. Es sei denn man ist selbst faul. Nur wird es damit nicht besser. Dann sind halt zwei Nasen faul. Wenn Sie nun hier gerade am Anfang vielleicht gar im Vikariat befindlich Überstunden machen, passiert dies in dieser Reihenfolge:

1. Ihre Kollegen schauen Sie ungläubig an und fragen, was mit Ihnen los ist.

2. Ihre Lohnbuchhaltung fragt sich, warum sie diese Überstunden bezahlen soll.

3. Ihre Kunden fragen sich, warum sie Überstunden machen sollen, weil Sie vielleicht anstelle 14:00 erst um 16:00 zum Termin erscheinen.

Dies birgt ein unendlich grosses Konfliktpotential.

Was man noch immer am einfachsten löst, in dem man jemanden anderes mit dem Job betraut. Heisst am Ende des Tages Sie können Ihren Job los sein, weil Sie Überstunden machen.

Wie ist hier die Urlaubsplanung?

Auch wieder recht simpel! Der absolute Höhepunkt des Jahres ist die Zeit unmittelbar nach Mittsommer. Mittsommer wird immer am ersten Freitag nach der tatsächlichen Mittsommerwende gefeiert. Das ganze Jahr hin fiebert das gesamte Land auf genau diese Zeit hin.

Im Ergebnis dessen gehen viele Betriebe komplett in die Sommerferien und Behörden erhalten nur einen Notbetrieb aufrecht. D.h. die Feuerwehr kommt dann trotzdem, wenn es brennt. Heisst im Umkehrschluss, alles was nicht vor Mittsommer erledigt wurde, bleibt liegen. Es wird frühestens ab Mitte Juli erledigt. Sollten Sie mit Planungsaufgaben egal wo betraut sein, ist das wirklich Dümmste was Sie machen können, einfach Termine in die Zeit nach Mittsommer zu legen. Das beste ist dann, Sie kündigen anschliessend von sich aus.

Ab Mittsommer ist Schweden vier Wochen geschlossen!

Der nächste Höhepunkt ist dann die Weihnachtszeit, die hier traditionell zu Lucia am 13.Dezember so richtig beginnt und am Abend des 06.Januar endet. Hier gilt gleiches wie zu Mittsommer. Was bis 13.12. nicht erledigt wurde, bleibt bis 07.01. liegen. So können Sie davon ausgehen, dass Sie im Regelfall in dieser Zeit Urlaub haben werden. Wie Sie auch immer davon ausgehen können, dass Sie in der Zeit dazwischen nie längeren Urlaub bekommen werden.

Das ist hier nicht üblich!

Wie auch unsinnig! Was wollen Sie denn in einem Unternehmen auch schon tun, wenn alle anderen dann im Urlaub sind?

Ungeachtet dessen können Sie natürlich immer zwischen-
durch einige Tage Urlaub nehmen. Viele gehen im Winter
für eine Woche in den Urlaub. Auch lassen sich sich immer
einige Tage Urlaub mit Ostern o.a. Feiertagen koppeln.
Wie sicher auch niemand etwas sagen wird, wenn Sie sagen
wir wegen Ihrer eigenen Hochzeit um Urlaub zu einer
anderen Zeit bitten.

**Davon unbenommen gilt immer die Grundregel
Mittsommer und Weihnachten.**

Was ist die Facken?

Die Facken ist die Gewerkschaft. Schwedischen Gewerkschaftsorganisationen ist es noch immer eigen, im Sinne einer echten Interessenvertretung der Arbeitnehmerschaft zu agieren, was man von den dem DGB nachgeordneten deutschen Gewerkschaften allen voran die VERDI schon lange nicht mehr sagen kann. Spätestens just in dem Moment wo aus der alten ÖTV die VERDI wurde, änderte sich diesbezüglich bekanntlich sehr sehr viel.

Die Facken hat hier immer Mitspracherecht, wenn Sie als Arbeitnehmer tätig sein wollen. Sie hat oft auch das wirklich letzte Wort. Praktisch wird dies hier so gelöst, dass der Arbeitgeber im Vorfeld ohne Ihr Wissen mit der Facken reden wird, ob Sie bspw. als Vikarie übernommen werden können. Gibt die Facken grünes Licht, dann haben Sie den Job. Sagt die Facken nein, dann haben sie ihn nicht. Wie es auch hier nicht Pflicht ist, Mitglied der Facken zu werden. Das entscheiden Sie hier ganz allein.

Alles in allem zeigt die hier wirklich noch gepflegte **Sozialpartnerschaft** zwischen Arbeitgeber und Arbeitnehmer gerade in der Corona Krise, dass der Zusammenhalt in der hiesigen Gesellschaft sehr sehr hoch ist. Nun noch einige Worte zu diesem Thema:

Studentisches Leben

Selbst redend steht es Ihnen hier immer frei egal welchen Alters zu studieren. Viele Unis bieten sogar spezielle Programme für Ältere an. Wenn hier jemand mit Mitte 60 im Hörsaal hörend sitzt, ist das kein Sonderfall. Wie natürlich die Regel darin besteht, dass eher das Jungvolk studiert. Selbst erklärend ist auch, dass an schwedischen Unis erworbene Abschlüsse immer hier einen höheren Stellenwert haben werden als deutsche Abschlüsse. Mittlerweile hat sich hier schon herum gesprochen, was so manchmal an deutschen Hochschulen abgeht.

Traditionsgemäss haben die meisten universitären Hochschulen hier eine Anknüpfung an die Geschichte der Region. An unserer Linné Uni Kalmar - Växjö stehen bspw. Fragen künstlerischen Gestalten von Glas mehr in Vordergrund als an einer auf Bergbau ausgerichteten Uni Lapplands. So entscheidet oft auf die ganz persönliche Ambition darüber, wo man zukünftig studieren wird. Dies erklärt sich einfach über den praktischen Bezug zu den Lehrinhalten. Dieser praktische Bezug hat hier noch immer einen sehr sehr hohen Stellenwert. Wie Sie hier im Regelfall davon ausgehen können, dass Ihre zukünftigen Lehrkräfte mit beiden Beinen sehr sehr fest im Leben stehen.

Traditionell spielen schon immer die Unis in Lund wie Uppsala eine Welt weit heraus ragende Rolle. Wer neben hohen universitärem Niveau sich noch gern mit Studenten anderer Länder austauschen möchte, ist dort immer gut aufgehoben. In Lund und Uppsala gibt sich die Welt die Klinke in die Hand.

Während auf der anderen Seite Unis wie bspw. die schon genannte Linné Uni wiederum den Charme haben, dass man vor Ort sehr sehr tief in das Thema einsteigen kann. Wen bspw. Glas als Werkstoff interessiert, der findet hier im schwedischen Glasreich zwischen Växjö und Kalmar immer ein hinreichend gutes Studienfeld.

Ansonsten kann ich nur sagen, jungen Menschen, die wirklich etwas lernen wollen, stehen hier Türen und Tore offen. Schwedens Regierung unabhängig davon wer gerade in Stockholm am Ruder sitzen mag, investierten schon immer sehr sehr viel in Bildung. Eine Investition die sich seit Jahrzehnten jeden Tag auf das Neue auszahlt.

Wenn Sie hier studieren wollen, dann lassen Sie sich bitte nicht von Sauertöpfen Made in Germany diesen Weg vermiesen. Seien Sie versichert, auch Sie werden Ihren Weg in Schweden gehen, wenn Sie sich an hiesigen Unis immer bewusst sind:

Leerjahre sind keine Herrenjahre!

Allein in den letzten Jahren zeigten unendlich viele Einwanderer anderer Länder Herkunft, dass dem wirklich so ist. Nun zu einem anderen aber auch spannenden Thema:

Der schwedische Wohnungsmarkt

Der schwedische Wohnungsmarkt stellt sich heute im Jahr 2020 ganz ganz anders dar als noch vor zehn Jahren. Während wir noch 2010 ein Überangebot an Wohnraum aller Coleur hatten drehte sich dies um 180 Grad so dass wir heute zu wenig Wohnungen im Land haben. Was dazu führte, dass Immobilienpreise wie im Zuge dessen Mieten stiegen. Ungeachtet dessen ist der Klassiker für viele Deutsche noch immer der Hauskauf in Schweden.

Haus kaufen was beachten?

Wenn Sie hier ein Haus kaufen, können Sie nie etwas falsch machen, wenn Sie bitte Ihr **Haus über einen Makler kaufen**, der **in Schweden** eine **Zulassung** hat. Im Unterschied zu anderen Ländern kann hier nicht Kreti und Pleti Makler werden. Weshalb es kreuz gefährlich ist über sogenannte deutsche Vermittler zu kaufen. Das macht alles nur unnötig teuer. Sie finden auf hemmet.se immer seriöse Angebote schwedischer Makler, die hier im Land eine Zulassung haben. Während ihrer Ausbildung zum Makler durchlaufen diese alle Themen rund um das Haus. Beginnend bei rechtlichen Fragen und endend bei der richtigen Sanierung älterer Häuser. Allein hier kann viel schief gehen. Ein Makler der in Deutschland nur gewohnt war Betonbauten zu verscherbeln, der kann gar nicht das Wissen darüber haben, worauf beim Kauf eines etwas älteren Holzhaus hier zu achten ist. Der weiß im Regelfall auch gar nicht, welche Dinge hier wirklich sind. Daraus folgen diese Grundregeln:

1. Kaufen Sie nie direkt vom Verkäufer.

2. Kaufen Sie vor allem nie von einem Deutschen direkt.

Der Hauskauf an sich läuft in Schweden ausser bei absoluten Schrottimmobilien immer in Form einer Versteigerung. Er läuft auch dann in Form einer Versteigerung wenn Ihnen das nicht gefallen sollte. Dann bekommt eben jemand anderes das Haus. Nach einem Besichtigungstermin bekommt jeder Interessent die Möglichkeit sein Gebot abzugeben. Diese werden vom Makler aufbereitet und dem Verkäufer übergeben. Letzterer entscheidet einzig und allein, an wen er verkauft. Was hier nie zwingend heissen muss, dass der derjenige, der am meisten bietet, den Zuschlag erhält. Es kommt immer wieder vor, dass der Verkäufer jemanden den Zuschlag gibt, der nicht das meist bot.

Daraus folgt auch, dass Sie hier nicht handeln können!

Wie im allgemeinen hier nicht gehandelt wird. Die Maklerprovision bezahlt hier immer der Verkäufer. Es ist ein Fetisch zu glauben, dass Sie diese nie bezahlen. Sie bezahlen diese immer Schluss endlich in Form des Kaufpreises. Weil es Jacke wie Hose ist, ob sie weniger für das Haus bezahlen und die Provision oben drauf kommt oder das Haus mehr kostet.

Genau genommen können Sie hier beim Hauskauf nicht so sehr viel falsch machen. Wie Sie immer hinreichend Zeit einplanen sollten und am besten immer vor Ort sind. Es funktioniert momentan nur in den wirklich seltensten Fällen, ein Haus von Deutschland aus online zu ersteigern. Das sind dann meist Schrottimmobilien, hier Ödeshus genannt, die sowieso niemand mehr haben möchte. Wie der Kauf eines Ödeshus Sinn haben kann, wenn man handwerklich etwas begabt ist. Haben Sie zwei linke Hände wie ich, dann lassen Sie bitte die Finger von so etwas. Alternativ kann man natürlich auch eine Wohnung kaufen.

Wohnung kaufen was beachten?

Der Wohnungskauf verläuft nach gleichem Schema wie der Hauskauf. Eine Eigentumswohnung heisst hier bostadsrätt. Ob Sie eine Wohnung oder ein Haus kaufen ist Schluss endlich Ihre Entscheidung. Wie selbst erklärend ist, dass es eher in Städten denn auf dem Lande Wohnungen zu kaufen gibt. Wie man natürlich immer mieten kann.

Wohnung mieten was beachten?

Die Miete einer Wohnung oder auch eines Hauses entspricht in etwa den Spielregeln, die Sie aus Deutschland kennen. Was Ihnen vielleicht unbekannt sein dürfte ist die hier oft übliche Miete aus zweiter Hand, hier andra hand genannt. Das ist nicht so einfach zu verstehen, kann daher riskant sein. Gibt es doch diverse Ausnahmen[71]. Was andra hand bedeutet soll ein Beispiel erklären:

Die klassische Miete bzw. die Miete aus erster Hand heisst, ich vermiete Ihnen unser Haus. D.h. ich weiß, wer Sie sind und Sie wissen, wer ich bin.

Nun vermieten Sie unser Haus weiter. Dies ist Miete aus andra hand. D.h. derjenige der nun einzieht, kennt mich nicht, wie ich ihn nicht kenne. Wie dieses Spiel nun unendlich oft gespielt werden kann.

Weshalb andra hand Miete permanent in der Kritik ist und genau genommen das ist, was man nicht machen sollte. In diesem Modell lauern aus meiner Sicht einfach zu viele Fallstricke.

---

[71] Vgl. https://www.hemhyra.se/nyheter/att-hyra-ut-andrahand-sa-fungerar-nya-lagen/ download vom 17.06.2020

Rabattsysteme nutzen

Wer hier leben möchte muss dieses Thema absolut aus dem eff eff beherrschen wie dazu immer auch eine Personnummer notwendig ist. Nahezu alle gängigen hiesigen Anbieter haben Rabattsysteme.

Rabattsystem die sich lohnen!!!

Am Beispiel Schwedens Supermarktkette Nummer Eins namens ICA sei erklärt, wie diese funktionieren:

> Sie registrieren sich unter Nutzung Ihrer PN beim Anbieter Ihrer Wahl. Von Stund an erfasst dieser alle Ihrer Einkäufe auf Ihrem Kundenkonto und Sie erhalten am Monatsende Ihren Bonus entweder in Form eines Gutschein oder eines Rabattkupong oder auch mal beides zusammen. Wenn Sie dann noch auf die laufenden Sonderangebote achten, können Sie wirklich sparen.

So in der Art sind hier vielfach Rabattsysteme gestrickt. Lidl bietet meines Wissens nach übrigens kein Rabattsystem an. So jedenfalls der Stand vor Mittsommer 2020. Als bekannt setze ich voraus, dass Sie natürlich wissen, woher Lidl kommt…

Rot und Rut kennen

Rot und Rut sind zwei Formen, wie Sie in Schweden haushaltsnahe Dienstleistungen steuerlich geltend machen können. Dazu zählt bspw. Ihr Umzug aus Deutschland, so Sie eine PN haben. Dazu zählen diverse Reparaturen am eigenen Haus usw. usf. bis hin zu IT Dienstleistungen. Und genau hier scheiden sich die Geister.

Ein guter Anbieter sagt Ihnen von sich aus, ob Sie diese Leistung sagen wir Fenster putzen steuerlich absetzen können. Er weiß auch was unter Rot und was unter Rut fällt und wird dies immer bei der Rechnungsstellung automatisch berücksichtigen.

Denn auch dies ist wieder ganz einfach: Sie geben dem Anbieter Ihre PN. Er zieht gleich alles ab, Sie bezahlen weniger und das Skatteverket erfasst dies auf Ihrem Steuerkonto.

Schweden hat es mit diesem Verfahren sehr sehr gut geschafft, Schwarzarbeit einzudämmen. Sie lohnt sich einfach nicht.

Freizeittips - Jedermannsrecht

Diesbezüglich kommt der Begriff der zweiten Lohntüte noch einmal in das Spiel. Eine sinnvolle Freizeitgestaltung hat noch immer in Schweden einen sehr hohen Stellenwert. Dem entsprechend finden Sie hier viele hoch attraktive Angebote, seine Freizeit zu gestalten. Wie man diese auch mit kleinem Geldbeutel immer bezahlen kann. Der schwedische Staat bezuschusst diesbezüglich wirklich sehr sehr viel.

Wie auch das Jedermannsrecht hier hinein spielt. Das Jedermannsrecht gibt es in Deutschland nicht. Es besagt in erster Linie, dass jedermann das Recht hat, sich in der Natur frei zu bewegen, wie seinen mit gebrachten Müll richtig zu entsorgen. Weiterhin erlaubt das Jedermannsrecht, das sammeln von Pilzen, Beeren und Pflanzen zum persönlichen Gebrauch.

Und genau das muss man wissen!

Persönlicher Gebrauch heisst, Sie können Blaubeeren und Kräuter aller Art für Ihren persönlichen Gebrauch sammeln, dies aber nicht mit der Absicht der Gewinnerzielung tun. Wie Sie hier auch nicht einfach in die Wälder gehen könne, um Bäume zu schlagen. Davon ausgenommen ist das Jagd- und Fischereirecht. Weshalb es immer wieder Probleme damit gibt. Auch wenn Sie in Deutschland einen Jagdschein haben, dürfen Sie hier nicht einfach so jagen gehen. Es sei denn Sie wünschen, dass jemand Ihren Jagdschein in den Jagdschein der etwas anderen Art tauschen soll. Wenn auch das Angeln an der Ostsee wie den grossen Seen Vättern und Vänern ohne Angelkarte erlaubt ist, gibt es Schonzeiten. Wie einmal mehr nach der Fiskekort, wie sie hier die Angelkarte heisst, fragen nie schaden kann.

Man sagt Ihnen dann schon, wenn Sie keine benötigen. Wie ich auch sonst die Erfahrung machte, dass wenn man etwas in Schweden nicht weiß, immer schnell geholfen wird. So ist die Teilnahme an Freizeitaktivitäten aller Art einzig und allein davon bestimmt, wie Sie sich diesbezüglich engagieren.

Erster Anlaufpunkt ist im Regelfall der hiesige örtliche Heimatverein, Hembygdsförening genannt. Dieser kann Ihnen immer sagen, was es Ihre Interessen ringsherum noch so gibt. Neben Jagd und Angeln stehen schon immer alle möglichen Freiluftaktivitäten ganz oben in der Gunst. Wer Rad fahren möchte, findet genauso Gleichgesinnte wie derjenige, der gern auf dem Wasser paddelt, läuft, wandert oder was auch immer gern im Freien tut. Oft werden auch mehrere Themen miteinander verbunden wie es bspw. die Glasriketsguiderna tun. Dieser Verein organisiert Veranstaltungen ringsum Kultur nur Natur des Glasreiches wie andere Vereine anderswo ähnliche Kombinationen ihre jeweilige Region betreffend anbieten.

Im Zuge dessen hat der Freitag Abend einen hohen Stellenwert im Land. Freitag Abend wird **Fredagsmys** regelrecht zelebriert. Dafür gibt es keine konkreten Inhalte sondern jeder begeht den Wochenausklang, wie es ihm gefällt. Oft natürlich gern in Gemeinschaft mit Freunden.

Eine zweite Aktivität die gleichen Kultstatus wie das Fredagsmys hat nennt sich Fika. Fika ist gemütliches zusammen sitzen egal ob im Freien oder einem Raum, um dabei Kaffee zu trinken und Kuchen zu essen. Bei jeder halbwegs grösseren Veranstaltung steht immer irgendwo Fika auf dem Programm. Wie jeder gute Verein immer drauf bedacht ist, dass etwas Geld für Fika in der Vereinskasse ist.

Was es nicht gibt und was für Deutsche ungewohnt ist, dass es hier keine Kneipen und damit auch keine Kneipenkultur gibt. Aus meiner Sicht hängt dies weniger mit den hier etwas höheren Alkoholpreisen denn mit der hiesigen Mentalität zusammen. Über die Jahre hinweg entwickelte es sich hier so, dass viele Gaststätten einfach schob um 18:00 schliessen. Deshalb weil entweder die Leute dann abends zu Hause oder in ihren Vereinen sind. Dort findet dann im Rahmen von Fika genau das statt, was eben in deutschen Kneipen so stattfindet. Nur eben meist wirklich ohne Alkohol.

Sich an hiesigen Freizeitaktivitäten zu beteiligen ist nebenbei bemerkt ein guter Weg, den eigenen Weg in die schwedische Gesellschaft zu finden. Sie werden über diesen Weg wirklich schnell Freunde finden, die auch wirkliche Freunde sind. Wie manch einer auch schon über diesen Weg einen Job fand. Man darf nur bitte nie den Fehler machen, deshalb in einen Verein eintreten zu wollen, um sich daraus monetäre Vorteile dieser Art zu versprechen. Dann ist man schneller wieder draussen, als man sich so dachte.

Wille versetzt Berge

Der Volksmund sagt nicht grundlos, dass Wille Berge versetzt. Da ist auch heute noch etwas daran. Wenn Sie den festen Willen haben, nach Schweden auswandern zu wollen und diesem sinnvolle Taten folgen lassen, dann werden Sie hier sehr schnell sehen, dass Wille wirklich Berge versetzt. Nehmen Sie sich einfach ein Beispiel an Wolfgang Gunkel (1948 - 2020).

Wolfgang war ein Weltklasse Ruderer aus Berlin. 1968 nahm er das erste Mal an den Olympischen Spielen in Mexico teil. Am Ende seiner sportlichen Laufbahn konnte er auf eine Vielzahl Medaillen verweisen. Krönender Höhepunkt war für ihn der Weltmeistertitel als Schlagmann des Ruderachter 1977. Wolfgang wusste, dass Willen Berge versetzen kann.

Wolfgang wusste auch, dass Rom nicht an einem Tag gebaut wurde. Wie er den Grundstein für den den krönenden Abschluss seiner sportlichen Laufbahn im Jahr 1977 viel viel früher legte. Wie man auch heute nicht Weltmeister im Ruderachter wird, nur weil man besonders gut Dampf plaudern und Schaum schlagen kann.

Wenn Sie den festen Willen haben, nach Schweden auszuwandern und von Stund an hart daran arbeiten, dieses Ziel zu erreichen, dann werden Sie natürlich nie wie Wolfgang Weltmeister im Rudern.

Dafür leben Sie bald in Schweden!

Auf diesem Weg wünsche ich Ihnen viel Erfolg!

Geschichtskenntnis erleichtert vieles

Auch wenn man es heute vielfach nicht wahrhaben möchte, ist es noch immer so, dass Kenntnis der Geschichte vieles erleichtert, um gegenwärtige Vorgänge aller Art zu verstehen. Wie darauf basierend zukünftige Entwicklungen vorher sehen zu können. So sei mir abschliessend ein kurzer Exkurs in die Geschichte unseres schönen Schweden gestattet. Um die Sache etwas abzukürzen seien nur einige wesentlich entscheidende Fakten genannt.

Die Wikingerzeit begann exakt am 08.06.783 n.Chr. mit dem Überfall auf Lindisfarne Castle und sie endete am 14.10.1066 mit der Schlacht von Hastings. Es ist also ein Trugschluss zu glauben, dass alles was älter als das Mittelalter ist, etwas mit den Wikingern zu tun hat. Wie vieles was heute gern reflexhaft den Wikingern zugeordnet wird, schon weit vor Beginn der Wikingerzeit existent war. Viele frühzeitliche Burgen Ölands und Gotlands standen schon über 1.000 Jahre als die Wikingerzeit begann.

Während des Mittelalters entstand nach der Christianisierung Nordeuropas im Jahr 1397 die Kalmarer Union. Sie stand unter dänischer Führung und vereinte das damalige Dänemark, Norwegen, Schweden und Finnland unter Ausschluss Lapplands. Diese Union zerbrach endgültig am 06.06.1523 als Gustav Wasa I. nach Wahl zu Schwedens König gekrönt wurde. Erst an diesem Tag entstand Schweden als eigenständiger Staat. Weshalb auch der 06.Juni unser Nationalfeiertag ist. Schweden ist also ein verhältnismässig junges Land.

Die Tragik dieser Zeit besteht darin, dass Schweden mehr oder weniger von 1523 bis 1809 permanent in irgendwelche Kriege verwickelt war. Diese Kriege erklären sich grösstenteils daraus, dass Gustav Wasa den Thron mit dem Anspruch König der Schweden, Goten und Wenden zu sein bestieg, wie seine Nachfolger diesen Anspruch beibehielten, das Land der Wenden aber auf der anderen Seite der Ostsee liegt. Es reichte einst von der Elbe, wo sich noch heute das Wendland befindet über die Oder bis zur Weichsel.

Die Dynastie der Wasa endete als 1818 der französische Marschall Bernadotte als Karl XIV. Johan Schwedens Thron bestieg. Karl XIV.Johan behielt zwar den Anspruch König der Schweden, Goten und Wenden bei, beendete aber diese permanente Kriegstreiberei. Seitdem ist Schweden neutral. Was erklärt warum auf schwedischem Territorium der letzte Krieg 1809 statt fand.

Im 20.Jahrhundert blieb Schweden der Neutralität treu. Was bspw. erklärt warum Birger Dahlerus (1891 - 1957) noch in den späten Abendstunden des 31.08.1939 einen letzten Versuch in Berlin unternahm, das zu verhindern, was dann einige Stunden später seinen Lauf nahm. Er beschreibt diese Erlebnisse in seinem Buch „*Der letzte Versuch*". Es erschien nach Kriegsende. Denn das was sich damals zwischen dem Deutschen Reich und Polen zuspitzte, trug sich im Land der Wenden zu. Dem folgend dem Selbstverständnis des schwedischen König folgend im eigenen Land. Diese Art Doppelherrschaft gab es bis in das 20.Jahrhundert hinein vielfach in Europa. Das Ziehen von Grenzen in Form eines Strich in der Landschaft kam erstmals im Zuge des Wiener Kongress von 1815 auf. Bis dahin gab es auch andere Gebiete betreffend immer „*nur*" Grenzstreifen.

Streifen im Gelände wo auch ein Herrschaftsgebiet nahtlos in das andere überging. Ein Beispiel ist die Zeit „*Sachsen-Polens*" im 18.Jahrhundert. Erst Schwedens heutiger König Carl XVI. Gustaf änderte 1973 im Zuge seiner Thronbesteigung diesen Anspruch. Er ist Sveriges kung. Er ist Schwedens König. Aus rein historisch traditionellen Gründen verblieben trotzdem die drei Kronen im Wappen die bis dahin das Land der Schweden, Goten und Wenden symbolisierten.

So erklärt sich heute die Andersartigkeit Schwedens aus der nun schon über 200 Jahre alten Neutralitätspolitik des Landes. Deshalb wird kein echter Schwede je Stellung zu irgend etwas in der Öffentlichkeit nehmen. Sei es eine noch so banale Sache wie das Schnee fegen im Winter. Der Tradition folgend beurteilt man hier alles neutrales Sicht auf Basis des Gesetzes. Schweden ist nicht der verlängerte Arm von wem auch immer. Schweden ist ein eigenständiger souveräner Staat.

Dies ist für mich die eigentliche Botschaft der schwedischen Geschichte.

Deshalb ist es hier im Falle des Falles immer primär, was in Stockholm gesagt wird. Wie sekundär, was in Washington, Moskau, Peking, London, Paris oder Berlin gesagt wird.

Auswandern ein Fazit

So langsam haben sich diejenigen, die mich schon immer wegen meiner Pläne Schweden betreffend verlachten, schon lange beruhigt. Wie ich es wirklich jederzeit immer wieder so machen würde. Dass ich einiges anders tun würde, liegt in der Natur der Sache. Wenn man vom Rathaus kommt, dann ist man immer klüger. Aus meiner ganz bescheidenen Sicht besehen, war es ein Fehler nicht schon viel viel früher Nägel mit richtigen Köpfen gemacht zu haben. Aber egal! Was vorbei ist, ist vorbei und brummt nicht mehr, wie der Berliner einst zu Zeiten sagen pflegte, als es noch richtiger Berliner gab.

So denke ich, wenn man in heutiger Zeit unter Nutzung moderner Mittel zwischen zwei bis drei Jahre Vorbereitungszeit gibt, dann müsste dies ausreichend genug sein. Es ist heute ja viel viel einfacher online Schwedisch zu lernen, als es das noch vor 20 und mehr Jahren war. Heute können Sie jeden Moment svt.se aufrufen, Nachrichten hören und dabei Schwedisch lernen. Egal dabei, ob Sie gerade auf der Zugspitze Ihren Morgenkaffee trinken oder auf einem Rheindampfer sitzend Mittag einnehmen.

Wie ich momentan wirklich jeden Morgen auf das Neue sehr dankbar bin, dass Schweden in der Corona Krise einen doch etwas anderen Weg ging. Meiner Frau und mir wurde hier wirklich viel erspart.

In diesem Sinne tack så mycket Anders Tegnell!

Unsere Nationalhymne

Du gamla, Du fria, Du fjällhöga nord Du tysta, Du glädjerika sköna! Jag hälsar Dig, vänaste land uppå jord, Din sol, Din himmel, Dina ängder gröna.

Du tronar på minnen från fornstora da'r, då ärat Ditt namn flög över jorden. Jag vet att Du är och Du blir vad Du var. Ja, jag vill leva jag vill dö i Norden.

Jag städs vill dig tjäna mitt älskade land, Dig trohet till döden vill jag svära. Din rätt skall jag värna, med håg och med hand, din fana, högt den bragderika bära.

Med Gud skall jag kämpa, för hem och för härd, för Sverige, den kära fosterjorden. Jag byter Dig ej, mot allt i en värld Nej, jag vill leva jag vill dö i Norden.

Druck:
Customized Business Services GmbH
im Auftrag der
KNV Zeitfracht GmbH
Ein Unternehmen der Zeitfracht - Gruppe
Ferdinand-Jühlke-Str. 7
99095 Erfurt